金融システムの制度設計

停滞を乗り越える、歴史的、現代的、国際的視点からの考察

福田慎一 [編]

有斐閣

はしがき

　今日，日本の金融システムは大きな転換点を迎えている。一連の金融危機は，従来型の金融システムの限界を示すものであった。急速に拡大した金融の自由化・国際化という大きな流れの中で，政策当局者だけでなく，学者の間でも，危機の再発を防ぐための新しい制度設計は急務であるという認識が広まっている。しかし，いかなる金融システムが望ましいのかに関しては，必ずしも一致した意見があるわけではない。規制の多いシステムは，新しい時代の流れに対応することが難しい。その一方，規制のない自由な市場はしばしば暴走し，社会に深刻なダメージをもたらすことがある。そうした中で，新しい時代に即した制度設計を行う際にも，経済の効率性と安定性という二つの観点から慎重な議論が望まれる。

　本書では，このような問題意識から，歴史的・現代的・制度的・国際的な視野から日本の金融システムが直面する諸問題を改めて問い直し，新しい金融システムの制度設計（アーキテクチャー）を考察することを目的としている。本書は，全体の問題意識を論じた第1章に引き続き，歴史的視点から日本の金融問題を分析した第Ⅰ部，現代日本の経済社会システムの課題を考察した第Ⅱ部，長期停滞下での日本の金融システムを検証した第Ⅲ部，現代の国際金融が抱える問題を分析した第Ⅳ部という構成になっており，計9本の論文が所収されている。

　第Ⅰ部は，戦前の日本の金融システムを分析してその現代的な含意を考察したもので，堀内・花崎論文と寺西論文の2本からなる。第2章（堀内・花崎論文）は，銀行が日本の経済発展を支えるうえでいかなる役割を果たしたのかを考察したものである。分析では，戦前の1920年代から30年代を対象として，銀行貸出が工業生産をどの程度支えたのか，資本市場の機能は銀行の機能を代替する役割を演じたのか，さらに当時の大蔵省の政策がどのような影響を及ぼしたのかが考察された。分析の結果，1920年代は銀行取付け騒ぎが度重なった時期だったにもかかわらず，銀行貸出は工業化の進展を支

えたことが明らかにされた。また，銀行再編を目論んだ大蔵省の政策は，銀行システムの安定化には寄与したが，工業化の進展にはマイナスの影響を及ぼした可能性が高いことが示唆された。

第3章（寺西論文）では，戦前期における工業化に伴うリスクを誰がどのような形で負担したのかについて考察がなされた。戦前期，商人や地主を中心とする資産家が，株式投資の形でリスクをとったことはよく知られている。また初期の殖産興業政策では，政府が多大なコストを負担したこともほぼ明らかである。論文では，これに加えて，戦前は，一般の家計を含む預金者が積極的にリスクマネーを供給していたことが明らかにされた。戦前期の預金市場には必ずしも効率的とは言えない側面があり，それが経済発展に与えた効果も好ましいものだけではなかったことが示唆された。今日，リスクマネーの供給が大きな政策課題になっているが，戦前の経験は重要なインプリケーションを持つと考えられる。

第Ⅱ部は，現代の経済社会システムを検証することで金融システムが抱える諸問題の背景を考察したもので，福田・粕谷・中島論文と福田論文の二つの論文から構成される。第4章（福田・粕谷・中島論文）では，デフレ下の日本経済における非上場企業のパフォーマンスの決定要因について，ガバナンス構造（株式所有構造）に注目して考察が行われた。一般に，中堅・中小の非上場企業は，潜在的な成長可能性が高い企業が多い反面，上場企業と比べてその所有構造が特殊な企業が多い。分析では，このような非上場企業において，株式所有構造がパフォーマンスに対して有意な影響を及ぼすことが明らかにされた。ただし，その影響は，企業の業績が良い場合と悪い場合とで全く異なっていた。とくに，特定の個人株主や親会社の持ち株比率の上昇は，業績が良い企業ではプラスに働いた反面，業績が悪化した企業では逆にマイナスに働いていたことが示された。

金融システムを考察するうえでは，最大の貯蓄主体である家計の行動パターンを理解することは重要である。第5章（福田論文）は，そうした問題意識に基づいて，親子間の金銭的な移転動機に注目して，少子高齢化の問題を親子間の助け合いという観点から考察した。分析では，まず親子間の助け合いの成功例としていわゆる「福井モデル」を紹介したのち，作道真理氏の研究成果を参考にしながら家族間の支え合いの動機を「Cox モデル」を用いて

検証した。分析の結果，日本ではアメリカとは異なり，親子間の取引関係は利他的な動機による可能性が高いことが明らかにされた。ただ，世代間の支え合いの取組みは地域ごとに差があった。このため，親子間の助け合いが少子高齢化の解決につながるかどうかは，地域ごとの特徴を踏まえて議論することが必要であることが示唆された。

第Ⅲ部は，最近の日本の金融市場に焦点を当てて長期停滞下での日本システムを分析した研究成果で，櫻川論文と塩路論文の二つの論文からなる。第6章（櫻川論文）では，バブルが存在しうるマクロ経済モデルを想定して，日本の財政が維持可能なものであるかどうかが考察された。分析では，土地から国債へと「バブルの代替」が日本経済に起きたという仮定のもとで，大量発行される国債が価格の暴落に見舞われることもなく，また急激なインフレを引き起こすこともなく，安定的に市場に消化されてきたという仮説を提案して，理論とデータの両面から考察を行った。計測結果は，地価バブルの持続的な収縮過程を考慮することによって，国債大量発行と低インフレが両立することを示唆するものであった。

最近の日本の金融市場を考えるうえでは，日本銀行による異次元の金融緩和政策が与えた影響は決して無視できるものではない。第7章（塩路論文）は，このような問題意識から，異次元の金融緩和政策が民間銀行の貸出行動をどのように変えたのかを考察した。分析では，2001年から2006年の「量的緩和」政策のもとでは手元の準備が増えた銀行は貸出を増やす傾向が確認された。しかしそれ以降においては，そのような傾向は認められなかった。2000年代前半のデータをさらに詳細に分析した結果，準備の増減に反応して貸出を増やしたり減らしたりしていたのは不良債権比率の高い銀行だったことがわかった。このことは量的緩和が信用不安による市場分断を緩和するという経路を通じて効果を持っていたことを示唆するものであった。

第Ⅳ部は，現代の国際金融システムが抱えるいくつかの重要な問題を考察したもので，小川・清水・武藤論文と田中・福田論文で構成されている。第8章（小川・清水・武藤論文）では，わが国がアジア諸国との関係をこれまで以上に深めているという問題意識に立って，アジア通貨単位（Asian Monetary Unit, AMU）のような東アジア諸国通貨から構成される通貨バスケットを取り上げ，東アジア各国の現地通貨建て債券とAMU建て債券のリスク特

性に関する比較分析を行った。その結果，AMU 建て債券は，多くのアジア新興国において対外借入費用とその為替リスクを軽減するとともに，海外投資家にとっても現地通貨建て債券と比較して為替リスクの軽減に寄与することが確認された。AMU 建て債券を導入することによって，アジア全体の金融システムの安定にも資する可能性があることが示唆された。

第 9 章（田中・福田論文）では，世界金融危機の後，国際的な流動性不足から国際通貨ドルへの需要が増加した結果，為替スワップでは，ほとんどの主要国通貨の金利が米ドル金利を上回った一方で，オーストラリアドルとニュージーランドドルに関しては為替スワップの金利が米ドル金利を下回った原因を考察した。分析では，世界金融危機後，ほとんどの主要国で政策金利が事実上ゼロになる中で，オーストラリアとニュージーランドの政策金利が有意にプラスであったという特異性に着目した。カバー付き金利平価（CIP）条件を用いた推計を行った結果，政策金利が，短期金融市場のリスク指標とともに CIP の乖離に対して有意な影響を与えることが明らかにされた。この結果は，金融政策の特異性が短期金融市場においてそれら通貨に顕著な乖離を発生させたことを示唆するものであった。

本書の執筆者は，一般財団法人統計研究会の金融研究委員会（通称，「金融班」）で，長年，内外の金融問題に関する理論的・実証的研究を続けてきたメンバーが中心になっている。「金融班」では，月 1 回の定例研究会を開催して，日本の金融システムが抱える問題点や必要な政策対応に関してメンバーおよび外部の識者が報告を行い，関連テーマに関して活発に質疑応答・討論を行ってきた。また，近年は，国際コンファレンスを含めて，年数回のコンファレンスも開催してきた。とくに，夏季には議論に深く専念できるように，東京を離れて合宿形式のコンファレンスを開催し，密度の濃い研究集会を積み重ねてきた。本書は，これら研究会およびコンファレンスの成果の一部を，上述の問題意識のもとにまとめたものである。

本書を出版するにあたっては，統計研究会の松倉裕子さんと奥原晶子さんに大変お世話になった。定例研究会やコンファレンスなど，お二人による多岐にわたる献身的なアレンジがなければ本書は完成しなかったであろう。また，一般財団法人日本経済研究所や日本政策投資銀行・設備投資研究所か

らは，これまでの研究活動に対して多大なサポートをいただいた。最後に，有斐閣の藤田裕子さんには，いつものことながら，編者のさまざまなわがままを聞き入れていただき，出版にこぎつけていただいた。多忙な中，編集作業を行っていただいた藤田さんにはここに改めて御礼を申し上げたい。

2017 年 9 月

執筆者を代表して

福田　慎一

執筆者紹介 (執筆順)

福田 慎一 (ふくだ しんいち)　　　　　編集，第1章，第4章（共同執筆），
　　　　　　　　　　　　　　　　　　　　　　　第5章，第9章（共同執筆）
東京大学大学院経済学研究科教授

主要著作　『「失われた20年」を超えて』NTT出版，2015年。『金融論——市場と経済政
　　策の有効性』有斐閣，2013年。

堀内 昭義 (ほりうち あきよし)　　　　　　　　　　　　　　第2章（共同執筆）
中央大学名誉教授，東京大学名誉教授

主要著作　『現代日本の金融分析』（共編）東京大学出版会，1992年。『日本経済と金融危
　　機』岩波書店，1999年。

花崎 正晴 (はなざき まさはる)　　　　　　　　　　　　　　第2章（共同執筆）
一橋大学大学院商学研究科教授

主要著作　『金融システムと金融規制の経済分析』（共編著）勁草書房，2013年。『企業金
　　融とコーポレート・ガバナンス——情報と制度からのアプローチ』東京大学出版会，
　　2008年。

寺西 重郎 (てらにし じゅうろう)　　　　　　　　　　　　　　　　　第3章
一橋大学名誉教授

主要著作　『歴史としての大衆消費社会——高度成長とは何だったのか』慶應義塾大学出版
　　会，2017年。『戦前期日本の金融システム』岩波書店，2011年。

粕谷 宗久 (かすや むねひさ)　　　　　　　　　　　　　　　第4章（共同執筆）
明星大学経済学部教授

主要著作　"Regime-switching Approach to Monetary Policy Effects," *Applied Economics*,
　　Vol. 37, No. 3, 2005, pp. 307-326.『日本の金融機関経営——範囲の経済性，非効率性，
　　技術進歩』東洋経済新報社，1993年。

中島 上智 (なかじま じょうち)　　　　　　　　　　　　　　第4章（共同執筆）
国際決済銀行シニアエコノミスト

主要著作　「金融政策コミットメントの効果——わが国の経験」『金融研究』第29巻3号，
　　2010 年，239-266 頁（共同執筆）。"Bayesian Analysis of Latent Threshold Dynamic
　　Models," *Journal of Business and Economic Statistics*, Vol. 31, 2013, pp. 151-164（共同
　　執筆）。

櫻川　昌哉（さくらがわ　まさや）　　　　　　　　　　　　　　　　第6章

慶應義塾大学経済学部教授

主要著作　"Absence of Safe Assets and Fiscal Crisis," *Journal of the Japanese and International Economies*, Vol. 40, 2016, pp. 59-76（共同執筆）.「長期的な名目ゼロ金利の経済分析」『金融経済研究』第39号，2017年，57-66頁。

塩路　悦朗（しおじ　えつろう）　　　　　　　　　　　　　　　　第7章

一橋大学大学院経済学研究科教授

主要著作　「ゼロ金利下における日本の信用創造」照山博司ほか編『現代経済学の潮流2016』第2章，東洋経済新報社，2016年。『ベーシック経済学──次につながる基礎固め』（共著）有斐閣，2012年。

小川　英治（おがわ　えいじ）　　　　　　　　　　　　　　第8章（共同執筆）

一橋大学大学院商学研究科教授

主要著作　『世界金融危機後の金融リスクと危機管理』（編著）東京大学出版会，2017年。『世界金融危機と金利・為替──通貨・金融への影響と評価手法の再構築』（編著）東京大学出版会，2016年。

清水　順子（しみず　じゅんこ）　　　　　　　　　　　　　第8章（共同執筆）

学習院大学経済学部教授

主要著作　「国際マクロから考える日本経済の課題」藤田昌久編著『日本経済の持続的成長──エビデンスに基づく政策提言』第2章，東京大学出版会，2016年（共同執筆）。"Exchange Rate Exposure and Risk Management: The Case of Japanese Exporting Firms," *Journal of the Japanese and International Economies*, Vol. 41, 2016, pp. 17-29（共同執筆）.

武藤　誠（むとう　まこと）　　　　　　　　　　　　　　第8章（共同執筆）

一橋大学大学院商学研究科博士課程

主要著作　「ASEAN＋3の最適通貨圏形成に関する計量分析」『商学論究』第61巻3号，2014年，49-67頁（共同執筆）。"Declining Japanese Yen and Inertia of the U. S. Dollar," RIETI Discussion Paper Series, 17-E-018, 2017（共同執筆）.

田中　茉莉子（たなか　まりこ）　　　　　　　　　　　　　第9章（共同執筆）

武蔵野大学経済学部講師

主要著作　"Currency Exchange in an Open-Economy Random Search Mode," *B. E. Journal of Theoretical Economics*, Vol. 16, No.1, 2016, pp. 1-31. "Monetary Policy and Covered Interest Parity in the Post GFC Period: Evidence from the Australian Dollar and the NZ Dollar," *Journal of International Money and Finance*, Vol. 74, 2017, pp. 301-317（共同執筆）.

目　　次

本書の問題意識

第 1 章　金融システムの制度設計 —————————— 1

序　　説　　　　　　　　　　　　　　　　　福田慎一

1　はじめに ————————————————————— 2

2　日本の経済システムの源流 ————————————— 3

3　自由化前の金融システム —————————————— 5

4　経済発展と金融システム —————————————— 6

5　経済システムの制度疲労 —————————————— 8

6　もう一つの「失われた 10 年」———————————— 10

7　金融危機のヒステリシス（履歴効果）———————— 12

8　銀行主導の経済回復 ———————————————— 14

9　世界金融危機後の金融システム —————————— 15

10　おわりに ———————————————————— 18

第 I 部　歴史的視点から見た日本の金融システム

第 2 章　戦前の日本の工業化と金融システムの機能 ——— 21

堀内昭義・花崎正晴

1　はじめに ———————————————————— 22

2　銀行部門と日本の工業化 ————————————— 24

2.1　不安定な銀行システム　25

2.2　小銀行を排除しようとする政府の政策　27

2.3　「銀行法」の影響　30

3　日本の工業化の過程における証券市場の役割 ———— 33

3.1　第二次世界大戦前・後における主要企業の資金調達の傾向　33

目　次　ix

　　3.2　株式市場の不安定性と銀行融資の影響　35

　4　道府県別の工業生産額と銀行貸出 ──────────── 37

　　4.1　工業統計の信頼性　39

　　4.2　銀行業のデータ　40

　　4.3　基準となる推計式　41

　　4.4　アレラノ＝ボンドのダイナミック・パネル分析　41

　　4.5　基準式の計測結果　42

　　4.6　大蔵省の政策の評価　44

　　4.7　計測結果の要約　45

　5　おわりに ─────────────────────── 46

第3章　戦前期金融システムにおけるリスク負担機能 ── 51
　　　　　預金市場を中心にして　　　　　　　　　　寺西重郎

　1　はじめに ─────────────────────── 52

　2　預金金利協定の展開と実効性 ───────────── 53

　3　預金のリスクと銀行・預金者 ───────────── 59

　　3.1　破綻銀行の処理と政府・日銀の救済行動　59

　　3.2　1925年における東京地方の預金市場：預金金利と破綻リスク　65

　　3.3　預金市場と銀行の規律付け　68

　4　金融恐慌と預金リスク ─────────────── 71

　5　おわりに ─────────────────────── 78

第II部　日本の経済社会システムの課題

第4章　非上場企業におけるコーポレート・ガバナンス ─ 83
　　　　　　　　　　　　　　　　福田慎一・粕谷宗久・中島上智

　1　はじめに ─────────────────────── 84

　2　コーポレート・ガバナンスを巡るいくつかの視点 ─── 87

　　2.1　親会社によるガバナンス　87

　　2.2　個人株主によるガバナンス　88

x　目　次

2.3　金融機関によるガバナンス　89

2.4　外資によるガバナンス　89

2.5　従業員持ち株会によるガバナンス　90

2.6　政府・公団によるガバナンス　91

3　基本モデル　91

3.1　推　計　式　91

3.2　財務変数の選択　93

4　株主の情報　95

4.1　データ・ソース　95

4.2　持ち株比率の分布　97

5　基本モデルの推計結果　100

5.1　企業の分類　100

5.2　法人株主および個人株主によるガバナンス　101

5.3　法人株主および個人株主以外のガバナンス　103

6　その他の健全性指標への影響　105

6.1　モデルの定式化　105

6.2　営業利潤率の推計結果　106

6.3　債務・総資産比率の推計結果　108

7　株式の間接所有を通じた影響　110

8　業務の絶対的な基準で企業を分類したケース　114

9　おわりに　116

補論1　トービンの q の算出　117

補論2　実質資本ストック（再取得価格）の算出　118

第5章　少子高齢化と親子間の助け合い　123

福田慎一

1　はじめに　124

2　いわゆる「福井モデル」　126

3　家族間の支え合いの動機：Cox モデル　128

4 日本のデータを用いた実証分析 ———————————— 131

5 推計結果の頑健性 ————————————————— 133

6 親子間の移転と子の独立 ——————————————— 136

7 おわりに ————————————————————— 138

補論 1 「性質 1」および「性質 2」の証明　138

補論 2 使用したデータの内容　143

第Ⅲ部　長期停滞下での日本の金融システム

第**6**章 「バブルの代替」と財政の維持可能性 ——————— 147

櫻川昌哉

1 はじめに ————————————————————— 148

2 日本経済の動学的効率性 ——————————————— 151

3 資本市場の不完全性を導入した合理的バブルモデル ——— 154

4 バブルの代替の検証 ———————————————— 164

5 おわりに ————————————————————— 169

第**7**章 銀行行動と貨幣乗数の低下 ——————————— 173

量的緩和政策は貸出を拡大したか　　　　塩路悦朗

1 はじめに：なぜ貨幣乗数を分析するのか ————————— 174

2 分析の背景：貨幣乗数の理論と実際 —————————— 177

2.1 貨幣乗数とは　177

2.2 貨幣乗数に関する教科書的議論　178

2.3 日本における貨幣乗数の推移　179

2.4 日本の金融政策の変容　181

2.5 ゼロ金利のもとでの信用創造　182

3 銀行パネルデータの検証（1）：単体ベース，年次データ ——— 183

3.1 使用するデータについて　183

3.2 変数変換について　184

xii　目　次

3.3　量的緩和以前　185

3.4　量的緩和期　187

3.5　量的緩和解除以降，量的・質的緩和開始まで　188

4　銀行パネルデータの検証（2）：連結ベース，半期データ ⸺ 188

4.1　使用するデータについて　188

4.2　分析結果　190

5　銀行パネルデータの検証（3）：銀行の財務状況と信用創造 ⸺ 191

5.1　不良債権に注目する理由　191

5.2　不良債権比率によるグループ分けに基づく結果　191

6　おわりに ⸺⸺⸺⸺⸺⸺⸺⸺⸺⸺⸺⸺⸺⸺⸺⸺ 193

第Ⅳ部　現代の国際金融システム

第8章　アジア債券市場と日本の役割 ⸺⸺⸺⸺⸺⸺ 197

小川英治・清水順子・武藤誠

1　はじめに ⸺⸺⸺⸺⸺⸺⸺⸺⸺⸺⸺⸺⸺⸺⸺⸺⸺ 198

2　債券発行者にとってのリスク ⸺⸺⸺⸺⸺⸺⸺⸺⸺ 201

2.1　分析手法とデータ　201

2.2　分析結果　204

3　外国投資家にとってのリスク ⸺⸺⸺⸺⸺⸺⸺⸺⸺ 207

3.1　東アジアにおける現地通貨建て債券のリスク特性　207

3.2　AMU 建て債券のリスク特性　210

4　AMU 建て債券の為替リスク軽減効果 ⸺⸺⸺⸺⸺ 214

5　おわりに ⸺⸺⸺⸺⸺⸺⸺⸺⸺⸺⸺⸺⸺⸺⸺⸺⸺ 217

第9章　世界金融危機後における国際通貨の流動性 ⸺ 223

金利裁定式からの含意　　　　　　　田中茉莉子・福田慎一

1　はじめに ⸺⸺⸺⸺⸺⸺⸺⸺⸺⸺⸺⸺⸺⸺⸺⸺⸺ 224

2　カバー付き金利平価（CIP） ⸺⸺⸺⸺⸺⸺⸺⸺⸺ 226

3　実証分析の特定化 ⸺⸺⸺⸺⸺⸺⸺⸺⸺⸺⸺⸺⸺ 229

4 主要な説明変数と基本統計量 ·· 232

4.1 各国の短期金融市場リスク　232

4.2 政策金利　235

5 推計結果 ·· 236

5.1 通貨別短期金融市場のリスク　236

5.2 政策金利　238

5.3 その他の変数　239

6 なぜ豪ドルと NZ ドルは CIP 条件から乖離したか ·················· 240

7 おわりに ·· 244

索　引 ———————— 249

本書のコピー，スキャン，デジタル化等の無断複製は著作権法上での例外を除き禁じられています。本書を代行業者等の第三者に依頼してスキャンやデジタル化することは，たとえ個人や家庭内での利用でも著作権法違反です。

本書の問題意識

第 **1** 章

金融システムの制度設計
序　説

福田慎一

本章の要旨

　世界経済で自由化・グローバル化が大きく進展する中，わが国において，従来型の金融システムはもはや時代遅れの面があり，大いに改善の余地がある。しかし，一連の金融危機を経験して，規制の少ない市場型中心の金融システムへの移行もまた，必ずしも正しい改革の道とは言えないという認識が根強く残っている。金融システムの改革を進める際には，日本の特殊性を考慮しつつ，歴史的な経緯も踏まえながら，危機を回避し，安定的な発展を実現するうえで適切なシステムはどのようなものかについて議論を深めていく必要がある。本章は，このような問題意識から，日本の金融システムのあり方を歴史的・制度的な視野から改めて問い直し，新しい制度設計（アーキテクチャー）について比較的長期の視野から考察を行う。今日，世界の目には，かつてのような日本経済に対する羨望のまなざしはもはやない。そうした中，金融システムのあり方も，低迷する経済をいかに活性化するかという観点から議論する必要性が高まっている。金融が持つ特殊性を考慮しつつ，リスク管理と成長のバランスを踏まえて，金融システムの抜本的な改革を行うことは，今日の日本経済における急務の課題である。

1 はじめに

　今日，各国の金融システムは，大きく分けて二つの契機によって大きな変革期を迎えている。第一の契機は，自由化・グローバル化である。過去四半世紀余りの間，世界各国の経済システムは，自由化・国際化という大きな流れの中で，市場型のシステムへと大きな構造の転換を行ってきた。しかし，ドラスティックな規制緩和・構造変化は所得格差を拡大させるなど，今日の経済社会に「光と影」を残している。そうした中で，有権者の間でも自由化・グローバル化に対する反発が高まるなど，これまでの政策のあり方を抜本的に見直そうという動きも見られている。とくに，対外政策面では，保護主義的な考え方が台頭するなど，これまでの自由化の流れとは逆行する動きも始まっている。そして，どのような金融システムが望ましいかをめぐる議論も新たな展開を見せている。

　第二の契機は，一連の金融危機・経済危機である。バブル崩壊とその後の長期経済低迷は，伝統的な金融システムの限界を明らかにするものであった。また，2007〜08 年の世界的な金融危機の経験は，単純な市場原理主義もまた大きな問題を内在していることを如実に示すこととなった。国際協調のあり方も，従来の主要 7 カ国会議 G7 から，新興国を含む G20 へとその主な舞台を移しつつある。そうした中で，危機の再発を防ぐための新しい金融システムの制度設計を行うことは，政策当局者だけでなく，学者の間でも急務であるという共通の認識が広まっている。

　わが国においては，従来型の金融システムはもはや時代遅れの面があり，大いに改善の余地がある。バブル崩壊後の政策対応の遅れは，古い日本型システムのドラスティックな改革の必要性を多くの人々に認識させた。しかし，規制の少ない市場型中心の金融システムへの移行もまた，わが国にとっては正しい改革の道とは必ずしも言えないという認識が，依然として根強く残っている。各国には長い時間をかけて培われた固有の慣習や制度が存在する。改革を行う際に，これらの慣習や制度を十分に考慮しないで改革を実行することの是非に関しては，学者の間でも論争が続いている。規制だらけの経済システムは非効率だが，市場メカニズムも万能ではない。資産バブルの

発生や銀行取付けなど，金融市場参加者の行動は，常に合理的で一貫性を持ったものとは限らない。とくに，金融機関には，民間企業であっても，リスクが顕在化した場合に社会的に甚大なコストをもたらすという特殊性がある。わが国の金融システムの改革を進める際には，このような特殊性を考慮しつつ，これまでの経緯も踏まえながら，経済の安定的な発展にとって適切な金融システムはどのようなものかについて議論を深めていく必要がある。

　本書では，このような問題意識から，日本の金融システムのあり方を歴史的・制度的な視野から改めて問い直し，新しい制度設計（アーキテクチャー）について比較的長期の視野から考察を行うことを目的としている。「100年に一度」とも言われた経済危機からようやく脱却しつつある世界経済では，今後どのような形で金融システムの改革を進めていくべきかについて，少し腰を落ち着けて議論してみることが必要である。それには，足元の経済に起こっている現象を見るだけでなく，歴史的な視野やインターナショナルな視野も重要である。目先の議論にとらわれていただけでは，中長期的に望ましい経済改革を行うことはできない。経済危機を二度と経験しないためにも，新しい金融システムの制度設計をどうすれば良いのか諸問題を冷静に考え直してみることは，今日の重要な研究課題の一つである。

2　日本の経済システムの源流

　日本には独自の歴史・文化がある。経済分野もその例外ではなく，その活動はしばしば長年培われてきた慣習や制度に大きな影響を受けてきた。ただ，何が「日本的」なのかに関しては，それがいつ頃どのようにして生まれたのかを含めて，厳密な検証が必要である。たとえば，小池（2009）は，一般に「日本的」と言われているものの中には，先入観に基づくものも少なくないと指摘している。小池によれば，意思決定における「合議制」はその一つで，日本人の間でそのような意思決定が必ずしも古来は一般的ではなかったことを，鎌倉時代の『新古今和歌集』の編纂プロセスなどを例に挙げて明らかにしている。

　時代を鎌倉時代や江戸時代に遡ってわが国の慣習や制度の源流を探ることは，それ自体非常に興味深い試みである。しかし，以下では，わが国の金融

システムの源流を，戦後に限定して議論を展開する。なぜなら，わが国で1人当たりの所得水準が本格的に増加し，日本が先進国の仲間入りをしたのは戦後だからである。人類には悠久の歴史がある。ただ，Clark（2007）ら数量経済史の研究によれば，西暦1800年当時の世界経済の平均的な生活水準は，紀元前の平均水準とさほど差がなかった。いわゆる「マルサスの罠」によって，人類は人口の自然増を上回るだけの経済成長を長い間達成することができなかったのである。

　もちろん，金融システムを含めわが国のさまざまな経済システムの源流を戦前期に求める考え方はありうる。ただ，戦後の目覚ましい経済成長やその後の停滞を，戦前期の経済成長の延長線上で考えることが妥当かどうかに関しては，古くから論争がある。近代化が明治維新によってもたらされたのか，それとも終戦後の経済の民主化によってもたらされたのかに関しては，「日本資本主義論争」の流れをくむマルクス経済学者の間での論争がその一つの例と言えるかもしれない。近年では，林文夫らが，戦前の経済成長が戦後の高度成長に比して著しく低かったと指摘し，長子相続の制度が農村部門から工業部門への労働移動の大きな障害となって戦前の経済成長を低迷させたことを二部門経済成長モデルを用いて明らかにしている（Hayashi and Prescott 2008）。

　わが国の経済システムの源流を，単純に明治・大正・昭和初期といった戦前期に求めることには異論が多い。従業員管理型企業，間接金融中心の金融システム，直接税中心の税体系，中央集権的財政制度など，戦後日本経済の特質と考えられているものは，戦前の日本にはなかった。

　とくに，戦前期の金融システムは，1930年代頃までの銀行システムが取付け騒動がしばしば発生するなど脆弱であったのに対して，株式市場における取引は非常に活発で，資本市場を中心とする金融機能が企業部門の資金調達の面でも企業統治の面でも銀行よりも重要な役割を演じたという主張もある（たとえば，岡崎・浜尾・星 2005や寺西 2006）。ただ，先にも述べたように何が「日本的」なのかに関しては，それがいつ頃どのようにして生まれたのかを含めて，厳密な検証が必要である。その一環としてわが国の金融システムのあり方を時代を追って概観することを通じて検証することは意義深いと言える。

3 自由化前の金融システム

金融自由化の進展によって近年ではその役割は大きく変容しているが，戦後のわが国の金融システムは，厳しい金融規制を伴った銀行中心の仲介型のシステムとして形成されていった。資金運用手段が限られた家計部門の資産保有は預貯金が中心であり，企業部門は中小企業だけでなく大企業まで，主として銀行借入により資金を調達した。株式市場の機能は株式の持ち合いにより，社債市場の機能は政府規制により大きく減殺されていた。また，いわゆるメイン・バンク制に代表される銀行システムは，他の国々には見られないいくつかの特徴があった。諸外国でも，企業が銀行借入によって資金調達を行う際に主導的な立場をとる最大の融資者は存在した。しかし，わが国におけるメイン・バンクは，融資の継続性，株式の保有，役員派遣などを通じて，借り手との間の情報の非対称性を小さくすると同時に，イザという時の貸し手として借り手のリスクを軽減してきた。

厳しい規制を伴った銀行中心の金融システムは，戦時中の統制経済で形成されたという見方もある。日本では，1930年代頃までは株式による資金調達がかなりの比重を占めていたが，戦時期に資源を軍事産業に傾斜配分させることを目的として，金融システムが間接金融中心へと改革された（野口2002）。その一方，メイン・バンク制の形成過程に関しては，戦後の経済民主化で解体された企業グループが，貿易の自由化という危機に直面した日本企業によって再結成されたという見方が有力である（Hoshi and Kashyap 2001）。

もっとも，戦後の金融システムにおいて，厳しい金融規制のもとで銀行が重要な役割を果たしてきたのは，必ずしも日本だけのことではない。ラジャンとジンガレスの二人の金融の研究者は，世界の金融システムには1930年代に「大転換」があったと主張している。彼らによれば，戦前の世界経済では，今日のように株式市場や債券市場など自由な市場型の金融取引が主流であった（Rajan and Zingales 2003）。しかし，世界恐慌を経験した各国が，金融規制を強化し，戦後長い間続くことになる金融システムが形成された。

米国では，預金者保護・銀行経営の健全性確保を目的として1933年にグ

6 本書の問題意識

ラス・スティーガル法が制定され，99 年の金融制度改革法（「グラム・リーチ・ブライリー法」）によって改定されるまで預金銀行業務と証券業務の兼業が禁止されてきた。その結果，大企業では，株式市場や債券市場など市場を通じた資金調達が一般的であったものの，中堅・中小企業では厳しい規制下にあった銀行システムを通じた資金仲介が支配的であった。実際，米国の商業銀行数は，1930 年代以降 80 年代前半まで 1 万 4000 行前後で推移した。巨大銀行から支店数が 10 店舗程度の「コミュニティ・バンク」と呼ばれる地域に根ざした銀行まで，大小さまざまな規模の銀行が存在していたと言える。世界第 3 位の広大な国土を考慮しても，その銀行数は先進国中でも突出していたと言える[1]。

4 経済発展と金融システム

　経済発展のプロセスにおいてどのような形態の金融システムが望ましいかは，Gerschenkron（1962）の先駆的研究以降，経済発展論の分野で数多く議論されてきた重要な研究課題である。なかでも，金融市場の自由化がその国の経済発展にいかなる影響を与えるかに関しては，それをプラスに評価する考え方と，そのマイナスの側面を強調する考え方が共存してきた。

　自由化が経済成長を促進することを主張した先行研究では，規制の少ない金融仲介の発達が，異時点間の資源配分の効率性を高め，投資を生産性のより高い部門へ向かわせると同時に，経済主体に流動性を供給し，効率的なリスク分散を可能にする機能を持つことが強調された。とくに，政府による金融システムへの介入を「金融的抑圧（financial repression）」と呼び，非効率な資源配分を生み出す源泉として捉えた（たとえば，Fry（1995）のオーバービューを参照のこと）。

　法制度や透明性のある会計制度の整備が進み，企業に対する外部からの規律付けがうまく働いている経済では，規制の少ない自由な金融市場の発達が，資源配分の効率性を高める面があることは事実であろう。政府の金融市

1　規制緩和の中で，1980 年代以降，新規参入を上回る形で銀行の合併や統合が進んだ結果，米国の商業銀行数は大幅に減少した。しかし，2010 年代になっても 5000 を超える銀行があり，米国は世界で最も銀行の数が多い国である。

場への介入や地縁・血縁を通じた金融取引は不透明な部分も多く，選挙や賄賂といった非経済的な要因によって資金の非効率な配分を生むことも多い。しかしながら，過去の経験を振り返ってみた場合，金融市場の自由化は必ずしも経済成長に好ましい影響を与えなかった。とくに，法制度や会計制度が不完備で，情報の非対称性など市場の失敗が存在している場合には，金融市場を規制することがむしろ望ましいとする考え方が受け入れられるようになってきている。

どのような金融システムが望ましいかは，経済の発展段階や歴史的経緯に依存するという考え方は有力な説である[2]。Allen and Gale（2000）らによって指摘されているように，既存の技術を使って生産活動を行う企業では，情報生産とリスク分散いずれの面でも，銀行貸出が債券市場や株式市場よりも逆に望ましい性質がある。その際の企業に対する情報生産は，企業の持つ技術・技能に関する事前的な審査よりも，企業の経営資源や財務内容を審査し，導入された技術や技能を，逆選択やモラル・ハザードを伴うことなく，いかに効率的に活用しているかを何度もモニターすることの方が重要となる。このようなモニタリングは，多数の参加者からなる公開市場よりも，委任された監視者（delegated monitor）としての銀行を通じた金融取引の方が，優れた情報生産機能がある（Diamond 1984）。

一方，最先端の技術開発を行っている企業では，債券市場や株式市場といった公開市場を通じて資金調達を行うことが，情報生産やリスク分散の両面で，銀行貸出よりも望ましい性質がある。最先端の技術は，銀行の審査担当者にとって未知の部分があまりにも多く，その優劣はむしろ多様な参加者から構成される公開市場を通じて多角的な観点からチェックしていく方が効率的である。また，最先端の技術はハイリターンであると同時にハイリスクであることが多く，このようなハイリスクを分散するうえでは，特定の貸し手がリスクを負担する銀行貸出よりも，幅広い投資家がリスクをシェアすることの方が好ましいと考えられる[3]。

---

2 制度比較の観点から日本の金融システムの位置づけを議論したものとしては，福田・寺西（2003）を参照のこと。

3 第8節で見るように，銀行貸出は下方リスクを重視し，借り手のハイリターンを追求しない面がある。これに対して，株式市場など持分権の出資は，潜在的にハイリタ

5 経済システムの制度疲労

わが国が 1990 年代初頭のバブル崩壊後，長期低迷に陥った原因の一つに，大きな経済の構造変化にそれまでの経済制度が対応できなくなった点が挙げられる。既存の技術を使うキャッチアップの段階にあった高度成長期には，厳しい規制体系のもとで銀行中心の金融システムが経済発展に少なからず貢献した。金融行政では，大蔵省主導の「護送船団方式」と呼ばれる手法が継承され，金融機関は破綻させないという原則のもとで各種の金融規制や行政指導が行われ，安定した金融システムが維持されてきた。もっとも，このような金融システムが機能した背景には，金利規制や店舗規制などの当時の規制体系下で，銀行が一定のレント（超過利潤）を得ることが前提となっていた。

しかしながら，1980 年代になると，金融の自由化・国際化の中で，金利や債券の自由化が進み，金融機関間の競争が激しくなり，従来型の金融システムがもはや機能しなくなった[4]。また，最先端の技術分野では，銀行からの借入よりも，公開市場を通じた資金調達が望ましいと考える企業も増えてきた。その結果，1980 年代後半には，これまで銀行借入に大きく依存していた大企業の中に，社債やエクイティー・ファイナンスで資金調達をするところも増加した。その一方で，銀行は，有望な貸出先が減少し，それまで得てきたレントを急速に失うことになった。また，バブル期に不動産関連の融資を大幅に膨らませた銀行の多くは，バブル崩壊後，巨額の不良債権を抱えることとなった。

そうした大きな構造変化の中で，バブル崩壊後の日本の銀行では，大蔵省主導の政策に応ずるインセンティブもなければ，その余裕もなくなっていっ

ーンな投資先を重視する。この点でも，先端技術に対する資金供給は，公開市場を通じて行った方が良いという面がある。

4 わが国でも，銀行・証券の分離原則は，戦後の金融制度改革において米国のグラス・スティーガル法を取り入れる形で導入（1948 年施行の「証券取引法 65 条」）された。銀行・証券の分離原則は，1993 年に銀行法，証券取引法の改正など一連の「金融制度改革法」の施行で，銀行，信託，証券がそれぞれ業態別の子会社を設立することにより相互参入ができるようになった結果，実質的に形骸化するまで続いた。

図1-1 不良債権(リスク管理債権)の推移

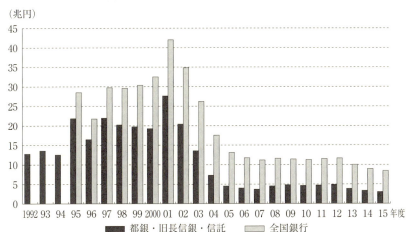

(注) 1) 1997年度以降は北海道拓殖銀行を，98年度には日本長期信用銀行，日本債券信用銀行を含まない。
2) リスク管理債権は，1995年度以降は破綻先債権，延滞債権，金利減免等債権の合計，94年度以前は破綻先債権，延滞債権の合計。
3) 2015年度は9月期，それ以外の年度は3月期のデータ。
(出所) 金融庁。

た。日本の金融システムは，このような時代の変化に十分に対応できず，バブル崩壊後の処理に非常に長い期間を要し，その対応の遅れが危機をさらに深刻なものにし，「失われた10年」を生み出す大きな要因となってしまった。

図1-1は，1990年代前半以降の不良債権額の推移を，銀行法に基づく「リスク管理債権」をもとに表したものである。わが国で不良債権の定義が厳密に行われるようになったのは1990年代後半であるため，図1-1の不良債権は，必ずしも一貫した計算方法で求められたものとは言えない面がある。とくに，1994年度以前の数字は，金利減免等債権が不良債権に含まれていないため，明らかに過小評価となっている。しかし，ある程度の誤差を勘案しても，図1-1から概ね読み取れる傾向は，不良債権が1990年代を通じてほとんど減ることがなく，その金額が大きく下落し始めたのは2000年代に入ってからということである。この傾向は，規模の大きい都銀・旧長信銀・信託だけでなく，地方銀行や第二地方銀行を含む全国銀行でも同じように見ら

図 1-2 不良債権処分損の推移

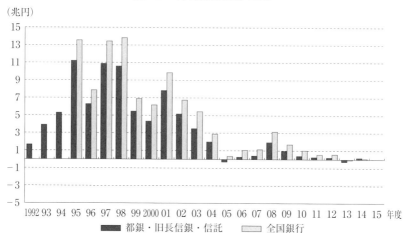

(注) データがカバーする範囲は，図 1-1 と同じ。
(出所) 金融庁。

れる。

　1990 年代にも，銀行による不良債権処理が行われなかったわけではない。むしろ，この時期，各行では，毎年多額の引当金が不良債権処理の費用として計上され，それに伴う損失は巨額なものであった。しかし，ほとんどの銀行では，バブル崩壊後，貸出が不良債権化していく根本的な原因にメスを入れることは稀であった。このため，銀行が既存の不良債権を処理しても，新たにより大きな不良債権が発生した。結果的に 1990 年代を通じて不良債権比率が減少へと転じることはなく，95 年度，97 年度，および 98 年度には，銀行の不良債権処分損は，都銀・旧長信銀・信託だけでも 10 兆円を超えた（図 1-2）。これは，本格的な不良債権処理が進んだ 2000 年代半ば以降，銀行の不良債権処分損が非常に少なかったのとは対照的である。

6　もう一つの「失われた 10 年」

　バブル崩壊後の最初の「失われた 10 年」では，銀行の不良債権処理に対する抜本的な対策が先送りされ，長期低迷につながった。しかし，2000 年代前半には，本格的な不良債権処理が進展し，2001 年度末にピークを迎え

図 1-3 実質業務純益の推移

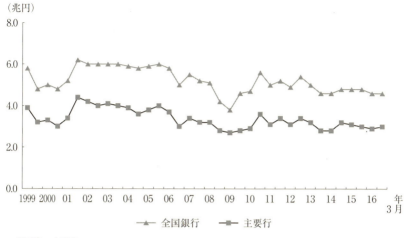

(出所) 金融庁。

た銀行の不良債権比率は，大手行 12 行（都銀，旧長信銀，信託）だけでなく，地銀・第二地銀でも顕著に低下した。しかも，その値は 2007 年夏に顕在化した米国発の金融危機（世界同時危機）以降もほとんど上昇しなかった。バブル崩壊後に日本経済復活の大きな足かせとなっていた不良債権問題は，2000 年代前半には概ね沈静化したと言える。

ただ，不良債権比率が大幅に低下し，金融システムが健全化する中でも，日本経済の実態は，真の復活とは程遠いものであった。むしろ，2000 年代の日本では，企業のバランスシートが大幅に改善したにもかかわらず，これまで以上に生産性の低迷や企業の国際競争力の低下が顕在化し，経済成長率は，1990 年代と同様に，主要国の中で低い国のままに沈んだ。不良債権が大幅に減少した銀行セクターでも，2000 年代前半を通じて貸出は大きく減り続け，その業務純益（本業のもうけ）も 2001 年 9 月をピークに緩やかながら下落する傾向が続いている（図 1-3）。

より大きな問題は，バブル崩壊後に続いてきた低インフレが，2000 年代には緩やかな物価下落（デフレ）として顕在化したことである。とくに，名目賃金（現金給与総額）は 1997 年をピークに下落に転じ，激しくなった国際的な価格引下げ競争もあいまって，デフレに拍車をかけた[5]。その結果，国

図 1-4　GDP デフレータと現金給与総額の推移

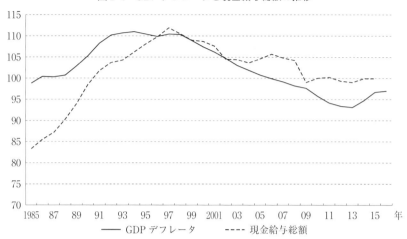

（注）　GDP デフレータは 2005＝100, 現金給与総額は 2010＝100 にそれぞれ基準化。
（出所）　厚生労働省「毎月勤労統計調査」。

内の付加価値の価格を表す GDP デフレータは 2000 年代に入って大幅に下落し，それまで以上にデフレを裏付けることとなった（図 1-4）。デフレと言っても，2000 年代の物価下落は，多くの年で非常に緩やかなものであった。このため，デフレに対する対応も遅れがちとなり，経済の低迷をより長引かせる結果となってしまった。今日では，2000 年代の日本経済は，もう一つの「失われた 10 年」と呼ばれている。

7　金融危機のヒステリシス（履歴効果）

2000 年代に不良債権比率が大幅に低下し，金融システムが健全化したにもかかわらず，日本経済の低迷が続き，デフレが顕在化した背景には，対外的なものを含めてさまざまな要因が複合的にマイナスの影響を与え合ったと考えられる（詳しくは，福田 2015）。しかし，わが国の金融システムのあり方を考えるうえでは，二つの要因が重要である。

5　吉川（2013）は，賃金の下落こそがデフレの真因であるとする代表的な文献である。ただし，賃金の下落は，日本経済の低迷の結果として生じたのであって，低迷の原因ではないことには注意が必要である。

第1章　金融システムの制度設計　13

　まず第一の要因が，1990年代の金融危機のヒステリシス（履歴効果）である。ヒステリシスは，現在の経済状態が，足元のショックだけでなく，過去に起こったショックに依存して決定される現象である。しかも，過去に起こったショックが一時的なものであっても，その効果が長期的に持続する。

　このような現象が発生するのは，参入と退出にそれぞれ埋没費用（すなわち，一度支払うと回収不能な固定費用）が存在するからである。埋没費用が存在する場合，大きな負のショックが発生して利潤が大幅な赤字にならないと企業の退出が起こらないだけでなく，大きな正のショックが発生して大きな黒字が見込まれないと企業の参入も起こらない。しかも，各ショックの影響は非対称で，いったん退出した企業が再び参入するには，退出の原因となった負のショックよりもはるかに大きな正のショックが起こることが必要となる。このため，負のショックで企業が退出した場合，その後にそれと同じ規模の正のショックが起こっても，いったん退出した企業が再び参入することはなく，負のショックの影響がその後も持続することになる。

　バブル崩壊後の金融危機は，日本の金融システムにとっては大きな負のショックであったが，2000年代にはすでに解決済みの過去の出来事となっていた。しかも，2000年代前半に不良債権の処理が進み，金融機関の健全性は大幅に改善した結果，日本の金融システムには大きな正のショックが発生していたと考えられる。しかし，わが国では，1990年代に不良債権処理に長い時間を要した結果，それまで正常に機能していた金融システムが問題解決後も十分に機能しなくなってしまった。

　バブル崩壊前に大幅に規模や業務範囲を拡大した日本企業は，1990年代に金融危機という負のショックが長引く中で，その多くが縮小・撤退を余儀なくされた。しかも，金融システムの機能不全が続く中で，そのような規模や業務範囲の縮小・撤退は，本来は市場から退出すべき「ゾンビ企業」と呼ばれた企業だけでなく，平時であれば正常な利潤を上げることができる企業でも起こった。その結果，2000年代に金融システムが回復し，経済が正常化した後も，規模や業務範囲の縮小・撤退が定着したことにより，本来であれば正常な利潤を上げることができる企業ですら活動が縮小されたままで，金融システムの機能が回復した後も元に戻ることがないという事態が起きてしまった。

8　銀行主導の経済回復

　第二の要因が，2000年代の日本経済の再生が，銀行主導で行われたことである。不良債権比率がピークを迎えた2000年代初頭，多くの日本企業は過剰に膨らんだ銀行債務を減らすことが急務の課題であった。また，銀行にとっても，貸出先企業の過剰債務の削減は，新たな不良債権が発生する芽を摘み取るという意味で最重要課題となっていた。そうした中で，1990年代の金融危機時に業績が悪化した企業の再生を実現するうえでは，債務者である借り手企業が債権者である銀行に再建計画を提出し，その内容に同意してもらう必要があった。

　しかし，その際に銀行が借り手企業に求めた再建計画は，多くの場合，コスト削減によって企業が潜在的に抱える下方リスク（downside risk）を減らすことを目指したものが多く，企業の成長につながる可能性がある将来を見据えた投資計画などは重視されない傾向にあった。その結果，2000年代に日本経済の再生が銀行主導で行われる中で，再建を目指す多くの日本企業では，人件費や研究開発費の削減などコスト削減が行われる一方で，新技術や高度な知識を軸に創造的・革新的な経営を展開するための改革は進まなかった。

　一般に，株主など持分権（equity）への出資者とは異なり，負債（debt）の債権者は，企業を再生するに当たって，借り手企業が潜在的に抱える下方リスクを減らす計画を重視し，企業の利益を大きく増やす可能性がある計画には関心を示さない傾向にある。これは，債権者である銀行にとって重要なのは，貸出金の元本と利息を確実に回収することだけだからである。このため，それらを確実に回収できる限りにおいて，仮に借り手企業が急成長を遂げる可能性のある計画があっても，銀行がそれを積極的にサポートすることは少ない。これは，株主など持分権への出資者が，出資先企業の潜在的な成長可能性を重視するのとは対照的である。持分権への出資者には，企業の利益の一部を配当や株の値上がり益（キャピタルゲイン）で得ることが重要となる。このため，持分権への出資者であれば，仮にリスクの大きい経営計画であっても，高い収益率が期待される限りにおいて，企業が急成長を遂げる可

能性のある計画を積極的にサポートしたはずである。

　日本では，2000年代前半，企業の再生が銀行主導で行われた結果，下方リスクを減らすためのコスト削減が広がった一方で，高い収益率が期待されるがリスクは大きい経営計画が敬遠された。そうした中で，不良債権処理の進展とともに多くの日本企業の利益自体は大幅に改善したが，技術革新や価格競争力の改善に向けた取組みは限定的なものにとどまってしまった。コスト削減は，企業の当面の利潤を回復させるうえでは有効であった。ただ，それを短期間で行おうとした場合，賃金のカットに加えて，直ぐには成果が出にくい研究開発部門などのコスト削減が拡大する傾向が生まれる。2000年代の日本では，そのような企業のコスト削減重視の体質が，やがては価格競争力の低下につながり，デフレを拡大させていったと考えられる。

　シュンペーターが指摘したように，企業家精神（entrepreneurship）の発揮は経済成長を推進する重要な力である。新しい「技術」だけでなく，「方法」や「マーケット」，「組織」などをダイナミックに変化させて"イノベーション"を遂行する「能力」を持つ"企業家精神"の存在が，持続的な経済成長には有効である。2000年代の日本経済では，銀行主導の企業再生が行われる中で，企業家精神を発揮した"イノベーション"が不足し，その後に持続的な経済成長を実現するうえでの大きな足かせとなった。

9　世界金融危機後の金融システム

　前節で見た通り，2000年代前半の日本経済では，不良債権処理が進んだものの，生産性や価格競争力を高めるための改革は不十分であった。その結果，2000年から2007年にかけての平均経済成長率は，1990年代と同様，日本は先進主要国の中で最も低い国にとどまってしまった（図1-5）。そうした中，2007年夏以降，米国でサブプライム問題が顕在化し，それまでは好調であった世界経済の景気が急速に悪化した。とりわけ，2008年9月のリーマン・ショックが引き金となった米国発の金融危機は，世界経済に深刻な打撃を与え，世界同時不況へと発展した[6]。

---

6 当時の金融危機に関しては，たとえば櫻川・福田（2013）を参照のこと。

図 1-5　主要国の経済成長率

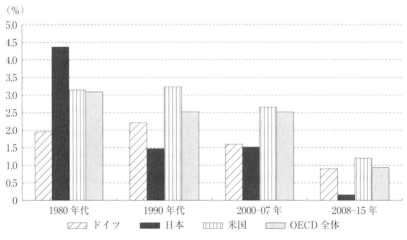

（出所）　OECD, Main Economic Indicators.

　2007年夏から2009年にかけて世界的な金融危機が発生した大きな要因の一つに，複雑に組成された証券化商品が自由化・グローバル化した金融市場で売買され，そのリスクを規制当局が十分に把握できなかったことがあった。このような状況を受けて，危機後は金融機関に対する新たな規制強化が世界各国で広がった。銀行の自己資本比率を規制するBIS（国際決済銀行）のバーゼル規制の強化はその一つである。金融システムがこれまで以上に複雑となる中で，不完備な金融規制のあり方が世界的な危機を生み出す一つの大きな要因であったことは否定できない。金融システム全体の抱えるリスクを分析し，そうした評価に基づいて，危機を未然に防ぐための制度設計や政策対応を行っていくマクロ・プルーデンスの考え方が重要である。
　もっとも，危機の震源地であった欧米諸国とは異なり，日本の金融システムは，世界的な金融危機のもとでも比較的安定していた。その一方で，日本の金融システムが抱える課題は，金融規制の見直しだけではなく，金融規制下でいかに経済に十分な成長資金を供給していくかという問題であった。わが国には1700兆円を超える家計金融資産が蓄積されているが，現状はその過半が現預金であり，米英に比べ株式・投資信託等の割合は低い。日本では，経済構造が大きく変化した後も，依然として「銀行中心の金融システ

第 1 章　金融システムの制度設計　17

図1-6　ベンチャー投資実行額の国際比較

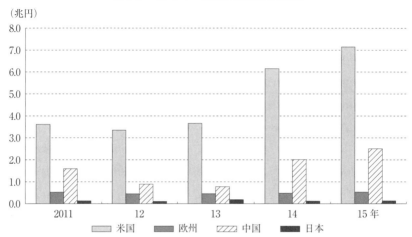

（注）　日本の数字のみ年度。それ以外は暦年。
（出所）　一般財団法人ベンチャーエンタープライズセンター『ベンチャー白書2016』。

ム」が続いている。こうした中で，わが国のリスク・マネー供給の伸びは米英に比べ低い水準にとどまっており，リスク・マネーによって日本経済の成長にいかに寄与していくかが大きな課題となっている。

　とくに，日本のベンチャー投資は盛り上がりに欠ける状況が続いている。2015年度の投資額は前年比では11%増えたが，ここ数年は一進一退で，かつリーマン・ショック前の06年度の水準を大きく下回る。これは他の主要国におけるベンチャー投資の動向とは好対照である（図1-6）。『ベンチャー白書2016』によれば，2015年度の日本の投資額は，米国の投資額の2%弱の規模にとどまっている。持分権で出資する金融システムが定着している米国では，幅広い投資家がリスクをとってベンチャーに投資する土壌が整っており，成功した起業家が投資家に転じて創業間もない企業に資金を出すといった好循環もある。一方，依然として「銀行中心の金融システム」が続いている日本では，民間のベンチャーキャピタルにお金が集まりにくく，創業期のリスクの高い投資を敬遠したり，1件当たりの投資額が小さく大型ベンチャーが育たなかったりする構造的な問題を抱えている。

　わが国では，これまで，金融商品のわかりやすさの向上や，利益相反管理体制の整備といった目的で法令改正等が行われ，投資者保護のための取組み

が進められてきた。その一方で，これらの取組みが金融機関による形式的・画一的な対応を助長してきた面もあった。本来，金融機関が自ら主体的に創意工夫を発揮し，良質な金融商品・サービスを競い合って提供することによって，成長資金を供給していくメカニズムを実現することが望ましい。金融システムのあり方に関しては，自由化が望ましいのか規制が望ましいのかという観点ではなく，経済の持続的な成長を実現するためにはいかなるシステムの構築が必要なのかという視点の議論が重要になってきている。

　このような問題意識から，2016 年 12 月 22 日に公表された金融庁・金融審議会「市場ワーキング・グループ」報告書では，金融規制に関して，従来型のルールベースでの対応を重ねるのではなく，プリンシプルベースのアプローチを用いることが有効であることが指摘された。プリンシプルベースのアプローチでは，規制当局において，顧客本位の業務運営に関する原則を策定し，金融機関に受け入れを呼びかけ，金融機関がその原則を踏まえて何が顧客のためになるかを積極的に考え，より良い金融商品・サービスの提供を競い合うように促していく。金融機関に関しては，民間企業であっても，経営危機に陥った際に発生する社会的なコストが甚大となるという面があり，その意味で，そのリスクを顕在化させないための規制は必要である。しかし，近年，金融技術が急速に進歩し，新しい金融取引の形態が次々と生まれる中で，規制当局が個々の問題を詳細に規制するルールベースの手法には限界がある。現実にそぐわない規制が経済成長の阻害要因となることは避けるためにも，金融機関の行動に変革をもたらすうえで，プリンシプルベースのアプローチが今後は必要となってくると考えられる。

10　おわりに

　かつて日本の経済成長の軌跡が世界的に注目されていた時代，その金融システムに多くの関心が集まった。当時の日本では，厳しい金融規制下で銀行中心のシステムが支配的で，欧米の資本主義国には見られない伝統的ないくつかの特徴があった。しかし，戦後長い間，高い経済成長率を維持してきた日本経済は，バブルとその崩壊を経て低迷の時代へと突入した。今日，世界の目には，かつてのような日本経済に対する羨望のまなざしはもはやない。

むしろ，日本の経験を反面教師として，「日本経済が犯した過ちを繰り返さないためにはどうすれば良いか」という点に，関心が集まっている。そうした中で，これからの金融システムのあり方も，低迷する日本経済をいかに活性化させるかという観点から議論する必要性が高まっている。

　2012年12月に誕生した第二次安倍政権のもとで，デフレからの脱却を訴えて「アベノミクス」が始まり，異次元の金融政策と同時に，さまざまな構造改革が議論されるようになった。ただ，着手された構造改革は，個別案件の改革が大半で，日本経済の未来を見据えた抜本的な改革はいまだ道半ばである。護送船団方式の金融行政のように，厳しい規制を伴う金融システムではもはや日本経済が立ち行かないことは明白である。金融機関が持つ特殊性を考慮しつつ，リスク管理と成長のバランスを踏まえて，将来を見据えた金融システムの抜本的な構造改革を行うことは，今日の日本経済における急務の課題である。

参考文献

岡崎哲二・浜尾泰・星岳雄（2005）「戦前日本における資本市場の生成と発展——東京株式取引所への株式上場を中心として」『経済研究』第56巻1号，15-29頁。

小池和男（2009）『日本産業社会の「神話」——経済自虐史観をただす』日本経済新聞出版社。

櫻川昌哉・福田慎一編著（2013）『なぜ金融危機は起こるのか——金融経済研究のフロンティア』東洋経済新報社。

寺西重郎（2006）「戦前日本の金融システムは銀行中心であったか」『金融研究』第25巻1号，13-40頁。

野口悠紀雄（2002）『新版　1940年体制——さらば戦時経済』東洋経済新報社。

福田慎一（2015）『「失われた20年」を超えて（世界のなかの日本経済——不確実性を超えて）』NTT出版。

福田慎一・寺西重郎（2003）「経済発展と長期資金」『経済研究』第54巻2号，160-181頁。

吉川洋（2013）『デフレーション——"日本の慢性病"の全貌を解明する』日本経済新聞出版社。

Allen, F. and D. Gale (2000) *Comparing Financial Systems*, MIT Press.

Clark, G. (2007) *A Farewell to Alms: A Brief Economic History of the World*, Princeton University Press（久保恵美子訳『10万年の世界経済史（上・下）』日経BP社，2009年。）

Diamond, D. W. (1984) "Financial Intermediation and Delegated Monitoring," *Re-*

view of Economic Studies, Vol. 51, No. 3, pp. 393-414.

Fry, M. J.（1995）*Money Interest and Banking in Economic Development*, 2nd edition, Johns Hopkins University Press.

Gerschenkron, A.（1962）*Economic Backwardness in Historical Perspective*, Harvard University Press.

Hayashi, F. and E. C. Prescott（2008）"The Depressing Effect of Agricultural Institutions on the Prewar Japanese Economy," *Journal of Political Economy*, Vol. 116, No. 4, pp. 573-632.

Hoshi, T. and A. K. Kashyap（2001）*Corporate Financing and Governance in Japan*, MIT Press.（鯉渕賢訳『日本金融システム進化論』日本経済新聞社，2006年。）

Rajan, R. G. and L. Zingales（2003）*Saving Capitalism from the Capitalists: Unleashing the Power of Financial Markets to Create Wealth and Spread Opportunity*, Random House Business Books.（堀内昭義ほか訳『セイヴィング キャピタリズム』慶應義塾大学出版会，2006年。）

第Ⅰ部　歴史的視点から見た日本の金融システム

第2章

戦前の日本の工業化と金融システムの機能

堀内昭義・花崎正晴

本章の要旨

　銀行が経済発展を支えるうえでどのような役割を果たすのかを考察することは，金融システムの制度設計を考えるうえで最も重要なテーマである。本章は，1920年代から30年代にかけての日本経済において，地域の工業生産額の伸びが銀行貸出の増加によってどの程度支えられたのか，資本市場の機能は銀行の機能を代替する役割を演じたのか，さらに銀行数を急激に減らし，個々の銀行の経営規模を増大させようとした大蔵省の政策が，工業化の過程にどのような影響を及ぼしたのかを実証分析したものである。

　分析結果によると，銀行貸出はとくに1920年代に工業化を進める役割を果たし，株式売買高対GNP比で定義される株式市場の活動は，20年代末以降に工業化の進展とプラスの相関を示していた。また，銀行数の減少は地域の工業生産成長率を有意に低下させたが，銀行の経営規模の拡大は，工業生産の成長に有意な影響を及ぼさなかった。

　以上の分析結果から1920年代は銀行取付け騒ぎが度重なり，銀行部門が極端な脆弱性を露呈した時期であったが，そのような時期にも，銀行貸出は地域の工業化の進展を支えたことが示唆される。ただし，株式市場に代表される資本市場と地域の工業化との関係を定量的に評価することは難しかった。また，銀行再編を目論んだ大蔵省の政策は，銀行システムの安定化には寄与したかもしれないが，銀行数を減らし，貸出残高を減少させることによって，工業化の進展にマイナスの影響を及ぼした可能性が高い。

1 はじめに

ガーシェンクロンの一連の歴史研究は，銀行を中心とする金融システム（そこでは，短期融資を中心とする商業銀行ビジネス・モデルではなく，いわゆるユニバーサル・バンキングが主役を演じる）や，政府による金融的な指導がヨーロッパ諸国の急速な経済発展を導いたという仮説を提示した[1]。この仮説は，多くの研究者によって受け入れられ，ゆるぎない定説の地位を獲得したかに思われた。しかし，近年の金融経済史の研究は，ガーシェンクロン仮説の妥当性を，あらためて深刻に問い直しており，経済発展と金融システムの相互連関を，より包括的な視野で再考察しようとする試みが増えている[2]。

興味深いことだが，19世紀末から20世紀初頭にかけての日本の経済発展と金融機能についても，同様の再検討の機運が高まっているようである。銀行中心，あるいは間接金融中心の金融システムが第二次世界大戦以前の経済発展を推進する原動力になったという仮説は，上のガーシェンクロンの研究成果に沿ったものと言えるであろう。このような仮説は，たとえば石井（1999）などの論考に明瞭に示されている。しかし，この仮説も，ガーシェンクロン仮説そのものと同様に再検討の必要が叫ばれているのである[3]。とくに第一次世界大戦後の1920年代から30年代にかけては，銀行に対する取付け騒動がしばしば生じ，その脆弱性を露呈したのに対して，株式市場における取引は非常に活発であった。そのため，この時期には，むしろ資本市場を中心とする金融機能が，企業部門の資金調達の面でも，さらには企業統治の面でも，銀行よりも重要な役割を演じたという主張も聞かれるようになった[4]。

しかし，20世紀初頭以降の日本の経済発展を振り返ってみると，株式市

---

1 Gerschenkron（1965, pp. 5-30）を参照。

2 たとえば，Forsyth and Verdier（2003）を参照。

3 この議論の展望は，寺西（2006）に依拠している。

4 たとえば，岡崎・浜尾・星（2004）は長期的に見ると，戦前期の日本では，資本市場が銀行機能を代替していたと主張する。Hoshi and Kashyap（2001, pp. 44-47）も参照。また原田・鈴木（2007）は，昭和金融恐慌以後には，資本市場が銀行貸出に代わって実体経済の回復を支えたと主張している。

場を中心とする資本市場が主導的役割を演じたことを示す十分な証拠が示されているわけではない。たしかに，株式による企業の資金調達や，株式市場における売買額が，当時の国際標準に照らしても高かったことは明らかにされている（岡崎・浜尾・星 2004）。しかし，先行研究のいくつかが明らかにしているように，株式市場が銀行融資（株式担保貸付）に相当支えられていたという事実を無視すべきではない（石井 1999；寺西 2006）。さらに，株式市場もまた，銀行部門に負けず劣らず不安定であったことに注意すべきであろう[5]。

　第二次世界大戦以前の時期における日本の経済発展において，株式市場を中心とする資本市場と銀行部門が，それぞれどのように機能したかを比較する議論は，これまでのところ，いずれも主に叙述的考察にとどまっている[6]。そこで本章は，府県別の工業統計[7]および銀行貸出，そしてマクロの資本市場の変数を用いて，銀行セクターや資本市場のプレゼンスが実質工業生産額の成長にどのような影響を及ぼしたかを統計的に分析して，第二次世界大戦以前の時期における工業化と金融システムの機能との関係に関する近年の論争に，ささやかな一石を投じることを目的としている。

　本章の実証分析は，1920 年代から 30 年代にかけて，各道府県の銀行貸出の増加が，それぞれの地域の工業生産の成長に無視できない影響を及ぼしたことを示している。つまり，銀行部門の脆弱性が繰り返し露呈した 1920 年代においてさえ，銀行機能は工業化の進展を促した可能性があるのである。また，実証分析の結果は，大蔵省が 20 世紀初頭以来継続し，1927 年に制定

5　日本銀行金融研究所（1988）によると，1920 年以降に限っても，20 年 3 月，4 月，27 年 4 月，30 年 4 月，31 年 9 月，12 月，32 年 5 月，33 年 2 月，3 月などに株価の暴落が生じ，株式取引所の閉鎖などの措置がとられた。これらの混乱のほとんどは，国際情勢の険悪化，国内における軍部の反乱などによるものであるから，株式市場に内在する不安定性を示しているわけではないと見ることもできる。しかしその点は，この時期の銀行部門の不安定性についてもあてはまるだろう。この点については，花崎・堀内（2005）を参照。

6　寺西（2011）は，戦前期の日本の金融システムに関する膨大な叙述的考察をもとに，銀行を中心とする金融システムと市場中心の金融システムという二つの側面を，一体のものとして理解すべきとする立場である。

7　工業統計は，1909（明治 42）年の農商務省による工場統計報告規則による工場統計調査実施以来，現在に至るまで実施されている。

24　第I部　歴史的視点から見た日本の金融システム

された「銀行法」によって最終段階に到達した銀行再編成政策が，工業化の進展に有意な影響を及ぼしえなかったことを示している。

　以下，本章は次のように構成されている。第2節は，20世紀初頭以降，1930年代までの銀行部門の動向，とくに小規模銀行の排除を目指す大蔵省の銀行行政の影響を，工業化の進展との関連で考察する。第3節は，同じ時期における証券市場，とりわけ株式市場の発展を概観している。多くの研究者がすでに指摘しているように，この時期の株式市場は，当時の国際基準に照らしても，さらには第二次世界大戦後の日本の金融システムの構造と比較しても，十分に高いプレゼンスを示していたことが論じられている。第4節は，道府県別の工業生産額の統計を用いて，地域別の銀行貸出増加が，各地域の工業生産の成長に有意な影響を及ぼしたか否か，それに比較して株式市場の発展はどのような影響を持っていたか，さらに銀行数を減少させ，銀行の経営規模を拡大させた大蔵省の政策は，工業化の発展にどう影響したかを，アレラノ゠ボンドによって開発されたダイナミック・パネル法によって分析している（Arellano and Bond 1991）。第5節は，本章における分析の結果を要約し，残された課題を述べている。

2　銀行部門と日本の工業化

　20世紀初頭から1930年代にかけて，日本経済は急速に工業化し，比較的高い成長を実現した。大川・高松・山本（1974）の推計によれば，1901年から20年までの20世紀最初の20年間に，実質GNPは年平均3.2%，また実質鉱工業生産は年平均5.8%で成長した（図2-1を参照）。『工業統計50年史』（通商産業省大臣官房調査統計部1961）によれば，1909年から20年までの期間に職工5人以上の事業所の従業員数は平均年率7.2%で増加している。これは工業化の初期段階としては，無視しえない成果である[8]。しかし同時に，この時期は，銀行に対する取付けに象徴される「銀行不安」が頻発した時期

8　1920年代から30年代にかけては第一次世界大戦後の深刻な不況や世界恐慌の影響で，GNPの成長は鈍化する。そのため，実質GNPの1901〜30年の平均成長率は2.8%となる。しかし，同じ30年間の実質鉱工業生産伸び率は5.8%と高水準を維持している。

図 2-1 実質 GNP と実質鉱工業生産額の成長率：1897〜1940 年

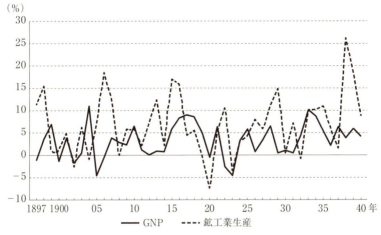

（出所）　大川・高松・山本（1974）。

でもある。

2.1　不安定な銀行システム

　20 世紀初頭からの 30 年間に，多数の銀行が，銀行取付けなどを契機とする経営破綻によって，休業や閉鎖に追い込まれた[9]。日本銀行金融研究所がまとめた『日本金融年表』（1988 年 8 月）によれば，1901 年 1〜5 月，04 年 5 月，07 年 2〜3 月，11 月，08 年 2〜7 月，13 年 12 月，14 年 4 月，8 月，20 年 8 月，11 月，22 年 10〜12 月，23 年 7 月，そして 27 年 3〜4 月に，全国各地で，さまざまな規模の銀行取付けや動揺が生じた（本章末の付表参照）。その結果，銀行の数が最も多かった 1901 年から 30 年までの 30 年間に，主に経営破綻などによって消滅（廃業・解散・倒産）した銀行の数は 958 行に上る（表 2-1 参照）[10]。これは 1901 年に存在した銀行総数 2308 行の 41.5％である[11]。

　9　以下では，普通銀行と貯蓄銀行を併せて「銀行」と呼ぶことにする。
　10　普通銀行 767 行，貯蓄銀行 191 行が消滅した。ただし，この数字には合併によって消滅した 1055 行（普通銀行 905 行，貯蓄銀行 150 行）は含まれていない。
　11　1893 年から 1945 年までの銀行数の推移を示した図 2-2 によれば，銀行数は 1901

26　第 I 部　歴史的視点から見た日本の金融システム

表 2-1　銀行数の変化の推移

暦　年	普通銀行				貯蓄銀行			
	新　設	消　滅		純　増	新　設	消　滅		純　増
		廃業・解散・破産	合併・買収			廃業・解散・破産	合併・買収	
1901	94	45	7	36	45	28	4	19
1902	6	31	5	−33	6	22	2	−15
1903	5	26	5	−77	4	13	2	−9
1904	3	39	4	−50	0	9	4	−13
1905	9	31	3	−33	1	2	3	0
1906	5	21	3	−27	4	8	0	4
1907	27	24	8	−7	5	8	4	−9
1908	7	28	3	−28	3	8	1	−9
1909	14	28	3	−18	1	9	2	−9
1910	11	10	3	1	1	8	0	−14
1911	10	7	1	−3	0	0	1	0
1912	18	5	6	6	4	1	7	−6
1913	21	18	2	−5	6	2	0	8
1914	13	15	3	−21	3	3	3	10
1915	4	4	2	−153	4	4	2	−1
1916	10	10	7	−15	10	9	2	7
1917	15	19	16	−29	3	8	4	0
1918	16	15	21	−20	7	6	4	−3
1919	29	20	31	−34	7	3	20	−4
1920	38	11	32	−18	14	3	20	4
1921	25	15	31	5	30	5	24	−25
1922	12	17	42	468	8	7	10	−524
1923	2	16	85	−98	0	2	4	−7
1924	8	32	49	−72	1	2	1	−3
1925	14	37	69	−92	0	1	2	−3
1926	16	46	87	−117	0	3	6	−9
1927	11	58	90	−137	0	10	1	−11
1928	29	59	222	−252	0	2	11	−13
1929	14	54	110	−150	1	3	3	−5
1930	6	26	79	−99	0	2	3	−5
1931	9	52	56	−99	0	1	1	−2
1932	17	102	60	−145	0	0	1	−1
1933	2	13	11	−22	0	2	0	−2
1934	4	18	18	−32	2	1	7	−6
1935	2	7	13	−18	1	0	1	0
1936	3	24	21	−42	0	1	4	−5
1937	4	12	39	−47	0	0	2	−2
1938	2	4	29	−31	0	1	0	−1
1939	2	5	25	−28	0	0	0	0
1940	4	1	35	−32	0	0	0	0

（注）　普通銀行，貯蓄銀行ともに純増には他の業種から転換した銀行を加え，他の業種へ転
　　出した銀行を差し引いている。
（出所）　後藤（1970）。

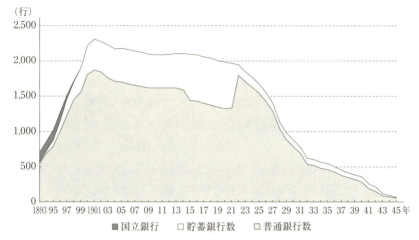

図2-2　銀行数の推移：1893～1945年

(注)　1922年の貯蓄銀行法施行を契機に515行の貯蓄銀行が普通銀行へ転換した。このため，この年に普通銀行が急増する一方，貯蓄銀行は急減している。また貯蓄銀行を兼営している普通銀行は1914年までは普通銀行に分類されていたが，15年以降は貯蓄銀行に分類されている。
(出所)　後藤（1970）。

2.2　小銀行を排除しようとする政府の政策

　このように，工業化が進展した20世紀初頭の30年間，日本の銀行制度は，少なくとも外見上は，非常に脆弱であった。この点はすでに多くの研究者が指摘していることがらであり，それらの論者のほぼ共通した認識では，このような銀行制度の不安定性は，その当時の日本の銀行部門に小規模銀行，とくにいわゆる「機関銀行」というビジネス・モデルと深くかかわっていた銀行が，多数存在していたことに起因するとされている[12]。機関銀行と

　　年をピークに，22年までは比較的ゆっくりと，そしてそれ以降32年までは急速に減少した。1932年は28年施行の銀行法によって定められた最低資本金に満たない銀行が解散するか，それとも合併によって所要の資本金を実現するかを決める猶予期限の最終年であった。銀行数は1933年以降も減少を続け，45年には普通銀行61行，貯蓄銀行4行にまで減少する。

[12]　たとえば，加藤（1957），後藤（1977），寺西（2006）を参照。西内青藍は『東洋経済新報』64号（1897年8月）に「全国銀行の過半数以上は各特殊事業会社の機関として活動し，これ等起業家の為めに左右せられ……」と述べている（8頁）。

28 第Ⅰ部 歴史的視点から見た日本の金融システム

は，少数の事業会社と資本的および人的に密接な相互関係を持ち，その企業や関連する企業へ融資を集中させる銀行と定義されている（寺西 1982)[13]。

日本の政府（とくに大蔵省）は，銀行制度が多数の小規模銀行によって支えられていることに早くから危惧を感じていた。しかし，銀行経営の健全性を高めるための規制（いわゆる健全経営規制）は，政府の思う通りには実施できなかった。銀行の健全経営規制，とくに大口融資規制を振り返ってみると，1872 年制定の「国立銀行条例」には銀行に対する大口融資規制が存在した。しかし後藤（1977，202 頁）によれば，その規制に対する銀行の反発は強く，実効性が疑わしいものであった。1890 年制定，93 年施行の「銀行条例」には，普通銀行に貯蓄銀行業務を禁ずる規定はなかったし，より一般的に他業兼営を禁止する規定もなかったが，「一人又は一会社に対し資本金高の十分の一を超過する金額を貸付又は割引の為に使用することを得ず」（第 5条）という大口融資規制を盛り込んでいた。しかし銀行界からの強い反発によって，1895 年には銀行条例が改正され，大口融資規制の規定が削除された。

貯蓄銀行についても，事情はほぼ同様である。1890 年に制定され，93 年に施行された「貯蓄銀行条例」では，健全経営を求める規制，たとえば貯蓄銀行は預金払戻しの担保として払込資本金の少なくとも半分の金額を国債で保有すること，また資産運用は国債を担保とする期限 6 カ月未満の貸出，十

---

13 寺西（1982，308 頁）は，預金債務による資金収集と，短期融資に専念するという商業銀行主義の枠にとどまらず積極的に産業部門へ資金を供給する銀行を「産業銀行」と名付けたうえで，「特定の企業ないし企業グループと重役又は株主を共通にするために，その企業ないし企業グループに，資産多様化の利益を犠牲にして，優先的に資金供給をする銀行」を機関銀行と定義している。貯蓄銀行は，本来は零細な貯蓄を動員するための機関として位置付けられるものであったが，経営実態は普通銀行とほとんど変わらず，機関銀行化するものが少なくなかったようである。大蔵省編纂の『明治大正財政史』は「……現在に於いては貯蓄銀行は当然普通銀行の業務を経営し得ることとなり，其の業務範囲及資金運用方法等に関し，何等制限する所なきものなり。故に其の受け入れたる所の零細貯蓄預金は，他の一般商業資金と何ら区別なく一様に商工業者の資金として運用せられ，或いは不確実なる担保に対し，又は全然其の担保なきものに対して貸出を為し，甚しきに至りては一個人に対して銀行の運命を左右するが如き多額の貸出を為すものあり，或は又所謂親銀行の資金吸収機関として其の預金の殆ど全部を親銀行に預入し，以って親銀行と運命を共にする」と叙述している。後藤（1970，158-159 頁）を参照。

第2章　戦前の日本の工業化と金融システムの機能　29

分な信用力のある2名以上の人物の裏書のある手形割引，あるいは国債，地方債に限定することなどの規定が盛り込まれていた。しかし銀行条例の場合とまったく同様に，1895年には貯蓄銀行の反発に応じて，これらの規定が条例から削除されたのである。ただし，貯蓄銀行の取締役には連帯無限責任を負うことが求められていたが，この規定は1895年の改正でも変更されることはなく，むしろ強化された。さらに1922年に「貯蓄銀行法」が施行され，ここで貯蓄銀行に対する健全経営規制が強化された[14]。

　このように，1920年代の半ばに至るまで，政府は銀行経営の健全性を求める規制を法律で定めることはできなかったものの，比較的早い時期から，規模の経済を実現できそうにない小銀行を不安定な存在であると認識していた。そこで行政通達によって小銀行の濫立を防止しようとした。1901年9月には地方長官を通じて，新規に設立される普通銀行の資本金は，会社組織のものについては50万円以上，個人組織のものについては25万円以上でなければならないという通達を出した。さらに1911年10月には，地方長官に対し，今後人口10万人以上の市街地に新設される普通銀行の資本金は，原則として，100万円以上（その半額以上の払込みを要する）とする通達を出している。このため，1910年代後半には，相対的に規模の大きい銀行だけが参入を許されるようになる。図2-3は，新規参入した普通銀行の平均的な資本金（公称資本金）を既存の普通銀行の資本金の平均値と比較しているが，1910年代後半には，新規参入銀行の資本金規模が非常に大きくなり，既存の銀行の資本金の平均値をかなり上回っている様子が描かれている[15]。

14　以上の説明は，加藤（1957，125-127，157頁）を参照。

15　さらに1918年5月には，大蔵大臣が銀行合同を奨励するとともに，人口100万人以上の都市に銀行を新設する場合には，基準の資本金を200万円以上とする旨を発表した。しかし小規模銀行を排除しようとする大蔵省の政策にもかかわらず，少なくとも1910年代末に至るまで，普通銀行において資本金（公称資本金）が50万円以下の銀行の比率は90％強から80％台にとどまっており，なかなか減少しなかった。このことは，政府の判断とは異なり，実態は小規模銀行も，それなりの業績をあげることができたことを示唆している。

　　また，経営困難に陥る銀行は圧倒的に小銀行が多かったとは言えないことにも注意すべきである。たとえば大蔵省が1910年代に実施した銀行の事故調査（休業，もしくは休業状態に陥った普通銀行と貯蓄銀行の調査）の報告書『銀行事故調』を見てみよう。この報告書によると，1912年1月から15年3月までの期間に事故を引き起こ

30 第Ⅰ部 歴史的視点から見た日本の金融システム

図2-3 公称資本金の新旧比較（1行当たり平均）

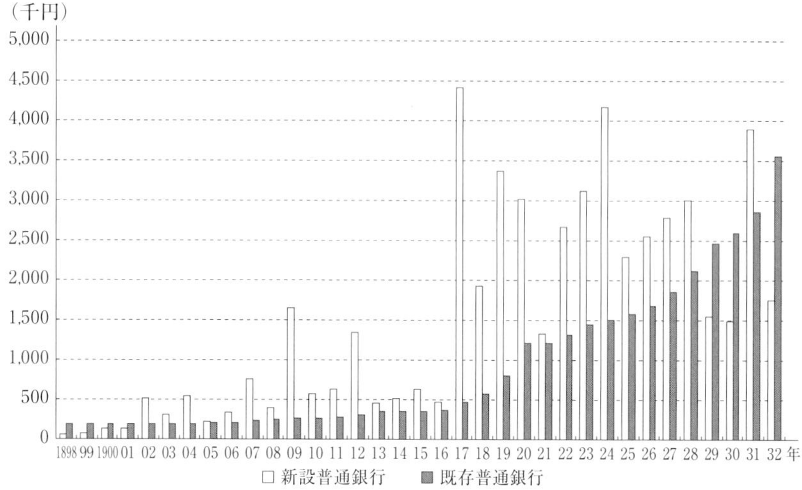

（千円）

（出所）後藤（1970）。

2.3 「銀行法」の影響

　以上説明してきたように，小規模銀行を排除して銀行業を再編成しようと
する大蔵省の政策は20世紀の冒頭から始まっているが，1927年に制定され，
28年から施行された「銀行法」に基づく行政によって，そのクライマック
スに達したと言えよう。銀行法は普通銀行に対して最低資本金100万円とい

　した銀行は，公称資本金の水準で分類すると，資本金50万円以上の銀行47行，50
万円未満の銀行156行であった。この資料を解題している渋谷（1975）は，これらの
数値が中小零細銀行の不健全性を示していると解説している。しかしこの解釈はミス
リーディングである。なぜなら，この当時の日本の銀行業においては，（公称）資本
金50万円未満の銀行の数が圧倒的に大きかったからである。後藤（1970）の統計で
は1910年の時点で，資本金50万円以上の銀行228行に対して，50万円未満の銀行
は1903行であった。また1915年時点では，資本金50万円以上の銀行319行に対し，
50万円未満の銀行は1769行となっている。つまり事故に陥った銀行の割合で見ると，
資本金50万円以上の銀行の比率は，50万円未満の銀行の2倍以上なのである。寺西
（1982, 327頁）によれば，1920年代にも（1920年を除けば），休業に追い込まれる
銀行の割合は，小銀行よりも中規模銀行の方が高かった。すなわち，休業した銀行の
割合は，資本金50万円未満の銀行では1.2%であったのに対し，50万円以上の銀行
では5.3%であった。

図 2-4 銀行部門の資本金 (公称): 1901～40 年

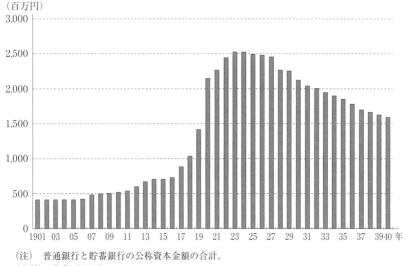

(注) 普通銀行と貯蓄銀行の公称資本金額の合計。
(出所) 後藤 (1970)。

う規定を設け，既存の銀行でその資本が最低水準に達していないものに対しても，1932 年までの猶予期間中に，合併を通じて資本金を規定の最低水準以上に引き上げることを求めたのである[16]。

大蔵省のこの目的は，最終的には達成されたと言えよう。銀行の数は1927 年末の 1396 行（普通銀行 1283，貯蓄銀行 113）から 45 年末の 65 行（普通銀行 61，貯蓄銀行 4）へと劇的に減少し，この間に，普通銀行で 1 銀行当たりの払込資本金が 12 倍強，預金残高がおよそ 240 倍に，また貯蓄銀行で 1 銀行当たりの払込資本金が 43 倍，預金残高が 190 倍強に増加した。資本金以外の資本項目である積立金等の数値がつまびらかでないので，レバレッジの上昇を正確には推定できないが，払込資本金の増加幅をはるかに上回る預金残高の上昇があったわけであるから，銀行の効率性（銀行に投下された資本がどの程度の規模の金融仲介を支えたかで推定される効率性）が格段に上昇したことが推測できる[17]。

---

[16] ただし，東京と大阪に本店または支店を有する銀行については，最低資本金が 200 万円に定められた。
[17] 花崎・堀内 (2005) は，1890 年代から 1930 年代にかけて，銀行のレバレッジ（広

32　第Ⅰ部　歴史的視点から見た日本の金融システム

図2-5　銀行貸出残高対 GNP 比率：1885〜1940 年

（注）　ここでは，全国銀行貸出残高対 GNP 比率をとっている。
（出所）　銀行貸出残高については藤野・寺西（2000）の推計，名目 GNP については大川・高
　　松・山本（1974）の推計を用いている。

　しかし，1927 年銀行法を基盤とする銀行部門の再編成政策は，1901 年以
来続いてきた銀行数の減少を加速させたばかりではなく，貸出残高や銀行資
本金で表示される銀行部門の金融仲介能力を減少させた。図 2-4 が示すよう
に，銀行部門（普通銀行と貯蓄銀行）の資本金（公称）総額は 1920 年代半ばま
で増加し続けてきた。ところが銀行法の施行以降，その貸出残高，および資
本金総額は急激に減少する。銀行部門全体の資本金は 1920 年代半ばのピー
ク時には 25 億円を若干上回っていたが，40 年にはその 60% 程度にまで低
下したのである。また，銀行の貸出総残高は 1927 年に 110 億円のピークに
達した後，減少に転じ，34 年に 88 億円とピーク時の 80% にまで低下した。
　銀行部門が中心的な役割を演じる金融システムの機能拡大を示す最も単純
な尺度は，おそらくは銀行貸出残高対 GNP 比率であろう。図 2-5 はこの比
率の推移を示している。この比率は，若干の変動を伴いながらも，19 世紀

────────────

　　義の自己資本，すなわち払込資本金と積立金の合計に対する預金債務残高の比率）が
　　高々 5 という低い水準にとどまっていたと指摘している。これは第二次世界大戦後の
　　日本の銀行のレバレッジが 20 を大きく超えていたことと比較すると異常に低い水準
　　であった。

末から 1930 年代初頭にかけて明確に上昇している。小規模銀行中心の日本の銀行制度はたしかに脆弱であったものの，多くの銀行が積極的に新設され，銀行機能も比較的順調に拡大したという見方も可能なのである。しかし，銀行貸出残高対 GNP 比率は，1931 年の 0.74 をピークに，その後の数年間に大幅に低下する。低落の底は 1938 年で，その比率は 0.46 である。これはピーク時の 62% にすぎない。

1920 年代から 30 年代に観察された銀行部門のこれらの機能低下は，明らかに大蔵省主導の銀行再編政策の所産である。また，すでに説明してきたように，「1927 年銀行法」に基づく大蔵省の銀行再編政策は重要ではあるが，それ以前から始まっていた政策の延長にすぎない。以下では，大蔵省主導の銀行再編成，すなわち銀行数の低下や銀行経営規模の増大が，日本の工業化の進展に及ぼした影響を定量的に探ることにする。

3 日本の工業化の過程における証券市場の役割

3.1 第二次世界大戦前・後における主要企業の資金調達の傾向

第 1 節で簡単に紹介したように，第二次世界大戦以前の日本では，銀行の融資機能に比較して，株式市場がより活発に機能していたという点が強調されるようになってきた。表 2-2 は「主要企業」に分類される大企業の資金調達の構造を示しているが，1920 年代前半以前の時期にも，株式による資金調達は銀行借入に比肩する程度に重要であったことが示されている。また昭和金融恐慌以降，1930 年代半ばまでの時期には，主要企業は銀行借入の依存度を低める一方，株式による資金調達を大幅に高めたことが示されている[18]。

表 2-3 は，昭和金融恐慌直後から 1940 年までの時期と，第二次世界大戦後の高度成長期について，金融における株式市場と銀行融資の重要性を比較している。この表によれば，株式時価総額で見ても，あるいは株式売買高で

---

[18] ただし，寺西 (2006) は戦前期の企業部門の銀行借入依存の低下は，最も強く借入に依存していた「在来的商工業」が，日本経済において，その比重を速やかに低下させた結果であると判断している。つまり，近代的企業だけを取り出すと，趨勢として，銀行借入の重要性が低下した兆候は見られないというのである。

34 第 I 部 歴史的視点から見た日本の金融システム

表 2-2 「主要企業」の資金調達構造

期　　間	内部留保	株　式	社　債	銀行借入	実質 GNP 成長率 （年率）
1897〜1913 年	3.6	32.4	6.5	57.5	2.00
1914〜1926 年	1.9	38.2	12.6	47.3	3.53
1927〜1936 年	21.6	80.4	27.4	− 29.4	4.26
1937〜1944 年	11.1	24.5	23.8	40.5	5.05[1]

（注）　1）　1937〜40 年の平均値。
（出所）　日本興業銀行（1957）；大川・高松・山本（1974）。

表 2-3　株式と銀行貸出の重要性の比較

	1928〜40 年	1960〜75 年
株式時価総額対 GNP	0.98 (0.57)	0.31 (0.08)
株式売買高[1] 対 GNP	0.54 (0.19)[2]	0.18 (0.09)
銀行貸出	0.57 (0.095)	0.57 (0.04)
金融機関持株比率（%）	11.5	39.9[3]
実質 GNP 成長率（年率）	4.57 (3.03)	8.58 (3.88)

（注）　「銀行貸出」には協同組織金融機関やその他の金融機関による貸出は含まれ
　　　　ていない。括弧内の数値は標準偏差。1) 東京株式取引所における売買高。2)
　　　　1928 年から 37 年までの平均値。3) 1965 年から 75 年までの平均値。
（出所）　野村證券（1976）；大蔵省・日本銀行（1948）；藤野・寺西（2000）。

見ても，高度成長期に比較して 1920 年代末から 30 年代にかけての時期に株式市場のプレゼンスが非常に高かったことは明らかである。1913 年を比較時点としてとってみると，この尺度で評価した株式市場の重要性は，むしろアメリカよりも日本において高かった。もっともラジャン゠ジンガレスによれば，アメリカを除く多くの先進諸国において，株式時価総額対 GNP 比率は，第二次世界大戦以前の時期の方が第二次世界大戦後の時期よりも高い（Rajan and Zingales 2003）。皮肉な言い方をすれば，「第二次世界大戦以前（とくに 1930 年代以前）の世界経済では"アングロ・サクソン的"な資本市場が支配的な影響力を持っていたのであり，その重要な例外はアメリカであった」とさえ言えよう。その理由はどうあれ，第二次世界大戦以前の時期に，株式市場が金融において重要だったのは日本だけの特徴ではなく，むしろ各国に共通して見られた傾向であった。

3.2 株式市場の不安定性と銀行融資の影響

いずれにしても，第二次世界大戦以前の日本では，株式市場が金融において非常に高い地位を占めていたことがわかる。したがって，この時期の日本の金融は，むしろ「アングロ・アメリカン型の資本市場中心のシステムであった」（岡崎・浜尾・星 2004）という主張に説得力があるようにも思われる。しかし，寺西（2006）が注意深く指摘しているように，この時期の企業統治のレベルで，株式市場が本質的な役割を演じたと判断するのは難しい。また，株式市場の不安定性や株式取引の銀行融資への依存にも注意を向ける必要がある。

日本に関しては，比較的長期の時系列として株式時価総額の統計が手に入らない[19]ので，それを使って株式市場と工業化の関係を分析することができない。そこで，それに代わる指標として株式市場における売買高をとって，20世紀初頭の日本における株式市場の重要性を簡単に見てみよう[20]。図2-6は株式売買高対 GNP 比の推移を銀行貸出残高対 GNP と比較する形で示している。この図によれば，株式売買高は19世紀末から1930年代にかけてトレンドをもって上昇していると言える。しかし，日露戦争直後や第一次世界大戦時などの株式ブーム期に売買額が大きく膨らむ一方，その直後に急激な下落を見せるなど，かなり不安定な変動を示していることも否定できない。1931年以降，銀行貸出が急減する過程では，株式市場の活力も低下する傾向を示している。銀行部門にも劣らないようなこの「不安定性」を見ると，はたして株式市場が工業化における企業金融をしっかりと支えるものであったのだろうかという疑問も浮かぶ。

さらに，株式市場の活力が銀行融資に，相当程度依存していた点にも注意

19　Hoshi and Kashyap（2001）は，1929年時点の株式の時価総額と時価簿価比率を基準として，簿価と株価指数の系列を用いて，1920年から40年までの株式時価総額を推計している。

20　Levine（2002, p.419）は，経済発展と金融機能に関する包括的な国際比較研究の中で，株式時価総額よりも，株式市場の流動性（すなわち，対 GNP 比で測定された株式売買高）が実質成長率を説明する有意な変数であることを見出している。ここで使用されている株式売買高の統計は，東京株式取引所における金額である。また，この当時の株式取引の大半が，「定期取引」と呼ばれる先物取引である点に注意しておこう（寺西 2006, 30頁）。

36　第I部　歴史的視点から見た日本の金融システム

図 2-6　株式売買高と銀行貸出残高（対 GNP 比）：1897～1940 年

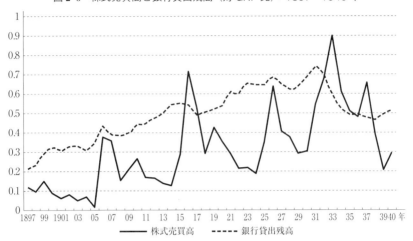

（出所）　株式売買高のデータは，次の文献から収集した。
　　　　　東京株式取引所（1928）。
　　　　　東京株式取引所（1938，1939）。
　　　　　野村證券（1976）。
　　　　また，銀行貸出残高については，図 2-5 の出所を参照。

図 2-7　全貸出残高に占める株式担保貸出の比率：1901～40 年

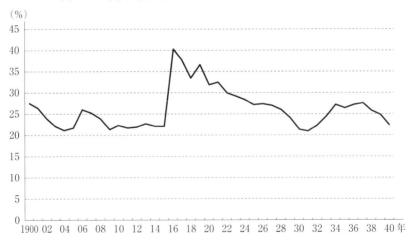

（注）　貸出金残高，株式担保貸出金ともに普通銀行と貯蓄銀行の合計。
（出所）　後藤（1970）。

する必要がある（石井 1999；寺西 2006）。銀行貸出の中で株式担保貸出の占める比率が，かなり高かったことを無視できないのである。図 2-7 は銀行貸出の中で株式を担保とする貸出の比率の推移を示しているが，19 世紀末から 1940 年までの期間を通じて，全貸出のほぼ 4 分の 1 が，株式を担保としていたことがわかる。とくに，本格的な重化学工業化が始まったとされる第一次世界大戦直後から 1920 年代前半にかけて，株式担保貸出の比率が顕著に上昇したことに注目したい[21]。

1930 年代に銀行貸出が顕著に減少する過程で，社債がそれに代わって企業金融を支えたのではないかという見方もありえる。しかし貸出に比較すると，社債発行で資金調達できた企業は非常に偏っており，貸出の低下を完全に埋めることはできなかったと考えて良いだろう。とくに地域金融や中小企業金融の分野でそう言える。たとえば，1927 年から 36 年までの 10 年間に発行された事業債の総額は 73 億円に上る。この時期に全国銀行の貸出残高が 15 億円ほど減少しているのに比較すれば，かなり大きなプレゼンスである。しかし，これら事業債のうち陸運業によって発行されたものが 29.0%，電力業によって発行されたものが 38.7% と，公益企業の資金調達が過半を占めていた。

4 道府県別の工業生産額と銀行貸出

ここまで，20 世紀初頭の日本において，銀行貸出と株式市場が工業化とどのように関連してきたか，また大蔵省主導の銀行再編成政策がどのように進められてきたかを，叙述的に考察してきた。本節では，この問題を統計的手法に基づいて分析する。

第二次世界大戦以前の日本における金融構造と実体経済の発展との関係に関する定量的分析の例としては，原田・鈴木（2007）をあげることができる。彼らの研究は，藤野・寺西（2000）が調査した大企業 80 社（実際には 78 社）の財務統計に基づいて，企業の貸借対照表上の名目固定資産の増加額と

---

21 ただし寺西（2006）によれば，株式取引が銀行融資に依存していたことは，銀行がこの時代の企業統治の主役であったことを必ずしも意味していない。

払込資本金増加額，社債発行残高増加額，借入残高増加額の関係を計測し（標本期間を 1914～40 年とするパネル分析），払込資本金増加額，および社債残高増加額が固定資産増加額と有意にプラスの相関を示しているのに対し，借入残高増加額は有意な説明力を持たないという結果を得ている。すでに寺西（2006）が明らかにしているように，これらの大企業が戦前期にも多様な資金調達方法にアクセスできる状況にあったのであるから，銀行部門が急速に縮小した 1920 年代末以降の時期に関して，以上のような計測結果を得たとしても不思議ではない。

しかし金融の常識的な理解では，銀行が仲介する金融に依存する傾向が強いのは中小零細企業である（たとえば，Petersen and Rajan 1994）。それゆえ，比較的少数の大企業だけを標本とする原田・鈴木（2007）の実証分析は標本が偏りすぎており，そこから，戦前の日本経済においては，銀行貸出よりも，むしろ株式市場が重要な機能を発揮したとする結論を導き出すのは強引すぎる。

そこで本章では，道府県ごとの銀行貸出残高の変化が，それぞれの道府県の工業生産（実質）成長率に有意な影響を及ぼしたか否かを統計的に調べることを中心に，資本市場のプレゼンスの影響や，大蔵省による銀行再編の効果を探ることにしたい。道府県ごとの工業生産額に関しては，1919 年以降の統計が利用可能である（通商産業省大臣官房調査統計部 1961）。『工業統計 50年史』には 1909 年，14 年の 2 年分の統計と，19 年以降各年の統計が収録されている。この統計でカバーされているのは「職工 5 名以上」の事業所であり，大企業ばかりではなく，中小企業の生産活動をも包摂している。ただし，職工 4 名以下の事業所はカバーされていないから，零細な企業ほど銀行融資に依存する傾向が高いとするならば，この統計による分析は，どちらかと言えば，銀行貸出の機能を過小評価する傾きを持っている[22]。

情報通信技術が高度に発達した社会においては，銀行や金融機関と資金調達企業との間のロケーションの関係は重要ではないだろう。たとえば，現在では，日本の優良企業はその本社所在地がどこかにかかわらず，ニューヨー

---

22 ただし，『工業統計 50 年史』では，1939 年以降について，職工 4 人以下の事業所をもカバーされている。しかし，以下の実証分析では，計数の連続性の関係で，その情報は利用されていない。

第 2 章　戦前の日本の工業化と金融システムの機能　39

クやロンドンにある金融機関から，望ましいと思う金融サービスを購入する
ことができる。したがって，それら企業の本拠地の近隣にある金融機関の活
動状況や経営効率性から直接的な影響をこうむることはないだろう。しかし
情報通信技術が未発達で，かつ融資取引関係に強く依存する傾向のある中小
企業や「在来産業」が少なからず存在する状況のもとでは，それらの企業の
生産活動と，その所在地における銀行，金融機関の活動との間に密接な関係
が見出せるであろう。以下の分析は，考察の対象となる 1920 年代から 30 年
代の日本がそのような状況にあったという前提から出発する[23]。また，全国
にネットワークを構築している大企業傘下の事業所の生産活動は，たとえ銀
行からの借入に強く影響されているとしても，事業所の所在地にある銀行の
貸出からはほとんど影響を受けないということもありうる。したがって，特
定の道府県の事業所の生産活動と，その地域の銀行の貸出との関係を調べよ
うとする本章の方法は，銀行貸出の工業生産への影響を過小評価する傾向を
持っていると言えよう。

4.1　工業統計の信頼性

著者たちの知る限り，『工業統計表』は，これまで歴史的な実証分析の分
野でほとんど利用されることがなかった。したがって，それがどの程度信頼
できる統計なのかを危ぶむ人もいるであろう。そこで，従来の研究で，すで
に信頼を確立していると思われる統計と比較してみることにしよう。比較の
基準となるのは，大川・高松・山本（1974）による鉱工業生産額である。図
2-8 は，『工業統計 50 年史』から，1922 年から 40 年までの道府県工業生産
額の全国合計額をとり，その実質[24]成長率（年率）を計算し，大川・高松・
山本（1974）から計算される実質鉱工業生産額成長率を比較したグラフであ
る。この図を眺めると，当然のことながら，両者の動きは完全には一致して
はいないものの，総じて同じような変動パターンを示していることがわか
る。ここから，工業統計が信用できない統計であると判断するのは難しいで

23　中小企業に対する融資活動の地域的連関に関する分析については Petersen and Ra-
jan（2002）を参照。

24　実質化には，大川・高松・山本（1974, 235 頁）が推計した GNP デフレータが用
いられている（1934～36 年基準）。

図 2-8　大川・高松・山本（1974）による鉱工業生産成長率（実質）と工業生産額成長率（実質）の比較：1922～40 年

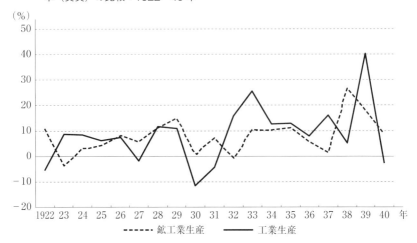

（注）　鉱工業生産の実質成長率は大川・高松・山本（1974）の推計による。工業生産の実質成長率は『工業統計 50 年史』の府県別工業生産額から計算されたもの。

あろう。

4.2　銀行業のデータ

　各道府県の銀行業のデータは，大蔵省『銀行局年報』（各年版）から抽出している。同年報には，普通銀行および貯蓄銀行の貸借対照表および損益計算書の主要項目が，道府県別に整理されている。同年報の凡例には，「各種ノ地方別表ニハ各地ニ存在スル銀行ノ本店支店及ヒ出張所ノ成績ヲ計上セリ」と記されている。

　本章で用いる貸出残高および公称資本金等の数値は，普通銀行と貯蓄銀行の数値を合算したものである。また，1920～30 年代には 47 道府県のうち熊本，沖縄の銀行データが存在しないため，計測作業に実際に用いられるデータは 45 道府県のものである[25]。

---

[25]　さらに，京都，山口などでも限られた年次しかデータが存在しない。したがって，ここで用いられるデータセットは，いわゆる unbalanced panel である。

4.3 基準となる推計式

まず、分析の基準として、道府県ごとの実質工業生産成長率（年率）IP_{it} を被説明変数とし、各道府県の銀行貸出残高の変化率 $LOAN_{it}$ と銀行（公称）資本金の変化率 $EQUITY_{it}$、さらに株式売買高対 GNP 比率 STV_t を説明変数とする計測式を推定する。ただし、銀行貸出残高と銀行資本金は実質化した変数を用いる[26]。すなわち、

$$IP_{it} = const + aLOAN_{it} + bEQUITY_{it} + cSTV_t \tag{1}$$

この基本モデルでは、i は府県を示し、t は年を示すサブスクリプトである。$LOAN_{it}$ と $EQUITY_{it}$ は、それぞれの府県における銀行貸出残高と所在する銀行の公称資本金の変化率である。株式売買高対 GNP 比は東京株式取引所における各年の売買高を名目 GNP で割った比率である[27]。

4.4 アレラノ＝ボンドのダイナミック・パネル分析

こうした計測においては、常に、変数間の同時決定性がもたらす推計結果の偏りに注意しなければならない。この問題に対処するためには、一般的には、適切な操作変数を用いた計測が必要になるが、ここでは、アレラノ＝ボンド（Arellano and Bond）によるダイナミック・パネル法を用いる。この方法によれば、誤差項に二次の系列相関がないという仮定のもとで、適切に同時性バイアスの問題を処理できる。

計測期間は 1922 年から 40 年までの 18 年間とする。工業統計の年次データは 1919 年から始まっているが、工業生産の変化率をとっていることとアレラノ＝ボンド法の誤差項に関する系列相関テストのために、計測期間を 22 年からに設定する必要がある。また 1941 年には日米の戦争が開始され、日本は本格的に第二次世界大戦へ突入した。そこで、できる限り戦争の影響を排除するために、1940 年を標本期間の末年にする。

---

26 大蔵省『銀行局年報』の名目額の数値を、大川・高松・山本（1974, 235 頁）が推計した GNP デフレータで実質化している（1934～36 年基準）。

27 本章末付表に、計測に用いられる変数の道府県平均値と標準偏差の時系列が示されている。

42　第 I 部　歴史的視点から見た日本の金融システム

表2-4　アレラノ＝ボンド法によるダイナミック・パネル分析の結果：被説明変数 IP_{it}

説明変数	(1) 1922〜40 年	(2) 1922〜27 年	(3) 1928〜40 年	(4) 1922〜40 年	(5) 1922〜40 年	(6) 1922〜40 年
IP_{it-1}	-0.209^{***} (-7.15)	-0.293^{***} (-6.88)	-0.082^{*} (-1.86)	-0.209^{***} (-7.13)	-0.210^{***} (-7.16)	-0.219^{***} (-7.92)
$LOAN_{it}$	0.224^{***} (3.32)	0.471^{***} (3.35)	0.083 (0.94)	0.238^{***} (3.49)	0.226^{***} (3.34)	0.206^{**} (3.99)
$EQUITY_{it}$	-0.0965 (-1.38)	0.136 (1.08)	-0.271^{**} (-3.16)	-0.120^{*} (-1.67)	-0.096 (-1.37)	-0.150^{**} (-2.38)
STV_{t}	0.196^{***} (5.53)	-0.155 (1.27)	0.280^{***} (7.11)	0.173^{***} (4.52)	0.195^{***} (5.49)	0.197^{***} (3.01)
$SIZEE_{it}$				$0.149E-04$ (1.55)		
$SIZEL_{it}$					$-0.671E-06$ (-0.46)	
$NUMBER_{it}$						0.145^{**} (2.12)
Const.	0.001 (0.77)	-0.004 (0.42)	0.003 (1.45)	$0.005E-01$ (-0.31)	0.002 (0.89)	$0.005E-01$ (2.62)
データ数	806	247	559	806	806	806
AR(2) Test (p-value)	-0.89 (0.374)	0.98 (0.326)	-0.30 (0.761)	-0.82 (0.411)	-0.90 (0.367)	-1.14 (0.255)
Sargan Test (p-value)	415.01 (0.000)	25.52 (0.182)	327.32 (0.000)	412.49 (0.000)	414.54 (0.000)	410.34 (0.000)

（注）　アレラノ＝ボンド法では，各説明変数は t 期と $t-1$ 期の階差の形で推計されている。
　　　　***，**，*は，それぞれ 1% 水準，5% 水準，10% 水準で有意であることを示す。
　　　　括弧内は，z 値。
　　　　AR(2) Test は，誤差項に二次の系列相関がないという帰無仮説が棄却される場合の有意性を示している。
　　　　Sargan Test は，過剰識別制約が有効であるという帰無仮説が棄却される場合の有意性を示している。

4.5　基準式の計測結果

　基準となる式(1)の計測結果は表 2-4 の式(1)に示されている。この結果によれば，銀行貸出残高の変化率（$LOAN_{it}$），および株式売買高対 GNP 比率

（STV_t）は，各道府県の工業生産額変化率に有意にプラスの影響を与える。これらは，各地域の銀行の貸出行動が，工業化の進展に有意な役割を担ったことを示すと同時に，株式市場の売買高で示される資本市場の発展も工業化に無視できない影響を及ぼしたことをも示している[28]。つまり，日本の工業化は銀行貸出ばかりではなく，株式市場によっても支えられたと言えそうである。

　しかしこの結果は，標本期間をどのようにとるかによって変わることに注意しよう。表 2-4 の式(2)は，標本期間を 1922～27 年（「銀行法」が施行される前年まで）としたときの計測結果である。この結果では，$LOAN_{it}$ は有意性を維持しているが，STV_t の係数はマイナスとなり，有意性も非常に低い。一方，「銀行法」が施行された 1928 年以降 40 年までの期間をとると，$LOAN_{it}$ の係数はプラスであるものの，その有意性は失われる一方，STV_t はプラスで有意となる。表 2-4 では，この結果が式(3)に示されている。式(1)から(3)までの計測結果は，一時的に「麻痺」に陥ったとされる（石井 1999）1920 年代にも，銀行の貸出は工業化を促進する機能を果たしていたこと，そして岡崎・浜尾・星（2004）が主張するように，資本市場が銀行の役割を代替することがあったとしても，それは銀行法をてことする大蔵省主導の銀行業再編政策が強く推進されたために，銀行融資が大きく減少した（図 2-5 を参照）20 年代末以後であることを示唆している。

　なお，基準式(1)に関しては，ダイナミック・パネル法に加えて，通常のパネル分析モデル（fixed effects および random effects）によっても推計してみた。表 2-5 はその結果をまとめたものであるが，それによると銀行貸出残高変化率（$LOAN_{it}$）と株式売買高対 GNP 比率（STV_t）は，いずれにおいても表 2-4 の式(1)と同様に，プラスで有意性の高い係数を示しており，これらの変数が有意な説明力を持つという表 2-4 の結果が頑健であることがわかる。

28　ただし，銀行貸出残高のデータが時系列と道府県別のパネルであるのに対して，株式売買高のデータは時系列のみで，データ個数が少ないという問題点がある。また，株式売買高の代わりに，Hoshi and Kashyap（2001）によって推計されている株式時価総額の系列を用いて対 GNP 比率を説明変数とした計測も実施したが，基本的な結果は変わっていない。

44　第Ⅰ部　歴史的視点から見た日本の金融システム

表2-5　基準式モデル(1)のロバストネス・チェック

説明変数	Fixed-effects (1922～40年)	Random-effects (1922～40年)
$LOAN_{it}$	0.160** (2.21)	0.158** (2.28)
$EQUITY_{it}$	−0.315*** (−5.25)	−0.307*** (−5.30)
STV_t	0.153*** (4.28)	0.150*** (4.29)
Const.	0.008 (0.50)	0.01 (0.58)
データ数	814	814
決定係数	0.059	0.057

(注)　***，**，*は，それぞれ1%水準，5%水準，10%水準
で有意であることを示す。
括弧内は，t値またはz値。

4.6　大蔵省の政策の評価

　第2節で説明したように，19世紀末から1930年代に至るまで，大蔵省は
小銀行を排除し，銀行規模を拡大させることを主要な政策としてきた。その
結果として，「銀行法」が制定・施行される以前から，銀行の数は減少し，1
行当たりの資本金や貸出金で測定される銀行の経営規模は，急速に増大し
た。そこで，このような大蔵省の政策が，道府県の工業生産増加率に及ぼし
た影響を，同じアレラノ＝ボンド法によって評価してみよう。表2-4の列
(4)，(5)，(6)はそれぞれ，基準となる計測式(1)の説明変数に各道府県の銀行1
行当たり資本金（$SIZEE_{it}$），1行当たり貸出残高（$SIZEL_{it}$），そして銀行数増
加率（$NUMBER_{it}$）を加えた計測結果である。

　これらの説明変数を加えても，貸出増加率（$LOAN_{it}$）や株式売買高対
GNP（STV_t）の有意性に影響はない。一方，1行当たり資本金（$SIZEE_{it}$）や
貸出残高（$SIZEL_{it}$）は有意な説明力を持たない。これらの結果は，銀行の経
営規模を拡大しようとする大蔵省の政策が，各地域の工業生産の発展に有意
な影響を及ぼすことはなかったことを示している。しかし，銀行数の増加率

（NUMBER$_{it}$）はプラスで有意である。標本期間である 1922〜40 年では，NUMBER$_{it}$ の道府県平均値は，毎年マイナスであった。大蔵省の政策がもたらした銀行数の減少は，工業化の進展にマイナスの影響を及ぼした可能性がある[29]。

4.7 計測結果の要約

この節では，標本期間を 1922〜40 年として，実質工業生産の道府県別成長率を，道府県別の銀行貸出増加率，銀行の経営規模，そして株式売買高の時系列などを説明変数とするダイナミック・パネル法に基づいて計測した。その結果は次のように要約できる。

(1)　道府県別の実質工業生産成長率 IP$_{it}$ は，銀行貸出の増加率 LOAN$_{it}$ が大きいほど高い。この結果は，第一次世界大戦後の工業化の過程が，銀行の貸出機能に依存し続けていたことを示している。

(2)　一方，株式売買高対 GNP 比 STV$_t$ も，実質工業生産成長率に有意にプラスの影響を及ぼしている。ただし，その影響は主として 1930 年代に発揮されたものであり，22〜27 年を標本期間とする計測では，有意な説明力を持たなかった。つまり，1930 年代には株式市場の拡大が工業化の進展を支える役割を担った可能性があることを否定できないが，それ以前の時期には，必ずしもそうは言えないことを示唆している。

(3)　銀行数の変化率 NUMBER$_{it}$ はプラスで有意な説明力を持つ。この時期には，大蔵省の小規模銀行排除を目的とする銀行行政を反映して，銀行数はほぼ一貫して減少し続けた。したがって，大蔵省のこの政策は，

29　NUMBER$_{it}$ の 1922〜40 年の平均値は −0.077 である。したがって，表 2-4 より，銀行数の減少は，この期間の実質工業生産成長率 IP$_{it}$ を年平均 0.011（1.1%）程度低下させたことになる。これは実際の IP$_{it}$ の平均値 0.077（7.7%）の 14% ほどである。もちろん，銀行数の減少は大蔵省の政策によってばかりではなく，工業生産の減少によってもたらされる可能性もある。そこで，NUMBER$_{it}$ を被説明変数とし，LOAN$_{it}$，IP$_{it}$，EQUITY$_{it}$ を説明変数としてダイナミック・パネル法による計測を行うと，次のような結果が得られた（ただし括弧内は，z 値である）。

$$\text{NUMBER}_{it} = 0.006 + 0.038\ \text{NUMBER}_{it-1} + 0.026\ \text{IP}_{it} + 0.105\ \text{LOAN}_{it} + 0.237\ \text{EQUITY}_{it}$$
$$(7.09) \qquad (1.12) \qquad\qquad (1.50) \qquad\quad (3.27) \qquad\qquad (10.32)$$

IP$_{it}$ の係数はプラスであるものの，有意ではない。つまり，銀行数の変化率は工業生産成長率の変化から直接的な影響を受けてはいないと判断される。

46　第Ⅰ部　歴史的視点から見た日本の金融システム

結果的には，工業化の進展にマイナスの影響を及ぼしたと考えられる。
⑷　一方，銀行1行当たりの資本金 $SIZEE_{it}$ や貸出残高 $SIZEL_{it}$ は有意な
　　説明力を持たなかった。つまり，銀行の経営規模を拡大させようとする
　　大蔵省の政策は，工業化に対してとくにプラスの効果を発揮することは
　　なかった。

5　おわりに

　本章は工業統計を用いて，1920年代から30年代にかけて，地域の工業生
産額の成長率が銀行貸出の増加によってどの程度支えられたのか，資本市場
の機能は銀行の機能に代替する役割を演じたのか，さらに銀行数を急激に減
らし，個々の銀行の経営規模を増大させようとした大蔵省の政策が，工業化
の過程にどのような影響を及ぼしたのかを統計的に分析することを目的とし
ていた。ダイナミック・パネル分析によれば，銀行貸出はとくに1920年代
に強く工業化を進める役割を果たした。一方，株式市場における売買高対
GNP 比で定義される株式市場の活動は，1920年代末以降に工業化の進展と
プラスの相関を示している。さらに，銀行数の減少は地域の工業生産成長率
を有意に低下させているが，銀行の経営規模（資本金や貸出残高で測定される
規模）の増加は，工業生産の成長に有意な影響を及ぼさなかった。
　これらの結果から，次のような含意を引き出すことができる。
⑴　1920年代は銀行取付け騒ぎが度重なり，銀行部門が極端な脆弱性を
　　露呈した時期であったが，そのような時期にも，銀行貸出は地域の工業
　　化の進展を支えた。
⑵　株式市場に代表される資本市場と地域の工業化との関係を定量的に評
　　価することは難しい。1920年代末以降には，銀行貸出に代わって工業
　　化を支える役割を果たした可能性を否定できないが，各道府県の企業金
　　融が株式市場に依存する程度を示す統計が欠けているため，銀行貸出と
　　同じ次元で株式市場の工業化への貢献度を知ることはできない。
⑶　銀行再編を目論んだ大蔵省の政策は，銀行システムの安定化には寄与
　　したかもしれないが，銀行数を減らし貸出残高を減少させることによっ
　　て，工業化の進展にマイナスの影響を及ぼした可能性が少なくない[30]。

今日，融資先企業と人的に強い関係を持ち，十分に貸出の分散ができない銀行（主に小銀行），すなわち「機関銀行」が，銀行機能の効率性という点で問題があることはほとんどの論者が認めるところである[31]。ダイアモンドの理論的分析によれば，多数の人々から巨額の資金を預金の形で集め，それを多数の企業へ分散して融資するという経営形態が，不完全情報のもとで資金調達企業の行動や業績をモニターする必要がある状況において，最も効率的な銀行の経営形態である（Diamond 1984）。しかし，工業化や経済発展の初期の段階でも，そうであるかは必ずしも明らかではない。20世紀初頭の日本では，すでに述べたように，大蔵省が小銀行の排除を意識した政策を始めている。また，銀行業への参入は，今日とは比較にならないくらい自由であった。したがって，ダイアモンドの理論分析（Diamond 1984）が明らかにするように，大規模銀行が効率的な経営形態であったのだとすれば，なぜ，小銀行が高い比重を持ち続けたのであろうか[32]。ラモロウが強調するように，経済発展の初期段階においては，事業会社と銀行の間の密接な人的関係や取引関係が重要な意味を持っていた可能性が少なくない（Lamoreaux 1994）。小規模銀行と銀行経営の不安定性や非効率性を結び付ける大蔵省の考え方が，20世紀初頭の日本にあっても妥当であったのか否かについては，さらに立ち入った分析が必要であろう[33]。

 ＊ この研究をまとめる過程で，財務省財務総合政策研究所の寺井順一氏から戦前

---

30 ただし，1927年銀行法の施行以後，銀行システムの不安定性が完全に払拭されたわけではない。1930年10月から年末にかけて，いくつかの地方銀行が破綻した。また1932年3月には，名古屋地域で比較的大規模な銀行取付けが生じた。日本銀行金融研究所（1988）を参照。

31 たとえば，La Porta, López-de-Silanes and Zamarripa（2003）を参照。

32 Cerasi and Daltung（2000）は，銀行内部の融資担当者が個々の借り手をモニターするが，この担当者たちをモニターするコストを無視できず，そのコストは銀行の規模が大きくなるとともに逓増する状況を考察している。この状況のもとでは，貸出ポートフォリオの分散の便益と，分散化に必要なモニタリングの規模の拡大に伴う費用の間にトレードオフの関係が生じ，Diamond（1984）が明らかにしたような銀行の規模には限界が存在することになる。モニタリング・コストが急激に逓増する場合には，相対的に小規模な銀行が有利になる場合もありうる。Freixas and Rochet（1997, p. 32）の解説も参照。

の統計資料について懇切なご助言をいただいた。また，前日本政策投資銀行設備投資研究所の松下佳菜子氏からデータ収集，処理のご支援をいただいた。さらに，2007年4月8日に開催された統計研究会「金融班」コンファランスでは，粕谷宗久氏をはじめとする多くの参加者から有益なコメントを頂戴した。記して，これらの方々に感謝する。

参考文献

石井寛治（1999）『近代日本金融史序説』東京大学出版会。

石川通達・石田定夫（1981）『日本金融年表・統計』東洋経済新報社。

大川一司・高松信清・山本有造（1974）『長期経済統計——推計と分析 1 国民所得』東洋経済新報社。

大蔵省銀行局編『銀行局年報』各年版。

大蔵省・日本銀行共編（1948）『財政経済統計年報 昭和23年』。

大蔵省明治大正財政史編纂係（1933）『銀行事故調』（『駒澤大学経済学論集』第6巻〔臨時号，1975年3月〕に再録）。

岡崎哲二・浜尾泰・星岳雄（2004）「戦前日本における資本市場の生成と発展——東京株式取引所への株式上場を中心として」CIRJE ディスカッションペーパー，CIRJE-J-119。

加藤俊彦（1957）『本邦銀行史論』東京大学出版会。

後藤新一（1970）『日本の金融統計』東洋経済新報社。

後藤新一（1977）『普通銀行の理念と現実』東洋経済新報社。

渋谷隆一（1975）「『銀行事故調』解題」『駒澤大学経済学論集』第6巻，i-vi頁。

通商産業省大臣官房調査統計部（1961）『工業統計50年史』資料篇第1，通商産業省大臣官房調査統計部。

寺西重郎（1982）『日本の経済発展と金融』岩波書店。

寺西重郎（2006）「戦前日本の金融システムは銀行中心であったか」『金融研究』第25巻第1号，13-40頁。

---

33 最後に，本章の分析に関する若干の留保条件を付記しておこう。本章が用いた工業統計は「職工5人以上の事業所」をカバーしている。それよりも経営規模の小さな企業の統計は含まれていない。第4節でも述べたように，零細企業の工業生産が含まれていないことは，どちらかと言えば，銀行貸出の影響を過少に評価することになっている可能性がある。また，1920年代には「在来的商工業」の重要性が比較的高く，とくに商業部門が，部分的にせよ，中小零細企業向け金融の仲介者の役割を担っていたことを考えると，工業統計だけではなく，より包括的な生産活動の統計を用いることが望ましいだろう。さらに，資本市場の機能を株式売買高対GNP比率で測定していることが適当かどうかを先験的に判断することはできない。厳密には株式発行による資金調達額を銀行貸出と比較すべきであろう。しかし，道府県別にそのような統計を準備することはまったく不可能であると思われる。

寺西重郎（2011）『戦前期日本の金融システム』岩波書店。

東京株式取引所（1928）『東京株式取引所五十年史』第一巻および第三巻。

東京株式取引所（1938, 1939）『東京株式取引所統計年報』昭和13年版, 14年版。

日本銀行金融研究所（1988）『日本金融年表　明治元年〜昭和62年』。

日本興業銀行編（1957）『日本興業銀行五十年史』日本興業銀行臨時史料室。

野村證券（1976）『野村證券株式会社五十年史』。

花崎正晴・堀内昭義（2005）「『機関銀行』と日本の工業化」（mimeo.）。

原田泰・鈴木久美（2007）「昭和恐慌からの回復に対する貸出と資本市場の寄与」ESRI Discussion Paper Series, No. 174。

藤野正三郎・寺西重郎（2000）『日本金融の数量分析』東洋経済新報社。

Arellano, M. and S. Bond (1991) "Some Tests of Specification for Panel Data: Monte Carlo Evidence and an Application to Employment Equations," *Review of Economic Studies*, Vol. 58, No. 2, pp. 277-297.

Cerasi, V. and S. Daltung (2000) "The Optimal Size of a Bank: Costs and Benefits of Diversification," *European Economic Review*, Vol. 44, No. 9, pp. 1701-1726.

Diamond, D. W. (1984) "Financial Intermediation and Delegated Monitoring," *Review of Economic Studies*, Vol. 51, No. 3, pp. 393-414.

Forsyth, D. J. and D. Verdier (eds.) (2003) *The Origins of National Financial Systems: Alexander Gerschenkron Reconsidered*, Routledge.

Freixas, X. and J.-C. Rochet (1997) *Microeconomics of Baking*, MIT Press.

Gerschenkron, A. (1965), *Economic Backwardness in Historical Perspective: A Book of Essays*, Praeger.

Hoshi, T. and A. K. Kashap (2001) *Corporate Financing and Governance in Japan: The Road to the Future*, MIT Press.

Lamoreaux, N. R. (1994) *Insider Lending: Banks, Personal Connections, and Economic Development in Industrial New England*, Cambridge University Press.

La Porta, R., F. López-de-Silanes and G. Zamarripa (2003) "Related Lending," *Quarterly Journal of Economics*, Vol. 118, No. 1, pp. 231-268.

Levine, R. (2002) "Bank-Based or Market-Based Financial Systems: Which Is Better?" *Journal of Financial Intermediation*, Vol. 11, No. 4, pp. 398-428.

Petersen, M. A. and R. G. Rajan (1994) "The Benefits of Lending Relationships: Evidence from Small Business Data," *Journal of Finance*, Vol. 49, No. 1, pp. 3-37.

Petersen, M. A. and R. G. Rajan (2002) "Does Distance Still Matter?: The Information Revolution in Small Business Lending," *Journal of Finance*, Vol. 57, No. 6, pp. 2533-2570.

Rajan, R. G. and L. Zingales (2003) "The Great Reversals: The Politics of Financial Development in the Twentieth Century," *Journal of Financial Economics*, Vol. 69, No. 1, pp. 5-50.

50　第Ⅰ部　歴史的視点から見た日本の金融システム

付　表

(a)　主要指標の道府県平均値

年	工業生産額増加率（実質）	銀行貸出増加率（実質）	銀行資本総額増加率（実質）	銀行数増加率	1行当たり資本金額（千円）	1行当たり貸出残高（千円）
1922	− 0.055	− 0.024	0.072	− 0.003	902.36	2688.28
1923	0.086	0.041	− 0.007	− 0.050	965.25	2890.44
1924	0.085	0.015	0.013	− 0.036	992.41	3044.28
1925	0.060	0.074	0.008	− 0.061	1066.13	3530.66
1926	0.075	0.082	0.025	− 0.066	1174.83	4177.08
1927	− 0.018	− 0.078	0.008	− 0.102	1339.48	4372.50
1928	0.115	− 0.013	− 0.011	− 0.187	1646.24	5410.77
1929	0.109	− 0.024	− 0.001	− 0.119	1898.26	5983.03
1930	− 0.115	0.044	0.075	− 0.092	2211.35	6987.61
1931	− 0.044	0.044	0.061	− 0.109	2668.17	8348.96
1932	0.158	− 0.057	− 0.012	− 0.145	3158.84	9850.46
1933	0.255	− 0.082	− 0.065	− 0.038	3086.62	9659.06
1934	0.126	− 0.053	− 0.055	− 0.076	3273.67	10135.09
1935	0.129	− 0.016	− 0.065	− 0.030	3182.46	10615.01
1936	0.078	− 0.009	− 0.085	− 0.074	3195.67	11417.71
1937	0.162	− 0.017	− 0.153	− 0.087	2956.70	12388.97
1938	0.051	− 0.046	− 0.143	− 0.072	2743.54	12821.23
1939	0.237	0.093	− 0.129	− 0.055	2550.78	14904.33
1940	− 0.034	− 0.015	− 0.147	− 0.064	2372.57	17002.45

(b)　主要指標の道府県標準偏差

年	工業生産額増加率（実質）	銀行貸出増加率（実質）	銀行資本総額増加率（実質）	銀行数増加率	1行当たり資本金額（千円）	1行当たり貸出残高（千円）
1922	0.143	0.066	0.171	0.070	685.45	2555.51
1923	0.306	0.075	0.065	0.068	792.27	2727.47
1924	0.158	0.065	0.086	0.050	738.06	2821.11
1925	0.144	0.065	0.059	0.086	796.30	3432.38
1926	0.228	0.063	0.079	0.076	893.88	4319.37
1927	0.142	0.107	0.072	0.091	1015.69	4344.26
1928	0.112	0.088	0.097	0.123	1246.91	5524.36
1929	0.120	0.073	0.047	0.096	1556.13	6106.26
1930	0.211	0.081	0.095	0.094	1688.77	7423.53
1931	0.102	0.074	0.086	0.078	2139.82	9176.30
1932	0.101	0.092	0.098	0.150	2970.09	12795.01
1933	0.146	0.116	0.097	0.059	3025.07	13706.02
1934	0.227	0.094	0.072	0.125	3356.22	14408.66
1935	0.134	0.068	0.106	0.125	3386.99	15682.19
1936	0.082	0.089	0.100	0.106	3531.48	17021.55
1937	0.119	0.093	0.111	0.136	3173.12	19048.95
1938	0.094	0.059	0.108	0.124	2887.36	19682.65
1939	0.204	0.120	0.045	0.095	2688.50	23683.99
1940	0.070	0.112	0.056	0.100	2580.99	29990.50

第**3**章

戦前期金融システムにおけるリスク負担機能
預金市場を中心にして

寺西重郎

本章の要旨

　わが国の金融システムのあり方を，戦前期の経験から学ぶことは自然なことである。戦前期日本の経済発展に関して，新たに導入された近代産業については大商人や財閥が株式投資の形でリスクをとったし，政府が多大のコストを負担したこともよく知られている。しかし，外貨を獲得し雇用機会の大部分を提供した在来産業の金融はもっぱら銀行からの融資に頼った。また近代産業へ投資した株主は投資資金の多くを銀行からの借入によって調達したから，経済全体の資金循環に占める間接金融の役割はきわめて重要であった。銀行の在来産業や株式投資家への貸付のリスクは預金者と銀行の株主によって負担された。一般の家計を含む預金者は，銀行の持つ潜在的リスクを承知のうえで，積極的にリスクマネーを供給した。しかしながら，こうした預金者の行動は，それ自体は果敢なリスクテークという意味で興味深いものであったが，預金市場は自己実現的な銀行取付の可能性をはらんでおり，預金者の疑心暗鬼による銀行破綻がしばしば生じていた。それゆえ戦前期の預金市場には必ずしも効率的とは言えない側面があり，それが経済発展に与えた効果は必ずしも好ましいものだけではなかった。今日わが国では，リスクマネーの供給が大きな政策課題になっているが，これら戦前の経験は重要なインプリケーションを持つと考えられる。

1 はじめに

　本章では，戦前期における工業化ないし産業化に伴うリスクを誰がどのような形で負担し，そのことが金融システムのあり方にどのような影響を与えたのかを考えたい[1]。商人や地主を中心とする資産家が，株式投資の形で，企業活動に関するリスクをとったことはよく知られている。また初期の殖産興業政策にかかわって，政府が多大なコストを負担したこともほぼ明らかである。本章では，これに加えて一般の家計を含む預金者が，銀行の持つ潜在的リスクを承知のうえで，積極的にリスクマネーを供給したことを示す。しかしながらこうした預金者の行動は，それ自体は果敢なリスクテークという意味で興味深いものであるが，それが金融システムの安定性や効率性に与えた効果は必ずしも好ましいものだけではなかった。以下では，戦前期における預金者による預金先の選別などの行動は，必ずしも銀行の行動に規律付けなどの点で好ましい効果を持つものではなかったことが主張される。

　戦前期日本の銀行は 1874 年までの 4 行の国立銀行[2] の設立に始まり，その後普通銀行などの急速な展開によって 1901 年には 2334 行の（民間）銀行が全国に展開したが，その後，次第に数を減じ，45 年には 65 行となった。この間激烈な合併と倒産の過程が進行したのであり，年間の倒産件数は 1902～19 年で平均 24.6 行，20～32 年で 43.5 行，33～45 年で 7.8 行であった（寺西 1982, 299 頁）。すなわち銀行の倒産は日常的であり，預金者はいつその預金が支払不能になるかもしれないというリスクに常に向かい合っていた。支払不能になっても，以下に見るように，ある程度の払戻しは，法的な破綻処理の後に可能になるのだが，その間の不安と不便とは大変なものであっ

1　戦前期には，現在とは異なり，金融機関が破綻した場合に一定額の預金等を保護する預金保険制度などは存在せず，銀行預金であってもリスクのある金融資産であった。このため，戦前期の工業化ないし産業化において預金者を含めて誰がリスクをどのような形で負担して資金が供給されたのかを考察することは，成長資金としてのリスクマネーをいかに供給していくかを考えるうえで今日でも重要な示唆を持つと考えられる。

2　国立銀行は紙幣発行などの特権を与えられ国家から認可された銀行であったが，利潤を追求する株式会社組織の民間銀行であった。

た。このため，しばしば銀行の取付け騒ぎが生じたのである。しかしながら，倒産するかもしれない危ない銀行を，人々はある程度察知しており，そうした銀行の預金は非常な高金利であった。危ない銀行は高金利で預金を集め，それをリスキーな企業に高金利で貸し出していたのである。すなわちこうした銀行に預金者が預金をするということは，経済発展に伴う投資のリスクを預金者が意識してとっていたことを意味する。すなわち戦前期には大量のリスクマネーが銀行システムを介して経済に流れ込んでいたのである。以下では，こうした銀行システムを通じるリスクマネーの動員のメカニズムを考察し，その過程が金融システムの効率性に与えた効果を検証する。

　まず第2節では，戦前期の預金市場が金利の自由な動きによって特徴付けられる自由競争市場であったことを示す。そのためにカルテル的な意味を持つ預金金利協定が必ずしも有効ではなかったことを論証する。第3節では，預金がかなりのリスクを持つ資産であり，その金利は銀行のリスクを反映して決まっていたことを示す。まず，銀行破綻時の政府などによる救済は十分でなく，預金者は破綻時に相当の預金切捨てに直面したことを述べ，次にそうしたリスクの価格（リスク・プレミアム）を計測する。最後に，預金者の預金引出しなどの行動が銀行に対してどの程度規律付け効果を持っていたかを検討し，その効果は必ずしも十分なものではなかったことを示す。第4節では，金融恐慌のメカニズムを検討し，預金市場は自己実現的な銀行取付けの可能性をはらんでいたことを示唆し，戦前期の預金市場には必ずしも効率的とは言えない側面のあったことを示唆する。最後に，第5節では本章の分析の現代経済への含意を考える。

2　預金金利協定の展開と実効性

　預金金利協定の動きは日清戦争後の企業勃興期に生じた激しい預金獲得競争の中で関西地区において自生的に生じた。たとえば，東京銀行集会所の機関紙である銀行通信録には，1897（明治30）年頃から各地の銀行の預金金利変更の記事が散見されるようになり[3]，99年3月号には神戸同盟銀行が一致

3　『日本金融史資料　明治大正編』第6巻に銀行通信録の第2巻以後の摘録である『銀

して，同年 4 月号には京都組合銀行が総会を開き，預金金利引下げを決定したとの記事が出ている。こうした組合組織などではなく任意の銀行集団による金利協定としては，同年 8 月に大阪の 17 行の本支店が同盟して金利引下げを発表したのがおそらく最初のものであろう（『日本金融史資料　明治大正編』第 6 巻，378 頁）。金利協定の動きは，1900（明治 33）年末に熊本県で始まり，1901 年 6 月頃にかけて関西地方を中心に生じた恐慌ののち加速した。すなわち，大阪銀行集会所組合銀行が 1901 年 7 月から実施した預金金利変更は一種の紳士協定であったが，多数の加盟銀行が参加し，その後も地域の預金金利水準の標準金利として機能した[4]。同様に，東京でも，第一，十五，第百，三井，三菱，横浜正金東京支店の 6 行が 1902 年 7 月から金利協定を開始し，これに安田系の第三，安田，明治商業などが追随した。この時から，横浜，名古屋を初めとして神戸，京都，長崎，奈良，駿遠，関門その他の各地の銀行が協定の動きを見せ始めた。ただしこの協定は単なる申し合わせによる標準最低金利（東京の場合）[5]の決定であり，協定加盟行はそれ以上の金利を付けるのが普通であり[6]，いわんや非加盟行はまったく自由に金利を付けていた。

　より厳格な金利協定の動きは，第一次世界大戦中の預金獲得競争の中で生じた。このとき好況の中で企業熱が高まるとともに，銀行の新設・増資がブーム化し，各行は競って支店・出張所を増設した。支店の増設はもっぱら預金集めの手段であった。「各銀行は預金吸収を目的として競って出張所，派出所，代理店或は代理店の出張所，復（ママ）代理店等あらゆる名義を用いて新店舗を設けることに腐心した」と言われる（東京手形交換所 1937，163 頁）。1910 年の普通銀行 1 行当たりの支店・出張所数は 1.06 であったが 20 年には 2.11 と倍増している。大蔵省は，1916 年に銀行条例を改正し，支店設置を大蔵大臣の認可事項とするとともに，その後は銀行合同化の意図もあり，支店の認可に厳しい姿勢で臨み始めた。大蔵大臣高橋是清は，預金獲得

　　行要録』が出ている。以下の情報はこれによっている。

4　ただし，途中で定期預金に関する協定などが無協定になったという指摘もある（松村 1956）。

5　大阪の場合は最高利率の決定であり，加盟行はその範囲で自由に金利を付けた。

6　松村（1956）は 1902 年から 10 年の間の定期預金金利について，有志銀行協定金利

第3章 戦前期金融システムにおけるリスク負担機能　55

競争の過熱化を憂慮し，1918年11月には東京・大阪・名古屋の主要行に積極的に働きかけ，従来のものより実効的な自治協定の締結を慫慂斡旋した[7,8]。こうして，1918年12月，東京・大阪・名古屋の有志銀行は3都市で歩調をあわせて強力な預金金利協定を実施することを約し，それぞれ実行に移した。この動きは直ちに各地に波及し，12月中には，関西，東海，北九州の各地に同様な動きが起こり，1919年中にはほとんど全国各地で同じような預金金利協定が結ばれた。ちなみに，上記有志銀行とは，東京で第三，十五，第百，三菱銀行部，第一，三井，安田，川崎，横浜正金東京支店，台湾東京支店，日本興業，朝鮮東京支店の12行，大阪で三十四，近江，住友，鴻池，加島，山口，浪速，百十の8行，名古屋で名古屋，明治，愛知の3行であった。

　この預金金利協定は次のような特色を持っていた。①最高預金金利を規定。利率には甲乙の2種類があり，乙の金利が甲より若干高く設定された。②協定参加行は自由に甲乙の選択ができる，しかし一度選択すると総会の承認がなければ変更はできない。また，1920年から甲乙の利率と適用銀行名が公表された[9]。③協定違反に対しては審査委員会による審査を行い，違反と判定された場合には総会にかけて違約金あるいは除名[10]という制裁規定を適用（詳しくは，東京手形交換所（1937）参照）。この預金金利協定の実効性はきわめて弱かったと思われるが，東京では違反の事実は公式には確認されて

と東京銀行集会所組合銀行調査による実効金利を掲げている。

7　東京手形交換所（1937）による。ただし，政府の意向だけでなく民間でも預金吸収競争の過熱化に困っており，政府に働きかけたという側面もある。三井銀行の池田成彬は「一番困ったのは第百ではなかったかと思う」と述べ，さらに「私らも実は困っておった時分ですから『ひとつ協定をやってみましょう』」ということになり，日銀総裁水町袈裟六に相談にいったとしている（池田1949）。

8　1912年普通銀行の支店新設について本店の内容が充実しかつやむをえない事情のあるほかは認可しない方針を打ち出し，さらに24年には資本金階級別に支店設置の抑制基準を定め地方長官を通じて指示した。

9　東京では，協定発足時の甲種加盟行は，上記有志銀行に，12行の本店支店を加えた24行，乙種加盟行は25行であった。

10　大阪，名古屋，京都は銀行集会所の協定としたため，除名は集会所からの除名でもあった。東京，横浜は当初集会所の資格と協定の資格を別としていたが，のちに手形交換所組合銀行たる資格に協定加盟行であることを加えたため，実質的に除名は組合銀行からの除名を意味することになった。

56 第Ⅰ部 歴史的視点から見た日本の金融システム

いない。すなわち，東京手形交換所の資料は次のように記している。「大正
時代に2度に亘り審査委員を設置して規約違反について審査を為したること
あり，又規約違反審議の為め総会を開催したことも1回あるが何れも前記制
裁規定を適用するに至らず，被審査銀行に対し警告を発し，当該銀行が陳謝
することに依って穏便に済んだのであって，昭和になってからは斯かる事柄
もまったくない」（東京手形交換所 1937，182頁）[11]。しかしこのことは，東京
において協定違反がなかったことを意味するのでは決してない。むしろ協定
違反があまりに一般的でそれを告発することができなかったというのが実情
ではないかと思われる。証左を2点挙げよう。第一点は大銀行（協定では甲
種銀行に当たる）の金利でも明らかに協定を違反していたことである。たと
えば安田銀行については浅野関係の貸出が不良債権化してきたことから，預
金の引出しが生じ，やむなく高利預金を取り入れていたことがしばしば指摘
されている。たとえば，迎（2002）によれば，結城豊太郎（安田銀行副頭取，
保全社専務理事）は，1924（大正13）年11月の支店長会議で次のように述べ
ている。「高イ預金利子ヲ払ッテ集メテ居ラレル方モアル様デアリマス。コ
レハ預金協定ノアル土地テハ必ズ夫レニ従フ又無イ土地テモ現下ノ状勢テハ
無理ニ高イ預金ヲ取ルノハ不利デアルト御承知ヲ願イタイ。……合同後ニ於
テ安田銀行全体ノ預金ハ増加シタトハ云エナイガ然シ利率ノ高イ性質ノ良ク
無イ預金ハ去ッテ性質ノ良イ預金ニ変ッテ行ク傾向ガアルガ凡テカフ云フ風
ニシタイ。協定違反ト云フ事デ実行委員ニ証跡ヲ掴マレタ時ニハ安田銀行ハ
ドウ云フ事ニ成ルカ。仮令ニ致命傷ト迄ハ行カストモ頭取ガ出テ陳謝位ハセ
ネハナラス又世間ノ信用ヲ失墜シテ了舞うことニナル」（迎 2002）。迎は「か
なり高率のおそらく預金金利協定以上の金利で集められた預金が存在するこ
とが推定できる」としている[12]。実際，この翌年（1925年）安田銀行は同行
の浅草支店が浅草区の公金を協定利率より五厘高の六分五厘で預かったこと
が発覚し，除名処分には問われなかったものの，副頭取結城豊太郎が東京銀

---

11 地方によっては制裁が実行されたこともある。たとえば金融恐慌時に休業した岡山
県の西江原銀行は協定率を超える高利で預金集めをしたとして，二度にわたって違約
金を徴収されている（『日本金融史資料 昭和編』第24巻，323頁）。

12 岡田和喜は駿河銀行について，支店長会議や支店への通達などの資料から協定違反
の高金利の付けられていたことを指摘している（岡田 1987，405，421頁）。

第3章　戦前期金融システムにおけるリスク負担機能　57

表3-1　安田銀行，十五銀行と三井銀行の資金コストの比較（1925年下期）

	安田銀行	十五銀行	三井銀行
諸貸付（千円）	342,313	519,893	351,049
諸預金（千円）	358,904	571,728	439,999
定期預金（千円）	175,679	287,035	294,332
借用金（千円）	5,600	15,500	0
支払利息割引料（千円）	20,031	24,282	12,332
平均資金コスト	0.110	0.082	0.056
1926年下期平均預金金利	0.102	0.080	0.062
定期預金比率	0.489	0.502	0.669
定期預金・借用金比率	0.497	0.515	0.669

(注)　平均資金コスト＝2×支払利息割引料÷（借用金＋諸預金）
　　　定期預金比率＝定期預金÷諸預金
　　　定期預金・借入金比率＝（定期預金＋借入金）÷（諸預金＋借入金）
(出所)　『第4回銀行年鑑』ただし1926年の預金金利は日本銀行調査局（1928，487頁）による。

行集会所総会で陳謝したうえ協定幹事を辞任せざるをえなかった（『銀行通信録』第476号，1925年9月，305-306頁）。また，少し後の1928年あたりのことであるが，『エコノミスト』誌に，安田のバランスシートにおいて貸出が停滞しているのに，当座預金や通知預金が増加していることを挙げて，何らかの「からくり」によって預金を増やしている可能性を示唆していることも指摘されている（『エコノミスト』第9巻第18号，1931年9月15日，41頁）。

　表3-1は，1925年下期と26年下期における安田銀行と十五銀行の資金コストを三井銀行と比較したものであるが，25年の（借入を含む）資金コストは，安田銀行で11%，十五銀行で8.2%であり，ほぼ同規模の三井銀行の5.6%と大きな差があることがわかる。また，1926年下期の平均預金金利についても3行の間で大きな較差があり，安田銀行10.2%，十五銀行8.0%，三井銀行6.2%であった。1926年については他の大銀行についても平均預金金利の値が知られており，第一銀行5.0%，三菱銀行7.6%である。ここで注意すべきことは，東京の協定最高預金金利がこの2時点を含む1923年3月24日から27年2月4日の間で，定期預金（甲6.0%，乙6.5%），小口当座預金（甲4.02%，乙5.48%），当座預金（甲2.19%，乙2.56%）であったという事実である[13]。これらの銀行は甲種であるから，預金金利は協定を守っている限り最大で6.0%を超えることはできない。したがってこのことからすると，

第一銀行を除く大銀行4行すべてが明らかに預金金利協定以上の金利を付けていたことになる[14]。

預金金利協定が有名無実であったことの今一つの証左は，次節における預金金利の計測結果である。1925年下期の東京の銀行について，次節では，第一に協定加盟銀行と非加盟銀行の間に預金金利の有意な差異はないこと，第二に平均預金金利が7.2〜10.5％の水準であったと推定されることを報告している。協定金利を守っていたとすれば，平均金利は乙種であっても6.5％を超えることはないはずであるから，この結果は協定による最高金利規制が明らかに有名無実であったことを示している。

それでは協定が有効でなかったのはなぜか。第一の理由は，預金獲得競争の激しさにある。それは協定の加入率の低位に象徴的に現れている。協定の成立時における東京府における協定のカバー状況は次のようである。東京に本店を持つ銀行179行のうち，組合銀行は41行でありそのうちの協定加盟行は24行。そのうち甲種は11行。東京に本店を持つ非組合銀行は138行であり，うち協定加盟行は7行。そのうち甲種は2行であった（松村1956）。このほかに東京に支店のみ置く銀行が61行あり，そのうち18行が協定に加盟していた[15]から，全体では加盟率は49/240すなわち20.4％でしかなかった（加盟率はその後1925年では66/207＝31.9％，30年では45/100＝45％，35年では36/62＝58.1％というように上昇傾向を持ち，40年では50/56＝89.3％にまで高まった）。

1920年頃から，銀行組織はきわめて不安定化していたから，預金流出に悩む銀行の高金利が一般化し，大銀行を含む協定加盟銀行といえども，対抗上金利を引き上げざるをえなかったものと思われる。また，預金吸収競争が

---

13 他の預金については，通知預金，貯蓄預金いずれもほぼ小口当座と同じ水準に規制されていた。ちなみに，当座預金などの金利は日歩表示で，日歩は100円に対する銭で示すのが慣わしであった。このときの甲種の当座預金最高金利は日歩0.6銭でありこれは365日分の年利に換算すると2.19％となる。

14 当時の一般的な評価では，東京では三井，三菱，第一，大阪では住友，山口ぐらいが金利協定を守っているのではないかと言われていた（浅井1978）。

15 東京に本店を持たない支店のみの銀行は，組合銀行32行，非組合銀行29行であり，組合銀行のうちの協定加盟行は17行（内甲種11行），非組合銀行のうち協定加盟行は1行（乙種）であった。

激化すると，預金金利を引き上げることは容易だが，一度引き上げた預金金利を引き下げるのは容易でないという事情がかかわっていたことも考えられる。1923 年頃から金利水準は低下傾向に入っていたから，預金金利特有の硬直性が協定違反の一因になっていた可能性もある。

この点はまた，なぜ銀行組織は協定破りが日常的であることを知っていながらも協定を継続したのであろうか，という疑問に対する答えを用意している。静岡地方の預金協定について詳細な分析を行った岡田和喜は次のように論じている。すなわち，預金金利協定は，預金金利を弾力化して銀行の利潤水準を維持することに目的があるカルテル協定であった。預金金利は貸出金利に比べて下方に硬直性を持つため一度高くなるとその調整が難しい。預金金利協定は，貸出金利が低下し銀行利潤が悪化する局面で，加盟各行に預金金利引下げの大義名分を与え，その結果長期的には預金金利負担の軽減を可能にすると考えられる（岡田 1987，422 頁）。

3 預金のリスクと銀行・預金者

3.1 破綻銀行の処理と政府・日銀の救済行動

銀行の破綻は，株主，経営者および預金者に大きな負担を課するとともに，預金者保護の観点と決済機構の安全性への配慮から公的な負担も必要となる。

初期の銀行破綻に対しては，しばしば有力な銀行への合併による救済方法がとられた。安田善次郎の率いる安田銀行と第三国立銀行が救済役を果たしたことはよく知られている。安田善次郎は 1881（明治 14）年の第九十八国立銀行の救済を皮切りに，明治 20 年代に 9 行，30 年代に 8 行，40 年代に 5 行の計 22 行の救済を行っている。その多くは地方の知事や中央政府の有力者の要請によるものであった。1890 年の恐慌時には各地の 23 の銀行から救援の依頼を受けたと言われる（矢野 1925，207 頁）。日露戦争開戦の直前，1904 年に，大蔵大臣曽禰荒助，日銀総裁松尾臣善などの政府首脳のたっての要請で行った，大阪の主要銀行である百三十銀行の救済はよく知られている。このとき安田は，同行の資産内容のあまりの劣悪さに，一度は辞退した，しかし時期が時期だけに関西財界の動揺を放置するわけにいかず，政府の低利資

金の貸出を条件にやむなく引受けた，としている[16]。しかしこれについて，国家の危急存亡の折から政府資金を引出し私腹を肥やしたとして，全国の新聞が筆をそろえて誹謗したと言われる。

安田は，その救済活動について「一片の慈悲心に基いて悲境に陥った銀行を救済し……多少の利益を得た」とも「産業の悪影響を見るに忍びぬという国家的観念に基づく」とも述べているが（安田1911，299-300頁），それが安田の地方金融網の拡大という経営戦略にかかわった行動であったことは間違いないであろう。地方が高金利であったことと傘下に有力な事業会社が少ないことから，地方金融網を構築することで有利な資産運用を行うことをねらったのである（浅井1986）。こうした有力銀行による救済に加えて，当時はまた，各地の組合銀行による破綻銀行の救済も行われたが，銀行間の意見の不一致から失敗することが多かったと言われている（伊牟田2001）。

1920年4〜7月にかけての反動恐慌では普通・貯蓄銀行合わせて21行が休業した。これ以降，銀行休業が大規模化かつ日常化した。1922年10〜12月の銀行危機では11行の普通銀行が支払停止に陥り，20年下半期から23年上半期にかけて合計32行の普通銀行が支払停止となった（寺西1982，328頁）[17]。従来型の有力銀行への合併の形の救済策はもはやこうした大規模な銀行危機には有効でなく，政府・日銀による銀行救済が強められた。1920年5月の横浜の代表的銀行である七十四銀行の休業に際して投入された政府資金が，銀行救済のための政府資金が投入された最初のケースであると言われる（伊牟田2001）。この時の政府資金は，日銀経由の預金部資金であったが，日銀は金利の一部を負担した。1922年の金融危機に際しても，台湾銀行と朝鮮銀行などに対して日銀特融とともに預金部資金の投入も行われた。

---

16 資本金325万円に対して，回収不能貸出が455万円，回収困難な貸出が243万円であった。これに対して安田は103万円の重役の私財提供と政府貸出600万円を求めた（織田1953）。

17 さらに1927年中には42行の，30〜32年の昭和恐慌中には56行の普通銀行が休業した。貯蓄銀行をも含む休業銀行と開店休業銀行の合計数は，現在わかっているだけで，1927年は44行，28〜29年は28行，30〜32年は118行となる（進藤1987）。開店休業銀行とは，開店して貸出の回収などは行っているが，預金払戻しについては小口預金に限るなどの制限を行っている状況の銀行を言う。ちなみに，1927年銀行法上は預金支払停止銀行すなわち休業銀行であった（小川1930，下編，276頁）。

銀行危機に際しての預金部資金の投入は，1925 年の預金部改革により
「有利確実」な運用を行うことという制限が付いたため，その後は停止され
たが，日銀による救援資金の供給は 1923 年 9 月の関東大震災を機に一気に
拡大した。同年 9 月 27 日公布施行の緊急勅令「日本銀行ノ手形ノ割引ニ因
ル損失ノ補償ニ関スル財政上必要ナル処分ノ件」による資金供給であった。
これは，震災によって損害を受けた商工業者を債務者とする手形であって，
9 月 1 日以前に銀行が割引いたものを，日銀が再割引きを行い，それによっ
て生ずるかもしれない損失を 1 億円[18]を限度として政府が補償するという仕
組みであった。この法律による再割引申込みの締切日である 1924 年 3 月末
までの日本銀行の手形割引高は，105 口，4 億 3100 万円で対象行は 96 行に
上った。このいわゆる震災手形の融通期間は当初は 1925 年 9 月末であった
が，その後 2 度にわたって延期され，最終的には 27 年 9 月末とされた。金
解禁の実施を予定していた当時の民政党政府は，金本位制へのスムーズな復
帰のための準備工作の一環としてこの問題の処理を急ぎ，1927 年 1 月 26 日
第 52 国会に「震災手形損失補償公債法案」および「震災手形善後処理法案」
を提出した。この 2 法案は 3 月 4 日衆議院，3 月 23 日に貴族院本会議で可
決され，前者は 1927 年 3 月 19 日付け，後者は同月 29 日付けで公布された。
これにより，震災手形所持行は，その所持高に応じて政府の発行した五分利
公債を借り受け，これを担保に日銀から借入を行い，それを債務者に貸し付
けることで震災手形の処理を行った（1929 年 2 月に日本銀行の特別融通は完了し
た。政府による日銀への補償額は 9900 万円であった）。ちなみに，震災手形の未
決済高は 2 法案が議会に上程された 1927 年 1 月 26 日現在で 2 億 700 万円で
あった[19]。震災手形の中には，1920 年の反動恐慌以来整理されずに持ち越さ
れた，実質的には不良貸であったものが大量に含まれていたと言われる。

18　1 億円としたのは，対象となる手形の総額を 20 億円と見込み，このうち 5 億円が
　　日銀に持ち込まれその 20% ぐらいが回収不可能になるであろうと計算されたことに
　　よる。

19　2 法案の成立により，政府は日銀に対して損失補償金として 1 億円を限度として五
　　分利公債を公布すること，および震災手形所持銀行に対して震災手形処理のため 1 億
　　700 万円を限度として五分利公債を貸し付けることが決まった。あわせて 2 億 700 万
　　円となりこの額は，震災手形未決済額に対応する。

62　第 I 部　歴史的視点から見た日本の金融システム

　日銀による銀行への救済資金の供給は，この 2 法案の審議過程に生じた金融恐慌によってさらに大規模なものとなった。休業銀行の整理のため，政府は 1927 年 5 月 9 日「日本銀行特別融通及損失補償法」を公布施行した。これは，日本銀行に銀行整理のための期限 10 年以内の手形割引による特別融資をさせ，それによって生ずる可能性のある損失を（5 億円を限度として）政府補償するというものであった。対象銀行は，「現ニ預金ノ支払停止ニ非ザル銀行」ないし「現ニ払戻停止ノ銀行ニシテ将来営業継続ノ見込有ル者」に限られ，目的は「預金（定期積み金を含む）ノ支払準備ニ充ツル為」と限定された（同法第 1 条）[20]。この特別融資高は，融通申込み締切日である 1928 年 5 月 8 日時点で 6 億 8700 万円であり，対象行は 28 行であった（この特別融資の期限は 10 年，すなわち 1937 年 5 月 8 日までであったが，二度にわたって期限が延長され，最終的には 52 年 7 月に処理が完了した。その時点で 5200 万円が回収不能であったが，これに費用を加えた額を特融による収益が上回ったため政府補償は行われなかった）。

　日銀による休業銀行の整理と特融による支援は次のような形で行われた。まず資本金と積立金・準備金の切捨ておよび未払込資本金の徴収という株主負担と重役私財提供の形での経営者負担による対応がなされる。これにより，債務超過が解消する場合，単独開業ないし他行への合併が可能となる。申請のある場合，必要に応じて日銀は特別融資で支援する。次に，減資と私財提供で十分でないとき，預金と無担保債務の切捨てがなされる。預金については預金者の過半をなす小口預金については多くの場合全額の払戻しがなされ，残りの大口預金について，支払猶予ないし部分的な切捨てが提案される[21]。預金の部分切捨てなどを預金者が承諾すると，開業または合併の手続きに入り，必要に応じて日銀特融が供給される[22]。切捨てを預金者が承諾し

20　法案の原案には単に「銀行ヨリ預金（定期積金ヲ含ム）ノ支払準備ニ充ツル為資金融通ノ請求アリタル場合」とのみされていた。永廣（2000）は，ここで将来営業継続の見込みのあるものを対象に加えた経緯を検討し，一種の預金者保護の視点が導入されたとしている。

21　休業中の東京渡辺，中井，村井，中沢，八十四の 5 行について見ると，預金総額 12 億 8600 万円のうち，100 円以下の小口預金は金額にして 1.3% の 1600 万円であったが，口座数は全 22 万口の 71% に当たる 15.6 万口を占めていた（日本銀行調査局 1928，87 頁；1933）。

ないときは，破産手続きに入る。ちなみに，金融恐慌時の日銀の特別融資の供給に関しては，重役の私財提供は絶対の必要条件とされ，経営者責任の追及が銀行整理の中心をなした（日本銀行調査局1928，371頁）。この資金は財産処分による資金と共に小口預金の優先支払いに当てられた。

1929年3月末時点で，27年3〜4月にかけて休業した31行について日銀がまとめたところでは，単独開業したもの13行（預金額3億円），他行へ合併または買収されたもの9行（預金額2億100万円），解散または破産宣告を受けたもの4行（預金額4800万円），休業中のもの5行（預金額600万円）であった（同上資料83頁）[23]。ちなみに金融恐慌時の合併[24]に当たっては，有力銀行への合併は必ずしも容易でなく，また特融法では休業銀行の開業の見込みがなければ資金供給ができないわけだから，新たに銀行を設立し，これに債権債務を移す形で処理がなされた。このため設立されたのが昭和銀行である。この銀行は，東京商業会議所などの提案で日銀のリーダーシップのもとに設立されたいわゆる受け皿銀行であり，資本金1000万円は5大銀行を中心に東西シンジケート銀行やその代表者などが出資した[25]。

銀行破綻によって預金者が被った被害はかなりのものであった。表3-2は日銀特別融資にかかわる銀行について，日銀が破綻原因と整理方法を調べた資料から，整理方法の確定した時点での，大口預金の払戻しの方法を取りまとめたものである。サンプルは，台湾銀行を除く1927年中の休業銀行とそ

---

22 特融法の適用を受けるには，預金支払停止中の銀行でなくかつその資金は預金の支払準備に当てられることが必要であったため，単独で開業できないときは，他行への合併が要件となった。特融はその合併先の銀行に対して行われ，大口預金者への支払いなどは合併先の銀行から行われた（杉山2001）。

23 預金額は休業当時のもの。

24 この場合，休業銀行は債務超過による破産法上の支払停止者であって，ここで言う合併は「（被合併会社の株主が合併会社の幾株かの株式を受けて合併する）商法上の真の合併ではなく，単にその財産および債務を一括して，他銀行に引継ぐの意味」でしかない，ことに注意が必要である（松本烝治「休業銀行預金の払戻便法について」『朝日新聞』1927年12月22日（朝日新聞経済部1928，所収。）実際は括弧付きの合併であった。

25 山崎（2000）および杉山（2001）を参照されたい。昭和銀行には，近江，村井，八十四，久喜，中沢，中井の休業銀行6行が合併され，さらに休業していない若尾，泰昌，藤田の3行が資産負債の一部を，尾張屋，豊国の2行が全部を，昭和銀行に譲渡して本体は解散した。

64　第Ⅰ部　歴史的視点から見た日本の金融システム

表 3-2　休業銀行 19 行の大口預金の切捨て率

切捨て率	銀行名と切捨て方法
0%	今治商業（預金切捨てなし），河泉（預金切捨てなし），第六十五（預金切捨てなし），栗太（預金切捨てなし）
10% 未満	なし
10% 以上 20% 未満	久喜（1 口 1000 円以上の預金は 10% 切捨て）
20% 以上 30% 未満	小田原商業（1 人 50 円以上預金は 20% 切捨て），東葛（すべての預金 25% 切捨て），西江原（1 口 69.45 円を超える預金 28% 切捨て）
30% 以上 40% 未満	鞍手（1 人 143 円以上預金 30% 切捨て），関東（すべての預金 38.7% 切捨て），近江（1 口 149.48 円を超える預金 33.1% 切捨て），中井（1 口 160 円以上の預金は 37.8% 切捨て）
40% 以上 50% 未満	徳島（1 人 50 円以上の預金 43% 切捨て），左右田（1 口 100 円を超える預金 45% 切捨て），中沢（1 口 180 円を超える預金 45% 切捨て），村井（1 口 100 円を超える預金は 41.5% 切捨て）
50% 以上	八十四（1 口 178.58 円までの預金 56% 切捨て），東京渡辺（各債権者に対して債権額の 20% 支払い），十五（1 口 100 円を超える預金は 70% 切捨て）

(注)　第六十五は預金者の了解が得られたときは定期預金は継続，特別当座は定期に切り替え。栗太は 100 円以上の預金について 1931 年 3 月までに分割支払い。東葛は 75% を 1929 年度までに分割払い。鞍手は 100～143 円までの預金は 100 円支払い。近江も 100～149.48 円までの預金は 100 円支払い。中井も 100～160 円までの預金は 100 円支払い。160 円以上の預金の残額は 18 年間の分割払い。中沢は 10～180 円までの預金は 100 円支払い。八十四は 100～178.58 円の預金は 100 円支払い。東京渡辺の債権者への支払いは 1931 年 11 月が期限。渡辺保全会社を昭和土地会社と改称し，債権額の 27% を株式で分配。十五は残りの 30% のうち 4 割を 10 年間の分割払い，6 割を 10 年目に一括払い。

(出所)　日本銀行調査局 (1928)。

れ以前に休業していた神奈川の小田原商業銀行，関東銀行の合計 19 行である。大口預金の切捨て率で見ると，19 行についての内訳は，0% 4 行，10～20% 未満 1 行，20～30% 未満 3 行，30～40% 未満 4 行，40～50% 未満 4 行，50% 以上 3 行，となる。ただし，切捨てをしない場合でも分割払い（東葛，栗太，中井，十五銀行），何年間かの据え置き（関東銀行），当座預金・特別当座預金の定期預金への切り替え（第六十五銀行）などの方法が併用される場合があった。また破産宣告された東京渡辺銀行は，債権者に債権額の 20% を支払い，残額については渡辺保全会社を昭和土地株式会社と改称しその株式で債権額の 27% を支払うという方法をとった。表 3-2 は大口預金にかかわるものであるが，一口ないし 1 人 50 円とか 100 円未満の小口預金は，2 行（東葛銀行と東京渡辺銀行）を除いて，全額払戻しされている。ちなみに，

第 3 章　戦前期金融システムにおけるリスク負担機能　65

休業中の東京渡辺，中井，村井，中沢，八十四の 5 行について見ると，預金総額 12 億 8600 万円のうち，100 円以下の小口預金は金額にして 1.3% の1600 万円であったが，口座数は全 22 万口の 71% に当たる 15.6 万口を占めていた（日本銀行調査局 1933，87 頁）。

3.2　1925 年における東京地方の預金市場：預金金利と破綻リスク

　第 4 回銀行年鑑から個別銀行について支払利息・割引料と各種預金および借用金（借入金，コール・マネー，再割引手形の和）のデータを得ることができる。これを用いて統計的フィットの観点から預金金利を計測し，それと銀行の抱えるリスクや預金金利協定の関係を検討しよう。対象は，銀行組織が動揺を繰り返していた反動恐慌と金融恐慌の間の一時点である 1925 年下期における，東京および神奈川の手形交換所組合銀行である。第 3 回銀行年鑑に1924 年における東京交換所組合銀行・東京交換所代理交換銀行として挙げられているもの 66 行および横浜交換所組合銀行の銀行 4 行のうち[26]，第 4回年鑑には 47 行のデータがある。ただ，そのうち川崎，中井，古河，七十四については必要なデータが欠落しており，結局 43 行からなるサンプルが得られる[27]。

　預金金利の計測は，預金市場の均衡モデルによるオーソドックスな計測でなく，単に支払利息・割引料を預金額および借用金額に回帰させることにより，最もフィットの良い預金額および借用金[28] の係数を求めることで推計する。その際次の六つのダミー変数を用いる。

　ダミー 1：1927 年中の休業銀行を 1，それ以外を 0。

　ダミー 2：震災手形を日銀に割引依頼した銀行を 1，それ以外を 0。

　ダミー 3：1925 年 11 月時点で震災手形の未決済高が正の銀行を 1，その他を 0。

　ダミー 4：預金金利協定に不参加の銀行を 1，それ以外を 0[29]。

26　第 3 回年鑑では支払利息などのデータをとることができない。

27　左右田銀行の支払利息・割引料と村井銀行の預金残のデータは，銀行年鑑には値が欠落しているが，日本銀行（1928）336 頁および 353 頁によって追加した。

28　借入金，コールマネー，再割引手形の合計。

29　東京支店が参加した次の諸行も参加とみなす。足利，若尾，武州，第十九，六十

66 第Ⅰ部 歴史的視点から見た日本の金融システム

ダミー5：甲種の協定銀行を1，その他を0。

ダミー6：東京神奈川以外に本店のある銀行を1，それ以外を0。

ダミー1からダミー3までは『日本金融史資料　昭和編』第4巻の10-12頁と81-82頁から，またダミー4と5は『東京手形交換所五十年史』からデータが得られる。われわれの43行からなるサンプルでは，ダミー1が1の銀行は7行であり，そのうち泰昌銀行を除く6行はダミー3が1である。すなわち，金融恐慌時の休業銀行は少なくともダミー3が1の銀行である。ダミー3の銀行は，震災手形の当初の融通期限である1925年9月をすぎてもその処理を終えていない銀行であり，おそらく直接の震災の被害にかかわる債権だけでなく反動恐慌以来の不良債権をたくさん抱えた銀行である。震災手形の割引申込みの受付時には，合計96行が申込みを行ったのであるが，1925年11月時点でその処理が済んでいない銀行は53行であった（日本銀行調査局1933，10-12頁）。1927年の2月26日の『時事新報』は「震災手形内容を発表すべし」という記事を載せ，「51行とされる不良銀行」，「うち10行足らずで8割」の情報を公開すべきことを主張している。当時の一般人は震災手形の具体的正確な数字はもちろん知らなかったはずだが，どの銀行に問題があるかはかなり周知のことであったと思われる。

　次に，預金金利協定の参加（ダミー4）と甲乙のタイプ（ダミー5）の情報はこのときすでに公開情報であった。これらのダミーは，協定の有効性を測るのに使えるだけでなく，甲種の銀行は当時のブルーチップの銀行であるというレピュテイションを示すものでもある。

　当時の金利水準は大都市で低く，地方でかなり高かったことが知られている。地方銀行で東京支店を持つ銀行が東京で預金金利協定に参加した場合，東京支店の行動は制約を受けるとしても，地方ではそれより高い金利を付けていた可能性がある。ダミー6はその効果を取り込むためのダミーである。

　表3-3は計測結果を示す。計測に当たっては預金と借用金を区別するだけでなく，預金のうちの定期預金とその他の預金を区別することも試みたが，プロージブルな結果は得られなかった。このことの一つの理由は，預金全体の3分の1を占める当座預金で，1口当たり1000円以下のものの金利が当

　三，第二，左右田。

第3章 戦前期金融システムにおけるリスク負担機能 67

表3-3 1925年下期における東京・神奈川の預金金利の計測

	(1)	(2)	(3)	(4)	(5)	(6)
総損金	0.036	0.036	0.036	0.036	0.047	0.036
	0.000	0.000	0.000	0.000	0.002	0.000
借用金	0.047	0.047	0.049	0.05	0.048	0.045
	0.002	0.002	0.002	0.002	0.011	0.003
総預金＊ダミー1	0.018	—	—	—	—	—
	0.000					
総預金＊ダミー2	—	0.017	—	—	—	—
		0.000				
総預金＊ダミー3	—	—	0.017	—	—	0.017
			0.000			0.000
総預金＊ダミー4	—	—	—	0.019	—	—
				0.739		
総預金＊ダミー5	—	—	—	—	−0.008	—
					0.498	
（総預金＋借用金）＊ダミー6	—	—	—	—	—	0.026
						0.109
自由度修正済み決定係数	0.939	0.940	0.938	0.910	0.910	0.942

（注） 係数推定値の下のゴチックの数値はP値。

時すでにゼロになっていたことがかかわっている可能性がある。水野淳二に
よれば，当座預金はかってはすべて利子付きであったが，次第に低額のもの
は無利子扱いにされ，利子を付ける最低単位を引き上げていく傾向があっ
た。1924年時点において「東京はすでに千円単位と改め，他の五大都市は
多く五百円単位にして，地方にありては其土地の経済状態に従い三百円或は
百円単位とせる所あるべし」（水野1924, 70頁）とある。このことを勘案する
と，大銀行ほど1口座当たり金額が大きいであろうから，大銀行ほど有利子
の当座預金が多く，小銀行ほど無利子のものが多いという可能性がある。し
かし，寺西（1982）第5章で指摘したように，規模間の預金金利には非線形
性の問題があり，これをここで行っているような簡単な計測に取り込むこと
は容易でない。このことを加味した分析は今後の課題として残されている。
また，この計測方法では，誤差項の分散が観測値ごとに変化し，誤差項の母
分散の推定量の不偏性が満たされない可能性がある（不均一分散の可能性）。
しかし，仮にそうであったとしても係数の推定値の不偏性と一致性には問題
はなく，また計測式の当てはまりはきわめて良好であるので利子率推定とい

68 第Ⅰ部 歴史的視点から見た日本の金融システム

う当面の目的にとっては支障ないと判断される[30]。

表3-3から次のようなことが言えよう[31]。①最も計測結果の良い6式に拠れば，平均的な預金金利は7.2%，借用金金利は9.0%である。②資産内容に問題のある銀行の金利は3.4〜3.6%程度かさ上げされる。ちなみに，借入についてもダミー1，2，3との交差項を加えたケースも計測したが，いずれの場合も計数は有意とはならなかった。これは，震災手形に伴う借入には日銀などの優遇金利によるものが含まれており，預金と違って借入金利が市場決定でなかったことを反映しているものと思われる。③預金金利協定不参加行は3.8%高金利を付けている可能性があるが，係数は有意でない。また，甲種協定参加行は1.6%低金利となる可能性があるが，これについても係数は有意でない。これらの結果は金利協定は有効性に欠けていた可能性を示唆している。④地方では，預金・借入平均で5.2%ほど東京より高い金利が付けられていた。

3.3 預金市場と銀行の規律付け

東京・神奈川地方の分析によると，預金者は銀行の資産内容とそれから生じるリスクにかなり敏感に反応して預金選択を行っていた。リスクをとり危ない銀行に預金することで平均的に3.4〜3.6%高い金利を得ることができたが，そのリスクも相当なものであった。とくに大口預金者は場合によっては40〜50%ないしそれ以上の預金切捨ての可能性も覚悟せねばならなかった。前掲の表3-2によれば1927年中に休業した銀行のうち，40%以上の切捨てのあった銀行は，徳島，左右田，村井，八十四，中沢，東京渡辺，十五の各行であった。

預金者は銀行のリスクに対して預金の引出しで銀行にシグナルを送っていた。3月22日に休業した徳島銀行については，重役関係の貸出の多いことが周知であり，蛸配当などの経理操作で業績悪化を糊塗していた。前年12

---

30 念のため細野氏の示唆された方向で，両辺を総預金で割った形などで計測してみたが，計数の推定値は必ずしも有意でなく，また当てはまりも十分でないという結果が得られた。

31 被説明変数は半期の支払利息・割引料だから年利に換算するには2倍せねばならない。

第3章　戦前期金融システムにおけるリスク負担機能　　69

月琴平銀行の休業の影響で取付けにあっており，その後も預金の引出しが持続していた。第一次世界大戦時の拡張政策の行き詰まりが伝えられる左右田銀行は，左右田一族関係事業の不振が貸出固定化を招いていた。金融恐慌以前に反動恐慌による茂木商店の打撃にかかわって1920年5月，阿部商店の破綻にかかわって10月と二度の取付けにあっており，日銀の資金援助を受けている。1924年の関東大震災後にも預金の急激な減少が生じている。1927年3月22日に同じく休業した村井銀行，中沢銀行，八十四銀行でも事情は同じである。村井銀行では，村井関係事業の大口貸出が固定化しており，1922年の東西の銀行の動揺時に取付けを受けている。中沢銀行では，中沢一族への大口貸出の固定化と震災の打撃から，1920年の関連する東京貯蓄銀行の取付けの余波で預金の引出しをこうむっている。八十四銀行は，石川県における生糸・絹織物関係事業の不振と震災による打撃から資産内容の悪化が伝えられており，1923年頃から預金の流出が生じていた。1927年3月には東京渡辺銀行破綻など首都圏金融動揺の余波で預金の流出が生じており，3月22日休業やむなきに至った。近江銀行は，大阪地方の綿糸布織物業関係の融資先の不振から業績が悪化しており，1920年の反動恐慌時に半期で6000万円という大量の預金取付けにあっている。その後も，1922年，24年と預金の流出が生じており，日銀の支援を受けていた。1926年には綿糸価格の下落による得意先の経営不振に加えて手元資金が窮迫し，26年末から27年4月半ばにかけて7000万円の預金の流出となっていた。

　こうした預金者の出すシグナルに対して銀行は，どのように対応していたであろうか。銀行に対する規律付けの効果はあったのであろうか。取付けに対して応急的には預金金利を引き上げるなどの形で預金吸収行動が生じるであろうが，長期的には不良資産の処理を中心に貸出の整理が必要となる。表3-4は，東京・神奈川の上記43行のうち，1923年のデータの欠けている丸の内，田口の2行および大量のコールに依存しており他行とは行動パターンの異なる早川ビルブローカー銀行を除いた40行からなるサンプルにより，23年下期から25年下期にかけての預金の動きに対する貸出の動きの反応を，貸出増加率を被説明変数とする回帰分析により検討したものである。1925年11月に未決済の震災手形を抱えている銀行（表3-3の分析ではダミー3が1）とそうでない銀行（ダミー3が0）では，2時点の間での預金の伸び率と貸出

70　第I部　歴史的視点から見た日本の金融システム

表3-4　1923年下期から25年下期にかけての貸出増加率の計測

	すべての銀行		震災手形を所有する銀行		震災手形を所有しない銀行	
	(1)	(2)	(3)	(4)	(5)	(6)
定数項	−0.039	—	−0.038	—	−0.042	—
	0.023		0.570		0.024	
預金増加率	0.600	0.539	0.514	0.465	0.653	0.536
	0.000	0.000	0.040	0.040	0.000	0.000
自由度修正済み決定係数	0.45	0.43	0.31	0.29	0.56	0.54

(注)　係数推定値の下のゴチックの数値はP値。

　の伸び率の関係に相違があることがわかる。すなわち震災手形を保有しない優良な銀行では預金の変化に対する貸出の変化の反応が大きく（係数は0.536ないし0.653），震災手形を保有する危ない銀行では反応が小さい（係数は0.465ないし0.514）。

　以上の結果は，震災手形を抱えるハイリスクの銀行は，預金増加率が減少しても貸出増加率を引き下げることは少なく，その限りで，預金者の発するシグナルに鈍感であったことを示している。逆に言うと，こうした経営スタイルであるがゆえに，震災手形を多く抱えるという結果になったとも見ることができよう。ただし，これにはいわゆる「追い貸し」という要因もかなり効いている可能性がある。

　ちなみに，預金引出し行動の多くはまず，同業者預金を行っている銀行や特別な関係にある企業などの大口顧客によってなされるのが常であった。その他の預金者の危機意識はこうした行動によって触発されることが多く，さらに関連銀行の休業の情報が流れると大規模な引出し行動が開始された。政府はその後，信用不安を防ぐため，銀行休業に関する報道規制を次第に強化した。とくに1930年以降金解禁政策のさなか，銀行に関する新聞・雑誌の発禁回数が急増し，内務省による新聞記事差止めの形の報道規制が始まった。また，実際は休業している銀行を，預金の制限払戻し（すなわち小口預金のみの払戻し）の形で強制的に開店させることも行われた（開店休業銀行）（進藤1987）。

4 金融恐慌と預金リスク[32]

　以上の考察は，預金者による銀行のモニターが銀行の行動に規律付けをもたらしたという意味で，銀行を通じる資源配分の効率性を高める効果を持ったとは必ずしも言えないことを示唆した。預金者の行動は常に効率化をもたらしたとは限らないのである。加えて，預金者の行動には群れ（herd）行為の可能性があり，銀行システムの危機を群衆心理によって顕在化し拡大した可能性もあった。このことを示すために金融恐慌時の自己実現的取付けの可能性について検討しよう。

　まず，金融恐慌の経過を簡単に総括しておこう。1927年3月15日の東京渡辺銀行の休業に始まり，同年3月22日における村井・中沢・左右田・八十四などの都市中堅銀行の破綻までを第1波，同年4月18日の近江・台湾銀行の休業に始まり，十五銀行を含む4月21日の全国的取付けまでを第2波と呼ぶことにする。

　金融恐慌の第1波は，1927年3月14日の片岡直温蔵相の失言（実際は休業していない東京渡辺銀行を破綻したと衆議院予算総会で発言）[33] に始まる。3月15日の東京渡辺およびあかぢ貯蓄銀行の休業の後，3月19日から22日にかけて中井，村井，左右田，中沢，八十四といった都市中堅銀行の休業が見られた。しかしこの第1波は，「局地的であり，取り付けにあった銀行も二，三流銀行のみであった」（高橋・森垣 1993, 165頁）。震災手形関係の2法案が3月23日貴族院を通過（3月30日公布）した後は平穏化した。

32　この部分は，是永・長瀬・寺西（2001）の前半部分を書き直したものである。

33　この時議会では，1月26日に上程された震災手形処理のための2法案が衆議院で可決されたのち，貴族院で審議中であった。その過程で憲政会・政友会・政友本党の間に激しい政争が生じていた。片岡は連日の政友会の追及の中で失言を犯したと言われる。ただし，東京渡辺銀行の側にも，大蔵省に支払停止する旨の報告を行った後で，手形決済資金が調達でき，少なくとも片岡の発言時には平常通り営業できるめどがたっていたにもかかわらずその旨追加報告しなかった，というミスがあった。詳しくは大蔵次官田昌の顛末書参照（朝日新聞経済部 1928, 29-31頁）。ちなみに，東京渡辺銀行の経営自体は著しく悪化しており，片岡発言とは無関係に，14日夜の重役会で翌15日からの休業を決めていた。

72 第Ⅰ部 歴史的視点から見た日本の金融システム

　第2波の前触れは，鈴木商店の経営悪化と台湾銀行との関係の表面化であった。鈴木商店関係の震災手形を台湾銀行が大量に保有していることが，2法案の審議過程で次第に明らかになり，このため台湾銀行からのコール引上げが第1波終了後も進展したのである。3月26日に台湾銀行は鈴木商店と絶縁し，4月1日これが世間の知るところとなり，鈴木商店は4月4日に不渡りを出すに至る。4月8日には鈴木の経営する神戸の第六十五銀行が取付けに合い，休業した。

　片岡蔵相は日銀に対して台湾銀行の支援を要請したが，すでに多額の貸出を台湾銀行に対して行っている日銀は損失が生じた場合の保証を政府に要請した。勅令を以って2億円を限度として日銀の補償を行うという政府案は14日から枢密院での審議にかけられたが，この法案は17日の枢密院本会議で否決されてしまった[34]。これにより，4月18日より金融恐慌は台湾銀行の内地支店の休業，近江銀行の休業に始まる第2波に入る。21日に宮内庁の金庫とも目されていた十五銀行が休業すると「国民の銀行に対する信用は根底から崩れ，ここに玉石混交，前銀行を焼き尽くす全面的，全国的未曾有の銀行取付」（高橋 1955, 639頁）が生じることとなる。「かうなっては世人の驚きたとふるにものなく，深き恐怖の念がいよいよ瀰漫，……大混乱となり，半狂乱の預金者は終に銀行の善悪良否を識別の違なく，四月二十一日のごときは東京では安田，第百，川崎その他一流銀行にまで殺到して預金を引出す有様で，コール取引も殆ど途絶し大阪その他主要金融市場でも同様の状態に陥ったのである」（朝日新聞経済部 1928, 82頁）[35]という状況であった。21日午後の東京では，一流銀行に対する取付けは安田銀行だけでなく，三井銀行・三菱銀行の本店に対しても生じていたことが石井（2001）において確認されている[36]。

34　この決定は幣原外交を巡る政友会と憲政会の政争の影響を強く受けたと言われる。若槻内閣は総辞職し，4月20日政友会田中義一内閣が成立した。蔵相は高橋是清に代わった。

35　4月18日以降三井銀行京都支店や住友銀行湊川支店なども取付けにあった（三井銀行八十年史編纂委員会 1957, 233-235頁；住友銀行史編纂委員会 1955, 583-585頁，および『日本金融史資料 昭和編』第25巻，56頁）。

36　1927年中の預金の動きを見ると，三井・三菱・住友・安田・第一のいずれも預金が増えている。しかしこのことは取付けの有無とは別のことである。

第3章　戦前期金融システムにおけるリスク負担機能　73

　全国的取付けの発生に対して，政府は4月22日23日の両日全国の銀行の
臨時休業をもって応じ，さらに4月22日には平時としては異例の，向こう
3週間の支払猶予令（モラトリアム）を布くという非常手段をとった。

　以上のような経過をたどった金融恐慌について，それを経営状態の悪い不
良銀行を淘汰したものであって，結果的に金融システムの効率化につながっ
たとの見方が一般的となっている。高橋亀吉は，金融恐慌で休業に追い込ま
れた銀行は積年の放漫経営により，恐慌前にすでに危機的状態に立ち至って
いたものが多く，単にパニックによってかもし出された預金者の群集心理に
基づく過大な預金引出しの結果ではなかったとしている（高橋・森垣1993，
206頁）。また，Yabushita and Inoue（1993）は，1927年における銀行休業
についてプロビット分析を行い，休業の確率は自己資本比率と利潤率に負に
依存しており，経営パフォーマンスが悪くバランスシートが悪化した銀行が
休業に追い込まれたと見られることから，金融恐慌は自己実現的な取付けで
はなく，市場規律の結果としての効率的な取付けであったとしている。

　この時期の銀行はその多くが機関銀行であったから，特定企業グループへ
の固定貸しなど多くの問題を抱えていた。1920年，22年の恐慌時には日銀
が安易な救済融資を行ったため，銀行のモラルハザードが助長されて市場規
律が麻痺していたという面もある。震災手形にそうしたことに関連した不良
債権が大量に混入していたことも事実であった。こうしたことから，典型的
な機関銀行や震災手形保有銀行を淘汰した金融恐慌は，銀行経営者に対する
規律付けの効果を持った，という見方は十分に説得的である。しかし，この
見方は恐慌の第1波にはよく妥当するものの，第2波についても同じように
妥当するかどうかについては疑問なしとは言えない。金融恐慌の第2波には
伝染効果（conntageon effect）とも呼ぶべき側面があり[37]，その意味でDia-
mond and Dybvig（1983）でモデル化されたような自己実現的取付けの要素
も否定できないように思われる。もしそうであるとするなら，パニックは不
必要な信用組織の混乱をもたらした可能性があり，その場合，恐慌が効率化
の効果を持ったとは言い切れないことになる。以下では，Calomiris and

---

[37]　堀内（1998）は，銀行システムの一般的な特質として，市場規律が働くとしても預
　　金者や投資家の銀行についての情報は不完全であり，銀行破綻は伝染効果という負の
　　効果を持つことを強調している。

Gorton（1991）の議論に従い，危機の引き金となった要因と危機の終息をもたらした要因を吟味することにより，このことを示唆しておきたい。

第1波と第2波では，まず危機の引き金の性質が異なる。すなわち第1波の引き金は震災手形問題に関連して銀行の資産内容の劣化に関する情報が広まったことが銀行取付けのインセンティブを与えたのに対し，第2波では，銀行システムの期間変換機能に関する懐疑が広まり，人々が将来消費のための資金を早めに現金化するために競って銀行預金の引出しを行ったという面が強い。

第1波の引き金が，資産内容に関する情報であったことは次のような経過から明らかであろう。震災手形2法案の審議過程（1927年1月26日～3月23日）で，この手形のうちに不良資産が大量に含まれていることが明らかとなり，野党側がこの手形債務者と手形保持銀行名の資料公開を強く求めた。政府はこれに応じなかったことは先に記した通りであるが，審議の過程でこれらの情報が漏れ，次第に世間に広まっていった。また，第1波で3月19日に支払停止に陥った中井銀行，3月22日に支払停止に至った左右田，中沢，八十四などの多くの銀行で，そのかなり以前から預金の流出が進んでいたことは前述の通りである。朝日新聞経済部は次のように述べている。「これらの事実は次第に議会外にも伝播されて，3月上旬を過ぎた頃から，一部の比較的消息に通じた人々の間では，震災手形所持銀行に対する預金の取付や債権の回収をボツボツ行ふやうになってきたのである。東京渡辺銀行のごときは既に重役の関係事業に対する固定貸付のために，資金の運転に窮し，さらぬだに悪評が巷間に伝えられていた際，……同行は震災手形を多額に背負い込んでいることまでも次第に漏れて，逸早く緩慢ながら取付を受けていた……19日中井銀行が終に休業のやむなきに至るや，取付の風はいよいよ盛んになり，同時にいろいろの流言もその気勢を煽って，22日からは，左右田，八十四，中澤及び村井の四銀行，すなわち多年東京金融界においていはゆる第二流銀行として活動していたものが，取付防止の自信なく，バタバタと店を閉めるに至ったのである。かうなると東京及びその付近では，一流の銀行をのぞいては殆ど全部の銀行に取付おこなわれ，……」（朝日新聞経済部1928，27-28頁）。

これに対して第2波では，パニックの引き金は銀行システムの期間変換機

能の停止であったと考えられる。このことは銀行間の資金の流れが第2波の前に大きく変化したことから推察される。表3-5の日銀の主要勘定の動きを見ると，まず貸出と銀行券残高は恐慌の第1波（3月15〜23日）および第2波（4月18〜21日）において，ともにそれ以前に比べて大きく拡大していることがわかろう。これに対して一般預金を見ると，第1波については貸出および銀行券の動きと同様，パニック時に大きく増大しているのに対し，第2波ではパニックのはるか以前から，すなわち4月2日頃から拡大が見られるのである。

日銀への一般預金はコールレートと逆の動きをするのが常である（寺西1991，132頁）。すなわち，日銀一般預金はコールないし銀行間預金と密接な代替関係にある。第2波の前に一般預金が増大したことは，この時期に民間の銀行間貸借市場でリスクが高まり，資金が日銀預金に流れ込んだことを示唆している。この動きは一つには，コール市場で生じた。大量のコールを取り入れていた台湾銀行が危うくなると台湾銀行や朝鮮銀行などからコール引上げの動きが生じた。表3-5の台湾銀行の市場資金の純受払高（受入高−払戻高）を見ると，第1波で大量のコール引揚げがあり，パニック終息後も引き続いて減少傾向にあることがわかろう。また恐慌後にコール市場の規模が以前に比べて半減したこともよく知られている[38]。今一つの変化は同業者預金において生じた。たとえば，大阪地方での動向を詳細に伝える日銀大阪支店の報告（「阪神地方金融動揺顛末」1927年5月27日）によれば，大阪地方での取付けは本店や大規模店では，同業者預金において生じていた。同様に，第2波で激しい取付けの生じた福島地方でも，東京や京阪神からの為替尻の引揚げや同業者預金の大量の移動があったと言われる（「全国銀行休業前後ニ於ケル当地金融状況」日銀福島支店1927年4月26日）。

表3-5によると，日銀一般預金の増大は第1波と第2波の間で生じており，その額は台湾銀行のコール減少額よりはるかに大きい。この時期に大量の銀行間貸借の変動があったこと，しかもそれは台湾銀行にかかわるものだけではないこと，が明らかであろう。

以上要するに，第2波は銀行間貸借市場における資金量の減少，それによ

---

38 東京のコール残高は，1926年2億700万円，27年1億500万円。

76　第Ⅰ部　歴史的視点から見た日本の金融システム

表 3-5　日銀の主要勘定，台湾銀行の市場資金純受払いおよび郵便貯金純受払い

(単位：百万円)

	日　　銀				台湾銀行	郵便貯金
	一般預金	(対前日差)	貸　出	銀行券	純受払高	純受払高
3 月 10 日	44		243	1097		− 0.4
3 月 11 日	43	− 1	236	1091		− 0.3
3 月 12 日	40	− 3	228	1090		0
3 月 13 日						
3 月 14 日	42	2	228	1988		− 0.5
3 月 15 日	42	0	235	1096		− 0.5
3 月 16 日	63	21	258	1097	− 13	− 0.3
3 月 17 日	64	1	258	1096	5	0.1
3 月 18 日	67	3	265	1101	− 6	0.1
3 月 19 日	57	− 10	301	1155	− 18	− 0.1
3 月 20 日						
3 月 21 日						
3 月 22 日	95	38	536	1342	− 54	0.5
3 月 23 日	113	18	630	1409	− 27	3.3
3 月 24 日	137	24	605	1356	5	7.6
3 月 25 日	122	− 15	557	1325	5	6.1
3 月 26 日	115	− 7	528	1310	7	3.1
3 月 27 日				1316		
3 月 28 日	102	− 13	525	1323	− 1	2.2
3 月 29 日	90	− 12	522	1347	− 1	1.3
3 月 30 日	77	− 13	531	1355	− 6	1.5
3 月 31 日	68	− 9	539	1324	− 1	1.3
4 月 1 日	67	− 1	516	1283	10	1.3
4 月 2 日	79	12	494	1256	0	1.4
4 月 3 日						
4 月 4 日	99	20	503	1234	− 7	1.1
4 月 5 日	130	31	492	1218	− 5	0.3
4 月 6 日	139	9	490	1200	− 1	− 0.1
4 月 7 日	150	11	487	1209	− 3	0.5
4 月 8 日	165	15	506	1244	− 4	0.5
4 月 9 日	153	− 12	525	1231	− 1	0.5
4 月 10 日						
4 月 11 日	184	31	530	1231	− 13	0.9
4 月 12 日	214	30	526	1208	− 9	1.2
4 月 13 日	240	26	528	1203		1.3
4 月 14 日	248	8	537	1202		1.2
4 月 15 日	257	9	534	1204		0.6
4 月 16 日	263	6	581	1225		0.4
4 月 17 日						
4 月 18 日	253	− 10	870	1497		1.3
4 月 19 日	269	16	1002	1626		5.1
4 月 20 日	270	1	1063	1679		13.1
4 月 21 日	174	− 96	1665	2318		13.8
4 月 22 日	173	− 1	1671	2328		32.5
4 月 23 日	173	0	1677	2334		42.1
4 月 24 日						
4 月 25 日						24.8
4 月 26 日						11.1
4 月 27 日						14.2
4 月 28 日						8.3
4 月 29 日						
4 月 30 日						6.3
5 月 1 日						
5 月 2 日						4.4
5 月 3 日						2.9
5 月 4 日						3.8
5 月 5 日						2.4

(出所)　『昭和財政史資料』第 1 号第 77 冊 (4-2)，および『日本金融史資料　昭和編』第 25 巻，
118-124，356 頁。

る銀行の期間変換機能の低下にかかわって生じたことが推察される。ちなみに，このことは，第2波の危機が都市銀行だけでなく全国各地の地方銀行をも巻き込んだ現象[39]であったこと（石井 2001）にもかかわっていると思われる。地方銀行でも不良資産の累積が進行していたことは事実であろうが，全般的預金引出しがきわめて短時間のうちに全国的に広がったことは，銀行組織の期間変換機能の脆弱化を懸念した同業者預金の急速な引出し，コールの引上げという要因を抜きには説明しがたいように思われる[40]。また，地方での休業が小規模銀行に偏って生じていることも（是永・長瀬・寺西 2001），同業者預金引揚げのインパクトを示唆しているように思われる。

　第1波と第2波のいま一つの違いは，パニック終息の原因の違いにある。まず，第1波について見ると，パニックは震災手形処理法案が貴族院で可決された3月23日に終息している。おそらく未償却の震災手形とほぼ同額の政府補償が確定したことによって，銀行資産の質に関する預金者の評価が変わったのであろう。

　これに対して，第2波のパニックは震災手形に関連して，問題を抱える近江，十五の2銀行が休業しても収まることなく，逆にその後で急激に過激化している。このパニックはモラトリアムによって，ひとまず中断されたが，モラトリアム期間終了後の5月12日にはまったく事態が平静化しており，なんら混乱はなかったと言われる。この理由は，モラトリアム期間中に急遽立法化され，5月9日に公布施行された特融法にあると考えられる。これにより日銀の「最後の貸し手」機能が陽表的に制度化されたわけであり，機能低下した銀行間貸借市場に替わって日銀による流動性供給機能が担保されることでパニックが終息したのである[41]。

　ところで，日銀がこうむるかもしれない損失の政府補償額の上限は5億円

39　大佐（1976），進藤（1987）などは，金融恐慌が都市に集中的に生じた現象であり，地方ではさほど出なかったと主張する。しかしこの仮説を検討した石井（2001）は否定的評価を下している。

40　ただし石井寛治は地方への危機の広がりの理由を，銀行間の資金の流れの変化に関連付けるのではなく，地方でも第一次世界大戦終了後に不良資産が蓄積していたことに求めているようである（石井 2001，16頁）。この点の吟味は今後の課題である。

41　台湾銀行に対しては別に「台湾の金融機関に対する資金融通に関する法律」が同じ5月9日に公布施行された。

とされたが，その額は次のようにして算出されたと高橋蔵相は説明した。すなわち，1926年末の全国銀行の預金総額は120億であったがそれを100億円とみなし，その50%が引き出され，日銀の損失をその10%として計算し，5億円の限度を定めた（5月5日の高橋蔵相の議会答弁：朝日新聞経済部1928，104頁：日本銀行調査局1933，58頁）。この計算の前提として，全国の銀行のすべての預金の引出しの潜在的可能性までもが考慮されていたということは注目に値する。少なくとも当時の政策当局者は，モラトリアム以後の時期では，恐慌の効率性などよりも恐慌の全国的波及という合理性の仮定を以っては説明しがたい事態を念頭に行動していたのである。

　短期金融市場が脆弱な金融組織では，人々の銀行の期間変換機能に対する懐疑が生じやすく，その場合パニックは自己実現的な金融危機に至る可能性がある。戦前日本の金融恐慌ではこうした一面が否定しがたいように思われる。われわれの示唆した点が正しいとすれば，金融恐慌が効率化の効果を持ったという通説は今一度吟味されねばならないことになる。そして，そうした一面を持ったという意味で，預金者による銀行のモニターに依存した戦前期の資源配分機構は必ずしも効率的とは言えない側面も持っていたと言えよう[42]。

5　おわりに

　戦前期にはもちろん預金保険制度などは存在しなかった。預金保険制度が日本で導入されたのは1971年のことである。この時一番問題となったのは，この制度によって預金者が安心し，金融機関に対するモニターに怠慢になってしまうのではないかということであった。しかしながら本章の分析結果はこうした心配が杞憂であったことを示唆している。すなわち，預金保険制度がなくとも預金者による金融機関に対するモニターは必ずしも十分なものではなかったことが，戦前期の経験から示されたからである。すなわち銀行の

42　寺西（2011）では，是永・長瀬・寺西（2001）に基づき金融恐慌時の金融機関の休業確率や預金変化率などについての計量分析結果を詳しく論じた。ただしそれは主として今後の計測方法に関する方針を論議したものであり，暫定的な議論の側面を持っているので本章では省略した。

リスキーな貸出行動に対して疑念を抱いた預金者がその預金を引き揚げる行動をとっても，銀行はそうした預金者の発したシグナルに必ずしも適切に反応することはなく，（おそらくはさらなる高利で）預金取入れの拡大を控えることはなかったからである。また，金融機関システムのリスクに際して，預金者は我先に銀行で預金の取付けに走り，さもなくば健全な資産構造を持っていた銀行を群衆心理でもって倒産に追いやった可能性も，金融恐慌時の預金者行動から示唆された。こうした戦前期の預金者の行動は，預金者による金融機関の規律付けが期待したほどのものではない可能性を示している。預金保険制度について言うなら，やはりそれは金融システムの安全性を確保するためには必要な制度であるということが言えよう。

　資産家による株式投資と一般家計による預金保有という戦前期のリスクマネー供給方式は，1890年公布の『銀行条例』と93年公布の『取引所法』のもとでのいわば「フリーな」金融制度が人々の自由なリスクテークを可能にし，大量のリスクマネーの供給をもたらしたことは事実であろう。しかしそのシステムはシステム自体の安定の意味では必ずしも十分なものとは言えなかった。金融恐慌はそうした金融システムの一つの限界を露わにしたものであったと言えよう。金融恐慌の真っただ中で立法過程が進行した『銀行法』はこうした問題への一つの有効な対処法であった。1927年公布の銀行法のもとでの金融システムは戦後の高度成長後の81年まで維持された。

> ＊　本章の分析部分は寺西（2011）『戦前期日本の金融システム』（岩波書店）第
> Ⅱ-Ⅳ章「預金市場とリスク」を若干の手を加えて再録したものである。しかし
> 分析結果の評価は，分析の現代的意味を考えるという視点から行っており，寺西
> （2011）とは，矛盾するものではないが，必ずしも同一ではない。

参考文献

浅井良夫（1978）「1910〜20年代における支店銀行制度の展開と都市金融市場」『成城大学経済研究』第59・60号，307-340頁。

浅井良夫（1986）「金融財閥としての確立」由井常彦編『安田財閥』日本経済新聞社，278-339頁。

朝日新聞経済部編（1928）『朝日経済年史（第1回）』朝日新聞社。

池田成彬（述）柳沢健（編）（1949）『財界回顧』世界の日本社。

石井寛治（2001）「戦間期の金融危機と地方銀行」石井寛治・杉山和雄編『金融危機

と地方銀行——戦間期の分析』東京大学出版会，3-22 頁。

井上準之助論叢纂会編（1926）「現下の金融経済問題」『井上準之助論叢』第 2 巻，459-487 頁。

伊牟田敏充（2001）「銀行整理と預金支払」石井寛治・杉山和雄編『金融危機と地方銀行——戦間期の分析』東京大学出版会，23-50 頁。

永廣顕（2000）「金融危機と公的資金導入——1920 年代の金融危機への対応」伊藤正直・靎見誠良・浅井良夫編著『金融危機と革新——歴史から現代へ』日本経済評論社，109-138 頁。

大佐正之（1976）「金融恐慌」『拓殖大学論集』第 104・105 号，189-217 頁。

岡田和喜（1987）『預金協定の史的展開——地方銀行と「預金協定」』有斐閣。

小川郷太郎（1930）『新銀行法理由』日本評論社。

織田誠夫（1953）『人間安田善次郎』経済展望社。

後藤新一（1970）『日本の金融統計』東洋経済新報社。

是永隆文・長瀬毅・寺西重郎（2001）「1927 年金融恐慌下の預金取付け・銀行休業に関する数量分析——確率的預金引出し仮説対非対称情報仮説」『経済研究』第 52 巻 4 号，315-332 頁。

鎮目雅人（2009）『世界恐慌と経済政策——「開放小国」日本の経験と現代』日本経済新聞出版社。

志村嘉一（1969）『日本資本市場分析』東京大学出版会。

進藤寛（1987）「昭和恐慌期における休業銀行・開店休業銀行の実態と影響」『地方金融史研究』第 18 号，101-126 頁。

杉山和雄（2001）「休業銀行監理法の制定問題」石井寛治・杉山和雄編『金融危機と地方銀行——戦間期の分析』東京大学出版会，51-76 頁。

住友銀行史編纂委員会編（1955）『住友銀行史』住友銀行史編纂委員会。

高橋亀吉（1931）『日本金融論』東洋経済出版部。

高橋亀吉（1955）『大正昭和財界変動史（中）』東洋経済新報社。

高橋亀吉・森垣淑（1993）『昭和金融恐慌史』講談社。

靎見誠良（1981）「第一次大戦期金利協定と都市金融市場（上）」『金融経済』第 188 号，1-50 頁。

靎見誠良（1991）『日本信用機構の確立——日本銀行と金融市場』有斐閣。

寺西重郎（1982）『日本の経済発展と金融』岩波書店。

寺西重郎（1991）『工業化と金融システム』東洋経済新報社。

寺西重郎（2011）『戦前期日本の金融システム』岩波書店。

東京手形交換所（1937）『東京手形交換所五十年史（未定稿）』（発行年は全国銀行協会連合会調査部編の『社団法人東京手形交換所五十年史』1 頁に「文中「現在」とあるのは昭和 12 年 11 月ごろ」とあるのに拠った）。

日本銀行調査局編（1969）「諸休業銀行の破綻原因及び其整理」（1928 年）『日本金融史資料　昭和編』第 24 巻，大蔵省印刷局，168-529 頁。

日本銀行調査局編（1969）「関東大震災より昭和二年金融恐慌に至る我財界」（1933

年）『日本金融史資料　昭和編』第 24 巻，大蔵省印刷局，1-167 頁。

日本銀行調査局編（1969）『日本金融史資料　昭和編』第 25 巻，大蔵省印刷局。

日本銀行調査局編（1969）『日本金融史資料　明治大正編』第 6 巻，大蔵省印刷局。

堀内昭義（1998）『金融システムの未来——不良債権問題とビッグバン』岩波書店。

松村秀夫（1956）「戦前における銀行間預金金利の格差について」『金融』第 115 号，16-28 頁。

水野淳二（1924）『銀行預金實務誌』文雅堂。

三井銀行八十年史編纂委員会編（1957）『三井銀行八十年史』三井銀行。

迎由理男（2002）「合同後の安田銀行——預金・貸出分析を中心に」『地方金融史研究』第 33 号，1-37 頁。

安田善次郎（1911）『富之礎』昭文堂。

矢野竜渓（1925）『安田善次郎伝』安田保善社。

山崎廣明（2000）『昭和金融恐慌』東洋経済新報社。

Calomiris, C. W. and G. Gorton（1991）"The Origins of Banking Panics: Models, Facts, and Bank Regulation," in R. G. Hubbard（ed.）*Financial Markets and Financial Crises*, University of Chicago Press, pp. 109-173.

Diamond, D. W. and P. H. Dybvig（1983）"Bank Runs, Deposit Insurance, and Liquidity," *Journal of Political Economy*, Vol. 91, No. 3, pp. 401-419.

Yabushita, S. and A. Inoue（1993）"The Stability of the Japanese Banking System: A Historical Perspective," *Journal of the Japanese and International Economies*, Vol. 7, No. 4, pp. 387-407.

第Ⅱ部　日本の経済社会システムの課題

第4章

非上場企業におけるコーポレート・ガバナンス

福田慎一・粕谷宗久・中島上智

本章の要旨

　近年の金融システムにおいては，企業統治（コーポレート・ガバナンス）の強化が，余剰資金を成長資金へと振り向ける一つの有効な手段として注目を集めている。本章では，金融危機が発生し，不良債権問題が深刻化した1997〜2002年度を対象として，日本の非上場企業のパフォーマンスの決定要因を，ガバナンス構造（株式所有構造）に注目して考察する。一般に，中堅・中小の非上場企業は，潜在的な成長可能性が高い企業が多い反面，上場企業と比べてその株式所有構造が特殊な企業が多い。このような非上場企業のトービンの q の決定要因を推計した場合，非上場企業の株式所有構造は，財務データなど標準的な財務変数に加えて，各非上場企業のパフォーマンスに対して有意な影響を及ぼすことが明らかになった。ただし，その影響は，企業の業績が良い場合と悪い場合とで，まったく異なっていた。これらの結果は，伝統的にうまく機能していた日本の非上場企業のガバナンス構造が，デフレ下の日本経済では逆にその業績を大きく低迷させた可能性を示唆するものである。

1 はじめに

1990 年代初頭にバブルが崩壊して以降の日本経済では，企業業績の低迷が深刻な問題であった。当時の企業業績の低迷の大きな原因の一つは，マクロのファンダメンタルズ（基礎的条件）の悪化である。資産価格の下落，アジア危機，全要素生産性（TFP）の伸びの鈍化など，マクロ的な経済環境の悪化により，日本企業の収益が減退した影響は小さくない。また，不良債権問題やそれに起因する銀行貸出の低迷などの金融面の問題も，中堅・中小企業を中心に資金繰りを悪化させ，借り手企業のパフォーマンスに少なからず影響を及ぼしたと考えられる。しかしながら，デフレ下の日本経済では，逆風の外的環境に直面しながらも，危機的状況からうまく脱することができた企業（「勝ち組」）もあれば，そうでない企業（「負け組」）もあった。そして，そのような日本企業のパフォーマンスの差異には，各企業のガバナンス構造の差異も少なからず影響を与えたと考えられる。

本章の目的は，日本経済で金融危機が発生し，不良債権問題が深刻化した1997〜2002 年度を対象として，日本の非上場企業のパフォーマンスの決定要因を，ガバナンス構造（株式所有構造）に注目して考察することにある。一般に，中堅・中小の非上場企業は，潜在的な成長可能性が高い企業が多い反面，上場企業と比べてその株式所有構造が特殊な企業が多い。また，発行済み株式の流動性もほとんどないため，一般投資家が資金運用を目的として非上場企業の株主となることもきわめて稀である。われわれが対象とした非上場企業でも，特定の個人株主や親会社の持ち株比率がきわめて高い企業や，従業員持ち株比率が高い企業など，上場企業では見られない株式所有構造の企業が数多く存在している。極端に偏った株式所有構造が企業のパフォーマンスにいかなる影響を与えたのかは，株式所有構造が分散している上場企業を対象とした分析では行うことができない[1]。分散所有型の株式所有構造と集中所有型の株式所有構造とを比較してどちらが有効なコーポレート・ガバナンスを達成できるかを考察することは，非上場企業を分析対象とすることではじめて可能となる興味深い研究テーマであると言える。

一般に，特定の個人株主や親会社の持ち株比率に企業の支配権が集中する

ことは，良い面と悪い面とがある。良い面としては，利害関係者間の調整に伴う各種のエージェンシー・コストが少なくて済むという点を指摘できる。たとえば，所有と経営の分離が進んだ企業では，所有者が経営者の行動をモニターすることは容易ではなく，経営者が所有者の利害に反する行動をとることによってパフォーマンスが低迷する可能性がある。これに対して，所有が集中している企業では，経営者が所有者の利害に反する行動をとることは難しい。その結果，利害調整に伴うパフォーマンスの低下も少なく，経営者の意思決定もスピーディーに行われると考えられる。

　一方，悪い面としては，特定の所有者の意向に沿って，独善的な経営が行われてしまう弊害を指摘できる。所有が集中している企業では，大株主が役員であるケースが多いなど，外部のモニタリングも働きにくい。したがって，客観的に見て企業経営が悪い方向に進んでいる場合でも，外部からの規律付けによってそれを修正することは容易ではない。この弊害は，外部への企業情報の開示の義務がほとんどない非上場企業でより深刻であると考えられ，企業パフォーマンスの低下につながる可能性も高い。

　そこで，本章では，資本金1億円以上の非上場企業を対象として，企業価値を表す代表的な経済指標であるトービンの q に，財務データなど標準的な財務変数に加えて，非上場企業の株式所有構造がどれだけ有意な影響を及ぼすかを考察する。これまでの研究でも，金融機関や内部経営者の株式保有比率の影響を分析した Lichtenberg and Pushner（1994）やメイン・バンクによるガバナンス構造を分析した Morck, Nakamura and Shivdasani（2000）など，日本企業のガバナンス構造がそのパフォーマンスに与えた影響を考察した研究は枚挙にいとまがない（その他の文献に関しては，たとえば，花崎・寺西（2003）や宮島（2011）所収の論文や小佐野（2001）の参考文献を参照のこと）。また，宮島・保田（2015）は，1990年代以降の機関投資家の増加が企業を改善させたかどうかを包括的に分析している。しかし，日本の中堅・中小企業の

---

1 La Porta, Lopez-De-Silanes and Shleifer（1999）は，OECD 27カ国の上場大企業上位20社の株式所有構造を調べている。その結果によると，日本は，20％以上の大株主がいない企業の割合では英国に次いで高く，10％以上の大株主がいない企業の割合でも英国，米国，オーストラリアに次いで高いなど，所有と経営が分離した国となっていた。

非上場企業を対象とした分析は，データの入手が容易ではないため，非常に限られている。とくに，個別の中堅・中小企業の財務データを時価評価し，その株式所有構造にまで注目した分析は，先行研究ではほとんど存在していない。

　本章の分析から，以下のようなことが確認された。まず，非上場企業のトービンの q の決定要因を推計した場合，非上場企業の所有構造は，財務データなど標準的な財務変数に加えて，各非上場企業のパフォーマンスに対して有意な影響を及ぼすことが明らかになった。ただし，その影響は，企業の業績が良い場合と悪い場合とで，まったく異なっていた。とくに，特定の個人株主や親会社の持ち株比率の上昇は，業績が良い企業ではプラスに働いた反面，業績が悪化した企業では逆にマイナスに働いていた。本稿の結果は，伝統的にうまく機能していた日本の非上場企業におけるゆがんだガバナンス構造が，デフレ下の日本経済では逆にその業績回復を大きく制約した可能性を示唆するものである。

　近年，日本企業のコーポレート・ガバナンスをいかに強化するかは，重要な政策課題の一つとなっている。たとえば，2014（平成26）年6月24日に閣議決定された「日本再興戦略」改訂2014では，日本企業の「稼ぐ力」，すなわち中長期的な収益性・生産性を高め，その果実を広く国民（家計）に均霑させるには，「まずは，コーポレートガバナンスの強化により，経営者のマインドを変革し，グローバル水準のROEの達成等を一つの目安に，グローバル競争に打ち勝つ攻めの経営判断を後押しする仕組みを強化していくことが重要である」と指摘している。しかし，これまでの議論の大半は上場企業を対象としたもので，非上場企業のコーポレート・ガバナンスのあり方を論じたものは非常に限られている。しかし，企業が，株主をはじめ，さまざまなステーク・ホールダーの立場を踏まえたうえで，透明・公正かつ迅速・果断な意思決定を行う仕組みを確立することは，上場企業だけでなく，非上場企業であっても重要であることには変わりはない。本章の議論は，非上場企業のガバナンスの本格的な考察に向けた第一歩の分析と言える。

　本章の構成は，以下の通りである。まず，第2節では本章で検討する理論仮説を提示する。また，第3節では基本モデルとなる推計式および使用したデータを，第4節では対象とした非上場企業の株主情報およびその分布状況

を，それぞれ説明する。次に，第5節で，本章の主たるテーマについて個票データを使った推計結果を示す。第6節ではトービンの q 以外の指標への影響を，また第7節では間接所有も考慮した株式所有構造の影響をそれぞれ検討する。第8節では，企業群の分類方法に対する結果の頑健性をチェックする。最後に第9節では，本章のまとめを行うと同時に，残された課題について検討する。

2 コーポレート・ガバナンスを巡るいくつかの視点

本章の目的は，1997～2002年度における非上場企業のパフォーマンスの決定要因を，ガバナンス構造に注目して検証することにある。以下では，(1)親会社，(2)個人株主，(3)金融機関（とくに，メイン・バンク），(4)外資，(5)従業員持ち株会，(6)政府・公団，の六つの経済主体の持ち株比率に焦点を当て，これらによるガバナンスが非上場企業のパフォーマンスに有意な影響を与えたかどうかを検討する。

2.1 親会社によるガバナンス

一般に，日本企業は，子会社・関連会社のネットワークを持つ企業グループを形成することが多い。このような親会社・子会社の関係は，上場企業間でも見られるが，上場企業が親会社として非上場企業の株式の大半を所有して子会社化するという形態がより顕著である。親会社は，子会社に各種の権限を付与し自立的な経営を許容する一方で，さまざまなモニタリングを行い，子会社の経営をコントロールし，規律付けを行っている。子会社のパフォーマンスが悪化した場合，親会社は役員を派遣し，社長や代表取締役を交代させるなど，子会社の業績改善に向けたさまざまな取組みに関与することも少なくない（Aoki 1984；伊藤・菊谷・林田 2003）。

しかしながら，その一方で，親会社が子会社の決定を覆して，自分にとって都合の良い決定を押し付けてくる可能性もある。親会社が関連会社であれば，取引から得られる利益さえ得られれば，子会社の少数株主の利益を軽視することもあろう。また，親会社の業績が悪化した場合，親会社は子会社に損失を転嫁することも考えられる。子会社の業績が恒常的に悪化し，これ以

上，親会社・子会社の関係を維持することが得策ではないと親会社が判断した場合，親会社は子会社のサポートを止めることも考えられる。親会社との取引に大きく依存している子会社は，いわゆるホールドアップ問題のために他の代替的なサポートを受けることが難しく，親会社のサポートがストップすればさらなる業績悪化を招く可能性も高い。したがって，親会社への依存度の強弱は，子会社にとっても望ましい面と望ましくない面の両方が存在すると考えられる。

2.2 個人株主によるガバナンス

　個人投資家は，株式を保有する企業の価値最大化が行われれば株式価値も上昇するので，経営者に効率向上のプレッシャーをかけるという見方がある。しかし，少数で分散した個人株主の集団では，個々人としては経営監視のインセンティブは小さく，経営者への影響力も小さい。これに対して，大口の個人株主は，さまざまなモニタリングを行い，経営をコントロールし，規律付けを行うインセンティブが大きい。大口の株主は，多くの場合，自ら経営に参画して企業価値を高める努力をする一方，会社の業績が悪化した場合，社長や代表取締役を交代させるなど，業績改善に向けたさまざまな取組みに関与することも少なくない。製造業に属する大企業を対象とした Lichtenberg and Pushner (1994) でも，内部経営者の株式保有比率の上昇が企業パフォーマンスにプラスの影響を及ぼすことを明らかにしている。

　しかしながら，その一方で，特定の大株主が，経営陣の決定を覆して，自らの利害関係に基づいた決定を押し付けてくる可能性もある。大株主が複数の会社の所有者である場合に，他の所有会社に便宜を図るようプレッシャーをかけることなどは，その例である。また，大株主自らが経営者である場合，大株主が，自らの名声を高めるために，企業価値を犠牲にすることもあるであろう。大株主が近視眼的な利益を追求する場合，中長期的な視野にたった経営を行うことも難しくなる。

　一般に，大株主自らが経営者である場合，会社の業績が悪化しても経営者を交代させて業績改善を図るといった取組みも行われにくくなる。特定大口株主の行動をほかの株主がチェックし，規律付けることは難しいからである。したがって，特定の個人株主の所有の集中には，悪化した企業のパフォ

ーマンスを改善するうえで望ましくない面が存在すると考えられる。米国の上場企業を対象とした Ofek（1993）の研究でも，企業業績が悪化した場合であっても，内部経営者の持つ株式保有比率が大きい企業ほど，リストラが行われる可能性が低い傾向にあることが示されている。

2.3 金融機関によるガバナンス

メイン・バンクに代表される金融機関は，貸出だけでなく，役員派遣や株式保有を通じて，借り手企業と密接な取引関係を結び，経営者のモニタリングを行っているという見方がある。この見方が正しければ，メイン・バンクを中心とした金融機関による株式保有が多い企業ほど，規律付けされた経営を行っていることになる。これまでの研究でも，Kaplan and Minton（1994）が日本のトップ企業を対象として分析を行い，そのパフォーマンスが低下した場合に，メイン・バンクやグループ企業が取締役を派遣し，これまでの企業トップを更迭することが多いことを示している。Kang and Shivdasani（1995, 1997）も，メイン・バンク関係を持っている企業ほど，企業収益が悪いときにトップ経営者の更迭が生じる可能性が高いことや，資産のダウンサイジングやレイオフの頻度が高いことを示している。

しかし，銀行が保有できる株式は全株式の5%以内に制限されており，その意味で金融機関が株主として経営者へ与える影響力は限定的である。また，日本の上場企業を対象とした Morck, Nakamura and Shivdasani（2000）でも，金融機関の株式保有比率の増加がトービンの q に与える影響は，株式保有比率が低い企業ではマイナスであるが，株式保有比率が高い企業ではプラスに転ずるという非線形な関係が示されている。

とりわけ，非上場企業では，株式が公開市場で取引されていないため，機関投資家としての金融機関による株式保有はきわめて少ない。このため，メイン・バンクに代表される金融機関の株式保有比率が，非上場企業のパフォーマンスを改善するかどうかは，一概には結論付けられないと考えられる。

2.4 外資によるガバナンス

外資系企業は，外国企業によって部分的あるいは全面的に所有されることにより，海外における企業特殊的資産の利用が可能となるため，非外資系企

業とは異なるパフォーマンスを示す可能性がある。また，これまでのさまざまなしがらみにとらわれず，大胆なリストラやビジネスモデルの変更などを比較的容易に行うことができるのも外資系企業の強みかもしれない。

その反面，外資系企業は，日本型企業システムの良い面を有効に活用できないのではないかという懸念もある。また，外資系企業は非外資系の企業に比べて日本市場から撤退しやすいというマイナス面もあるかもしれない。このため，外資の保有株式比率の増加が企業のパフォーマンスを改善するかどうかも，一概には結論付けられないと考えられる。経済産業省の『企業活動基本調査報告書』の個票データを利用して推計した木村・清田（2003）でも，外資系企業は日本企業に比べてさまざまなパフォーマンス指標で高い値を示すものの，外資比率が高ければ高いほどこの傾向が高まるということはないことを示している[2]。

2.5 従業員持ち株会によるガバナンス

日本企業の大きな特徴は，会社が単なる株主のものではなく，そこで働く従業員やその関係者もステーク・ホルダーとして重要な役割を果たしてきた点である。日本型労働システムのもとでは，伝統的に終身雇用制が定着しており，株主や経営者と従業員との間に暗黙的な長期契約が存在していた。経営陣も内部昇進者（あるいは親会社からの派遣）が中枢を占めるところが大半である。このため，外部の株主が過度に経営に関与することは，企業特殊的な技能の形成や労働意欲にマイナスの影響も与えかねない。従業員持ち株会の存在は，そのような日本型労働システムを持つ企業独特の特殊なガバナンス構造とも考えられる。

株式保有を単なる投資と考えた場合，従業員持ち株会の存在は，従業員の所得のリスク分散という観点からは好ましいものではない。しかし，従業員持ち株会は，株主という立場だけでなく，企業価値を企業内部から支えるステーク・ホルダーとして企業のパフォーマンスを改善してきた可能性も否定できない。

---

2 一方，岩壷・外木（2007）は，東京証券取引所の上場企業を対象に分析を行い，因果関係を識別すると，外資の保有株式比率の上昇が日本企業のパフォーマンスを改善させたと指摘している。

小宮（1993）は，日本企業は，所有者である株主の利益最大化という新古典派的な企業像よりも，資本，労働など各生産要素に対する義務的な支出を行った後の残余利潤を，終身雇用制においてコアとなる社員間で分配し，その1人当たりの分配利潤を最大化することを目的とする「従業員管理型企業」というモデルが良く当てはまると指摘している。小宮の議論は，どちらかと言えば大企業を念頭に置いていたものであった。しかし，株主全体の利益と相反する可能性の高い「従業員管理型企業」は，発行済み株式の流動性がきわめて低く，M&Aなどが困難な非上場企業でより妥当性を持つ可能性が高い。従業員持ち株会の役割は，非上場企業でより顕著に観察されている。

2.6 政府・公団によるガバナンス

日本の中堅・中小企業に分類される法人は，必ずしも営利企業とは限らない。いわゆる第三セクターや公社・公団など，地方公共団体が出資する法人は，その典型的なものの一つである。また，実際には営利企業とかなり形態が近い中堅・中小企業でも，その株式の多くが中央政府，地方公共団体，あるいはその関係セクターによって所有されているものも少なくない。

政府あるいはその関係セクターは，民間のように利益追求の必要性は高くない。このため，株主として経営者に効率向上のプレッシャーをかけ，企業価値最大化を目指すインセンティブも必ずしも高くない。ただし，政府が出資する企業では，その負債が事実上の政府保証債と見なされるなど，資金調達面で有利な面もある。どちらの効果が大きいかで，政府・公団の株式保有比率が企業のパフォーマンスに与える効果は異なってくると考えられる。

3 基本モデル

3.1 推計式

以下では，前節で議論した理論仮説をもとに，利潤率や負債比率などファンダメンタルな変数に加えて，企業のガバナンス構造が，トービンの q に代表される企業パフォーマンスの指標に追加的な影響を与えたかどうかを検証する。検証に当たっては，各非上場企業の財務データおよびその株主情報を

利用して，産業ダミーおよび年次ダミーを含む以下のような関数を非バランス・パネル分析によって推計した。

$$Q_{i,t} = \alpha \Pi_{i,t-1} + \beta D_{i,t-1} + \gamma \text{Corp}_{i,t-1} + \delta \text{Dummy}_{i,t-1} + \varepsilon \text{Ind}_{i,t-1} + \phi \text{Main}_{i,t-1}$$
$$+ \eta \text{Bank}_{i,t-1} + \varphi \text{Foreign}_{i,t-1} + \kappa \text{Emp}_{i,t-1} + \rho \text{Gov}_{i,t-1} \qquad (1)$$

ただし，$Q_{i,t}$＝トービンの q，$\Pi_{i,t-1}$＝営業利潤率，$D_{i,t-1}$＝$t-1$ 期末の債務・総資産比率，$\text{Corp}_{i,t-1}$＝法人筆頭持ち株比率，$\text{Dummy}_{i,t-1}$＝100％法人持ち株ダミー，$\text{Ind}_{i,t-1}$＝個人筆頭持ち株比率，$\text{Main}_{i,t-1}$＝メイン・バンク持ち株比率，$\text{Bank}_{i,t-1}$＝メイン・バンク以外の金融機関持ち株比率，$\text{Foreign}_{i,t-1}$＝外国人持ち株比率，$\text{Emp}_{i,t-1}$＝従業員持ち株比率，$\text{Gov}_{i,t-1}$＝政府・公団持ち株比率。また，サブスクリプト i は企業インデックス，サブスクリプト t は期間（年度）をそれぞれ表している。

前期の営業利潤率は将来の利潤と密接に関係しているため，$\Pi_{i,t-1}$ は有意なプラスの影響を与えると予想される。一方，債務・総資産比率の増加は，業績が悪化した企業ではパフォーマンスの悪化を反映したものと言える。また，過剰債務問題が存在すれば，既存の借入額が多い企業では活動が制約されるなど成長可能性の低下要因となる。したがって，これら過剰債務をかかえる企業では，$D_{i,t-1}$ は有意なマイナスの影響を与えると予想される。しかし，業績が好調な企業では，借入れの増加は積極的な収益予想を反映したものとも考えられるため，$D_{i,t-1}$ の影響はプラスにもなりうる可能性もある。

八つの説明変数 $\text{Corp}_{i,t-1}$，$\text{Dummy}_{i,t-1}$，$\text{Ind}_{i,t-1}$，$\text{Main}_{i,t-1}$，$\text{Bank}_{i,t-1}$，$\text{Foreign}_{i,t-1}$，$\text{Emp}_{i,t-1}$，および $\text{Gov}_{i,t-1}$ は，以下の推計式の核となる変数であり，いずれも前節で議論した企業のガバナンス構造を反映した変数の前期末の値である。前節の議論からもわかるように，各ガバナンス変数が企業のパフォーマンスに与える影響は，良い面と悪い面がある。したがって，どちらの効果が強いかに依存して，各ガバナンス変数の効果はプラスにもマイナスにもなりうるものであり，その符号条件は先見的には決定できないものである。

法人および個人の持ち株比率に関しては，比率が20％を超える筆頭株主の持ち株比率を，それぞれ「法人筆頭持ち株比率」および「個人筆頭持ち株比率」と定義している。法人持ち株比率は，金融機関を除く国内事業法人の持ち株比率である。ただし，一部の企業で法人持ち株比率が100％となって

いたので，法人筆頭持ち株比率が100%となる場合に1，それ以外で0となるダミー変数 $\text{Dummy}_{i,t-1}$ を加えることによって，その影響を区別することにした。さらに，金融機関持ち株比率は，証券会社を除く金融機関の持ち株比率であるが，メイン・バンクとそれ以外の金融機関の影響を区別するめ，メイン・バンク持ち株比率（$\text{Main}_{i,t-1}$）とメイン・バンク以外の金融機関持ち株比率（$\text{Bank}_{i,t-1}$）を別々に説明変数に加えることにした。

3.2 財務変数の選択

以下の分析で対象とするのは，福田・粕谷・赤司（2006）や福田・粕谷・中島（2007）と同様に，資本金1億円以上の非上場企業のうち，「東京商工リサーチ」のデータベースから少なくとも5期間のデータが入手可能な企業である。資本金1億円以上の非上場企業は，通常，中堅企業として位置付けられる企業である。しかし，資本金1億円以上であっても，非上場企業である限り，銀行借入以外の外部資金の調達方法がきわめて限られる傾向になると予想される。また，上場企業に比べて開示義務がほとんどないため，コーポレート・ガバナンスの問題を分析するうえでは，きわめて興味深い企業群と言える。

以下では，対象となった非上場企業のうち，①銀行および保険業，②電気・水道，③鉄道，④教育機関，⑤研究所，については，それぞれサンプルから取り除いている。また，説明変数に用いた財務変数のうち，短期・長期借入残高，売上高，営業利益，支払利息，流動資産のいずれか一つでもゼロとなっている期のデータは，サンプルから除外した。

分析では，1997～2002年度のトービンの q を，その前年度（決算期）の財務データと経済主体別の株式保有比率の情報を使って推計する。ただし，通期でデータが利用可能な企業は多くないため，データは非バランス・パネルデータである。各財務データは決算データによるが，データが年2回入手可能な場合には決算月数の多いものを用いた。また，資本ストックの時価評価およびトービンの q の算出に際しては，各企業で1997年度以前のデータが利用可能であれば最長1984年度まで遡ったデータを利用して計算を行っている。

式(1)の被説明変数のトービンの q は，将来利益の割引現在価値を有形固定

資産（除く土地）の再取得価格で除することによって計算した。ただし，各非上場企業の将来利益の割引現在価値は直接観察や計測することはできない。そこで，われわれの推計では，Abel-Blanchard 法（Abel and Blanchard 1986）に従って各企業の将来の利益（税引き後利益）の流列を推計し，その結果を使って各企業の将来利益の予測値の割引現在価値を計算した。基本系列では，将来の利益の流列の推計は，税引き後利益の一階の階差に対して AR モデルを推計することによって行った[3]。また，参考系列として，税引き後利益がランダム・ウォークに従うと仮定したケースも計算した[4]。ただし，いずれの系列でも，税引き後利益の通期平均がマイナスとなる企業はサンプルから除いた。（詳しくは，補論を参照）。また，有形固定資産（除く土地）の再取得価格は，1985 年以降の簿価系列を Hayashi-Inoue 型（Hayashi and Inoue 1991）の恒久棚卸法を使って時価系列に変換したものを用いた（詳しくは，補論 2 を参照）。

　一方，「営業利潤率」は，営業利益を時価評価した資本ストックで除すことで正規化した値を用いた。また，「債務・総資産比率」は，総借入金残高を総資産の合計で除したものである。ただし，総資産は，有形固定資産部分だけは時価で再評価した値を用いている。推計では，同時性バイアスの問題を回避するため，すべての説明変数は一期のラグをとって推計を行った。

　異常値による振れを回避するため，トービンの q（$Q_{i,t}$）あるいは正規化した営業利潤率（$\Pi_{i,t-1}$）の絶対値が 20 を上回るサンプル，また債務・総資産比率が 20 を上回るサンプルに関しては除外した。また，財務データが利用可能な場合でも，大株主の持ち株比率が判明しない企業は分析の対象から除外した。以上のサンプルセレクションから，分析に用いた企業数は，基本系列で 1589 社，参考系列で 1785 社である。表 4-1 は，全サンプル企業について，各財務変数のサンプル属性を示したものである。表 4-1 からわかるように，各財務変数の値は企業ごとに大きなばらつきがある。とくに，トービン

3　具体的には，まず AR (3) を当てはめて，ダービン・ワトソンの系列相関検定および流列が非定常となる単位根検定をクリアしない場合は，次数を増やしていき，クリアした時点の次数を選択した。ただし，AR (5) にしても，両検定をクリアしない企業に関しては，サンプルから除外した。

4　同様の仮定は，Blanchard, Rhee and Summers（1990）らで用いられている。

第 4 章　非上場企業におけるコーポレート・ガバナンス　　95

表 4-1　財務変数サンプル属性

(a)　基本系列におけるサンプル（n=6,706）

変　数	平　均	標準偏差	最小値	中央値	最大値
トービンの q（基本系列）	1.929	2.580	− 19.736	1.405	19.872
営業利潤率	0.412	1.128	− 16.680	0.202	19.859
債務・総資産比率	0.311	0.229	0.000	0.292	1.832
投資比率	0.061	0.521	− 0.939	− 0.009	19.059

(b)　参考系列におけるサンプル（n=7,479）

変　数	平　均	標準偏差	最小値	中央値	最大値
トービンの q（参考系列）	2.061	3.049	− 19.882	1.432	19.825
営業利潤率	0.428	1.164	− 16.680	0.207	19.859
債務・総資産比率	0.302	0.228	0.000	0.282	1.928
投資比率	0.063	0.511	− 0.977	− 0.008	19.059

の q の標準偏差は，異常値修正後であるにもかかわらず依然として大きい。しかし，トービンの q の平均値は 1.9 から 2.0 程度，中央値が 1.4 程度となっている。これらの値は，これまでの研究で報告されてきた上場企業のトービンの q より大きいが，非上場企業の潜在成長率が高いと考えれば概ね妥当な数字だと言える。

4　株主の情報

4.1　データ・ソース

　本章の目的の一つは，非上場企業のパフォーマンスが，自らの財務変数のみならず，ガバナンス構造からも影響を受けているかどうかを検証することである。分析では，(1)国内事業法人（除く金融機関），(2)個人，(3)メイン・バンクなどの金融機関（除く証券会社），(4)外資，(5)従業員，(6)政府・公団，の六つの経済主体の持ち株比率に焦点を当て，これらによるガバナンスが非上場企業のパフォーマンスに有意な影響を与えたかどうかを検討する。理論的には，企業のパフォーマンスがそのガバナンス構造に影響を与えるという逆の因果性も考えられる。しかし，ガバナンス構造は，トービンの q や利潤率など企業のパフォーマンスを示す指標よりも，時間を通じてはるかに安定し

ている。また，推計では，説明変数に用いた持ち株比率は，すべて一期前の決算日の時点のものを用いている。したがって，われわれの推計で逆の因果性が発生する可能性は完全には否定できないものの，それによる同時性バイアスは小さいと考えられる。

1996～2001年度の各年度における各非上場企業の株主に関する情報は，まず「東京商工リサーチ」の『CD Eyes』各号から収集し，それで判明しない分は東洋経済新報社『会社四季報　非上場企業版』によって補足した。『CD Eyes』には，大株主は最高8名まで記載されている。各大株主の持ち株比率まで判明した企業は，『CD Eyes』に掲載された資本金1億円以上の非上場企業のうちの半分以下であった。しかし，各大株主の持ち株比率が判明しない企業を分析の対象から除外しても，基本系列で1589社，参考系列で1785社のデータで分析が可能であった。

非上場企業を対象としているため，全体として，所有がきわめて集中した企業が多く，大半は大株主の数が5名以内，全体の4分の1弱では大株主が1名であった。また，非上場企業の大株主として典型的に見られるパターンの一つとして，役員が大株主になっているケースがある。役員が大株主である企業は，所有と経営の分離がない興味深いケースである。われわれの分析対象とした非上場企業では，個人筆頭株主の88.4％が役員であった。したがって，役員が大株主であることの影響は，個人筆頭株主の影響でほぼ捉えられていると考えられる。

各年度における「メイン・バンク」は，『CD Eyes』各号に掲載された取引先銀行のうち，最初に記載された取引先銀行（ただし，公的金融機関を除く）として定義した。この定義では，メイン・バンク関係の強弱を把握することができず，取引銀行が記載されていない企業を除けばすべてメイン・バンクが存在することになる。これは，取引銀行ごとの融資残高がわからないというデータ上の制約に起因する限界と言える。なお，ごく一部の企業で，特殊事情によって個別の銀行の持ち株比率が5％以上となっているケースが存在したが，それについては銀行の持ち株比率を5％にカットして推計を行った。

4.2 持ち株比率の分布

図 4-1 には，われわれが分析対象とした非上場企業について，(a)筆頭株主，(b)国内事業法人，(c)個人（国内），(d)金融機関（ただし，証券会社は除く）それぞれの持ち株比率の分布状況が，ヒストグラムとしてまとめられている。また，図 4-1 には，比較のため，日本政策投資銀行の企業財務データベースで利用可能な上場企業（原則として，一部・二部上場の非金融機関すべて）に関して，同様の持ち株比率の分布（ただし，メイン・バンクと従業員持ち株会以外の持ち株比率を除く）を，一部上場企業と二部上場企業それぞれ同時にヒストグラムとしてまとめてある[5]。

図 4-1 のヒストグラムからまずわかることは，分析対象とした非上場企業では，特定の株主に対する集中度が，上場企業よりもはるかに高いということである。たとえば，筆頭株主の持ち株比率の分布を見ると，上場企業では 10% 未満が大半で，60% を超える企業は一部上場ではほとんど存在せず，二部上場でもごくわずかである。これに対して，非上場企業では，逆に 10% 以上の企業が大半で，60% 以上を超える企業も少なくない。筆頭株主の持ち株比率が 100% である企業も，非上場企業の 2 割弱存在する。

非上場企業における特定の株主による所有の集中は，(国内事業)法人の持ち株比率の分布で最も明確に観察される。すなわち，われわれが分析対象とした非上場企業では，3 分の 1 弱が法人の持ち株比率 100% の完全子会社であり，それ以外の半分（したがって，全体の約 3 分の 1）も法人持ち株比率（法人大株主の持ち株比率の合計）が 40% 超である。これに対して，上場企業では，法人の持ち株比率（全法人株主の持ち株比率の合計）が 10% 未満である企業は多くないものの，その比率が極端に高いものはきわめて少ない。この傾向は，一部上場企業でより顕著で，法人の持ち株比率は，10%〜20% が最も多く，続いて 20%〜30%，30%〜40%，0%〜10% の順になっている。所有の分散した大企業では比較的少ない持ち株比率でも株主は経営に影響力を与えることができるということはあるが，それを加味しても，非上場企業の集中度は上場企業に比べてはるかに高いと言えるであろう。

---

5 ただし，持ち株比率の分布は，非上場企業では大株主の持ち株比率に依拠して計算したのに対して，上場企業ではその他株主の持ち株比率の情報も利用されているため，単純な比較ができないことには注意が必要である。

98 第Ⅱ部 日本の経済社会システムの課題

図 4-1 持ち株

(a) 筆頭株主の持ち株比率

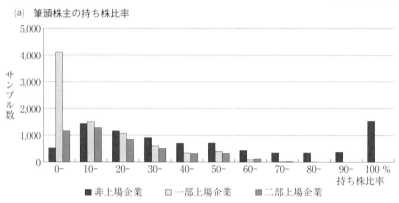

(b) (国内事業) 法人の持ち株比率

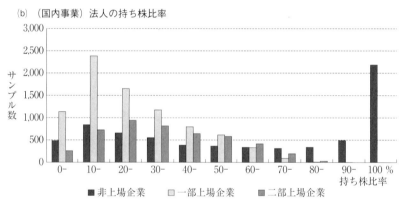

(出所) 『CD Eyes』各号などに基づき,筆者たちが作成。

　これに対して,個人株主に関しては,持ち株比率は上場企業よりも非上場企業の方がむしろ低い傾向にある。非上場企業の中には,個人株主の持ち株比率が100%となるオーナー企業が全体の7%弱存在する。これは,上場企業ではまったく観察されない興味深い特徴である。しかし,非上場企業全体として見ると,個人大株主の持ち株比率は,個人大株主が存在する企業に限っても,合計で0%～10%と10%～20%が最も多く,続いて20%～30%,30%～40%の順になっている。半数以上の非上場企業で,個人株主の名前が大株主のリストには存在しない。一方,上場企業の個人株主の持ち株比率(全個人株主の持ち株比率の合計)は,一部上場では20%～30%と30%～40%

比率の分布

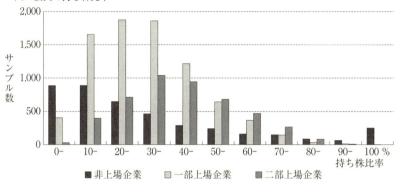
(c) 個人の持ち株比率

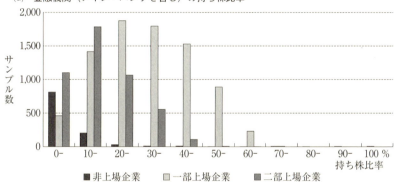
(d) 金融機関（メイン・バンクを含む）の持ち株比率

が最も高く，二部上場では30％〜40％が最も多くなっている。上場企業では特定の個人株主が大きなシェアを持つケースは稀なものの，幅広く株式が保有される結果として，個人投資家全体のシェアも高くなっているものと言える。

一方，金融機関の持ち株比率は，非上場企業よりも上場企業ではるかに高い。大株主リストに金融機関の名前がある企業に限定しても，非上場企業における金融機関全体の持ち株比率は，10％未満の企業が大半で，20％を超える企業はほとんどない。非上場企業全体の87％で，金融機関の名前が大株主のリストには存在しない。これに対して，上場企業全体として見ると，金融機関の持ち株比率の合計は10％〜20％が最も多いものの，30％を超え

る企業も全体の半分近く存在している。金融機関の持ち株比率の高さは，金融機関の株式保有に関して総量規制がなかった日本の特徴であるが，上場企業で観察されているこのような特徴がもはや非上場企業では観察されないことが示唆される。非上場企業の株式は，流動性が低く，ごく一部の金融機関を除けば，機関投資家としての金融機関にとって株式を保有する魅力に欠けることが原因の一つと考えられる。

なお，図4-1には示されていないが，外資と政府・公団に関しては，大株主として持ち株比率が観察された企業は，上場企業でもそれほど多くないが，非上場企業ではさらに少なく，全体の2%にも満たない。ただし，外資や政府・公団が大株主となっている非上場企業では，それらの持ち株比率が非常に高い企業も少なからず存在している。外資の100%子会社と思われる企業もいくつか存在している。これらの特徴は，いずれも日本の上場企業では観察されないものである。また，全体の2割程度の非上場企業で，従業員持ち株会が大株主の一つとなっている。その保有比率が30%を超えるケースは稀であるが，10%超の企業は少なからず存在する[6]。

5 基本モデルの推計結果

5.1 企業の分類

本章の目的は，非上場企業のパフォーマンスの決定要因を，ガバナンス構造に注目して考察することにある。ただし，第2節で見たように，特定の個人株主や親会社の持ち株比率に企業の支配権が集中することは，良い面と悪い面とがある。とくに，企業業績が好調なときに良い面が顕在化する一方，企業業績が悪化すると悪い面が顕在化する可能性が高い。

そこで，以下では，分析対象とした企業を，(A)業績の良い企業，(B)業績が

---

[6] 全国証券取引所協議会の調査「従業員持ち株状況調査」によると，日本の上場企業の平均では，従業員の加入率は5割近いが，従業員持ち株会保有比率は1%程度にすぎない。また，従業員持ち株会保有比率が5%を超えるケースはほとんどないと言われている。なお，米国では，上場企業と店頭登録企業のうち，従業員が全体の15%以上の株式を保有している企業は4分の1を超えている。ただし，米国のESOP (Employee Stock Ownership Plan) の果たす機能は，日本の従業員持ち株会とは異なると考えられる。

普通の企業，(C)業績の悪い企業，の三つに分類して，式(1)を推計することとした。企業を分類するに際しては，業績の「良い」，「普通」，「悪い」は，前期の営業利潤率をベースとした。すなわち，前期の営業利潤率に対応して，上位3分の1，中位3分の1，下位3分の1という基準によって対象企業を分類し，それぞれに該当する場合に1，該当しない場合に0の値をとる三つのダミー変数を作った。そして，式(1)の推計でガバナンス構造がどのような影響をトービンの q に与えたかを，財務変数とガバナンス構造を表す六つの説明変数に係数ダミーを加えることによって検討した。

　われわれの基本モデルの推計結果が，表4-2にまとめられている。表4-2では，各企業群における二つの財務変数と八つのガバナンス構造変数に対応した推計値は，それぞれ，基準となる推計値に係数ダミーの推計値を合算した値として表示されている。また，標準偏差および統計的有意性も，それら合算値に対応するものとして計算してある。したがって，表4-2の推計値から，各企業群において財務変数とガバナンス構造変数がそれぞれトービンの q にどのような影響を与えているかを直接見ることができる。

　結果は，基本系列を用いた場合(a)も，参考系列を用いた場合(b)も，基本的に同じであり，おおむね予想された通りの符号をとっている。まず，営業利潤率は，企業業績の良し悪しにかかわらず，いずれもプラスの符号をとっている。これら推定されたパラメーターは，いずれも想定通りの符号条件を満たし，かつすべて5％水準で統計的に有意な影響を与えている。一方，債務・総資産比率は，業績が良い企業群ではプラスの符号をとるものの，業績が中位企業群および下位の企業群ではいずれもマイナスの符号をとっている。とくに，下位の企業群では，符号は1％水準で有意である。業績が中位および下位の企業群では，債務・総資産比率の増加はパフォーマンスの悪化を反映したものと言える。

5.2　法人株主および個人株主によるガバナンス

　われわれの推計結果でより興味深い点は，法人筆頭株主および個人筆頭株主によるガバナンス構造変数が，企業業績の良し悪しに依存して，統計的に有意にゼロと異なる，しかしまったく正反対の符号をとっていることである。すなわち，業績が良い企業群を対象とした場合には，法人株主および個

102　　第Ⅱ部　日本の経済社会システムの課題

表 4-2　基本モデルの推計結果（被説明変数：トービンの q）

(a)　基本系列

被説明変数 (t)：	トービンの q（基本系列）		
サンプル	(A)業績［良］	(B)業績［中］	(C)業績［悪］
説明変数 $(t-1)$	Coefficient (S. E.)	Coefficient (S. E.)	Coefficient (S. E.)
営業利潤率	0.6170 (0.1150)***	0.7947 (0.3370)**	0.8005 (0.3204)**
債務・総資産比率	0.4077 (0.3838)	−0.2583 (0.1963)	−0.7325 (0.2113)***
持ち株比率			
法人・筆頭株主			
（100% 持ち株ダミー）	0.0211 (0.0035)***	0.0021 (0.0013)	−0.0067 (0.0026)**
（それ以外）	0.0161 (0.0035)***	0.0018 (0.0015)	−0.0103 (0.0022)***
個人・筆頭株主	0.0164 (0.0054)***	−0.0022 (0.0017)	−0.0057 (0.0022)**
メイン・バンク	0.1111 (0.0587)*	−0.0214 (0.0233)	−0.1574 (0.0453)***
メイン・バンク以外の金融機関	0.0507 (0.0082)***	−0.0104 (0.0080)	0.0270 (0.0303)
外　資	0.0528 (0.0186)***	0.0109 (0.0044)**	0.0050 (0.0099)
政府・公団	−0.0082 (0.0140)	−0.0139 (0.0111)	0.0003 (0.0042)
従業員持ち株会	0.0223 (0.0089)**	0.0042 (0.0032)	−0.0063 (0.0043)
定数項	1.1078 (0.1381)***		
企業数	1,589		
サンプル数	6,706		

(b)　参考系列

被説明変数 (t)：	トービンの q（参考系列）		
サンプル	(A)業績［良］	(B)業績［中］	(C)業績［悪］
説明変数 $(t-1)$	Coefficient (S. E.)	Coefficient (S. E.)	Coefficient (S. E.)
営業利潤率	0.8693 (0.1321)***	1.1082 (0.3279)***	1.4265 (0.3853)***
債務・総資産比率	0.9034 (0.4356)**	−0.0557 (0.1740)	−0.8951 (0.2033)***
持ち株比率			
法人・筆頭株主			
（100% 持ち株ダミー）	0.0250 (0.0034)***	0.0018 (0.0010)*	−0.0070 (0.0021)***
（それ以外）	0.0183 (0.0035)***	0.0017 (0.0013)	−0.0092 (0.0020)***
個人・筆頭株主	0.0170 (0.0058)***	−0.0020 (0.0018)	−0.0035 (0.0024)
メイン・バンク	0.0753 (0.0562)	−0.0103 (0.0229)	−0.1778 (0.0421)***
メイン・バンク以外の金融機関	0.0273 (0.0093)***	−0.0116 (0.0094)	0.0317 (0.0321)
外　資	0.0667 (0.0162)***	0.0067 (0.0026)**	−0.0057 (0.0163)
政府・公団	−0.0019 (0.0116)	−0.0099 (0.0109)	0.0047 (0.0047)
従業員持ち株会	0.0150 (0.0080)*	−0.0003 (0.0027)	−0.0054 (0.0042)
定数項	1.1145 (0.1282)***		
企業数	1,785		
サンプル数	7,479		

（注）　1)　***，**，*はそれぞれ 1%，5%，10% 水準で有意であることを示す。
　　　2)　「筆頭株主」は株主の中で最大の持ち株比率で，かつ 20% を超えているサンプルを示す。
　　　3)　「業績」は年度別・業種別の営業利益（率）でサンプルを 3 等分割し，係数ダミーとして 1 本の式で推計している。
　　　4)　タイムダミーおよび産業ダミーの推計値は，スペース節約のため省略している。

人株主の持ち株比率の増加は，いずれも有意なプラスの影響をトービンの q に与えている。また，これらの企業群では，「100% 法人持ち株ダミー」は 0.02 を超えるプラスの符号をとっている。これに対して，業績が悪い企業群を対象とした場合には，法人株主および個人株主の持ち株比率の増加は，いずれも有意なマイナスの影響をトービンの q に与えている。また，これらの企業群では，「100% 法人持ち株ダミー」の符号もマイナスに転じている。

　第 2 節でも述べたように，親会社や個人大株主によるガバナンスの影響は，良い側面と悪い側面がある。良い側面は，親会社や個人大株主が，少数株主に比べてさまざまなモニタリングを積極的に行い，子会社の経営をコントロール・規律付けを行うインセンティブが高い点である。親会社や個人大株主は，多くの場合，自ら経営に参画して企業価値を高める努力をする一方，社長や代表取締役を交代させるなど，業績改善に向けたさまざまな取組みに関与することも少なくない。

　しかしながら，その一方で，親会社や個人大株主は，少数株主の利益を軽視し，自分にとって都合の良い決定を押し付けてくる可能性もある。また，親会社から役員を派遣した場合や大株主自らが経営者である場合，業績が悪化した場合でも，十分な経営陣のリストラを行うことが難しく，さらなる企業価値の低下を招くこともあるであろう。大株主が近視眼的な利益を追求する場合，中長期的な視野に立った経営を行うことも難しくなる。

　表 4-2 の分析結果は，このような親会社や個人大株主によるガバナンスの良い側面は企業業績が良い場合に顕在化する傾向にある反面，業績が悪化した場合には逆に悪い側面が顕在化する傾向にあることを示している。先行研究では，子会社のパフォーマンスが悪化した場合，親会社は役員を派遣し，社長や代表取締役を交代させるなど，子会社の業績改善に向けたさまざまな取組みに関与する可能性が日本企業の特徴として指摘されてきた。しかし，われわれが対象とした非上場企業の結果を見る限り，この可能性は全体としては否定されている。

5.3　法人株主および個人株主以外のガバナンス

　法人株主および個人株主以外のガバナンス構造変数では，外資の持ち株比率と従業員持ち株比率がプラスの影響をトービンの q に与えている。この傾

向は，業績が良い企業群でより顕著であるが，外資の持ち株比率では業績が中位の企業群でも依然として有意なプラスの影響を与えている。この結果は，第2節でも述べた通り，外国企業が保有する企業では外国企業の特殊資産の利用が可能となり，非外資系企業とは異なるパフォーマンスを示す可能性を示唆するものである。ただし，われわれの推計結果では，業績が悪い企業群では，外資の持ち株比率や従業員持ち株比率の影響は統計的に有意ではない。業績が悪化した場合でも，外資はこれまでのさまざまなしがらみにとらわれず，大胆なリストラやビジネスモデルの変更などを比較的容易に行うことができるという指摘も多いが，われわれの対象とした非上場企業ではその傾向ははっきりしないと言える。業績が悪化した企業群で結果が有意でない原因としては，外資系企業が非外資系の企業に比べて日本市場から撤退しやすいというマイナス面もあるかもしれない。従業員持ち株会を通じた従業員の企業へのロイヤリティーも，業績が悪い企業群では有効に機能していないようである。

　なお，先行研究でしばしば注目されてきたメイン・バンクおよびメイン・バンク以外の金融機関の持ち株比率の影響は，非上場企業を対象としたわれわれの分析でははっきりしたものではない。メイン・バンクおよびメイン・バンク以外の金融機関の持ち株比率の影響は，業績が良い企業群ではプラスとなった。しかし，メイン・バンクの金融機関の持ち株比率の影響は，業績中低度および悪い企業群では逆にマイナスとなった。先行研究では，パフォーマンスが低下した場合に，メイン・バンクが顧客企業の救済およびリストラに関与することが指摘されてきたが，少なくとも持ち株比率という観点からはその役割は非上場企業では否定される。

　これは，上場企業と比較して，非上場企業では金融機関の持ち株比率が高くないという点が影響しているものと考えられる。情報の非対称性や契約の不完備性という観点から見た場合，非上場企業は銀行借入以外の外部資金がきわめて限られるため，資金調達においては銀行借入に大きく依存する傾向がある。したがって，「負債による規律付け」において銀行の果たす役割は，通常，非上場企業の方が大きいと予想される。しかし，株主としての銀行による規律付けは，非上場企業では，業績が悪化した場合でもほとんど働いていないと考えられる。

6 その他の健全性指標への影響

6.1 モデルの定式化

これまでの節では，トービンの q を被説明変数に用いることによって，ガバナンス構造が非上場企業のパフォーマンスに与える影響を考察した。トービンの q を企業のパフォーマンスの指標として用いることは，先行研究では最も一般的である。しかし，われわれが対象としている非上場企業では，株価のデータが利用可能ではないため，これまでの節では，各企業の将来利益の流列を過去および現在の税引き後当期利益を用いて推計し，それを使ってトービンの q を近似している。そこで，この節では，これまでの結果の頑健性をチェックするため，パフォーマンスの指標として営業利潤率（営業利益を時価評価した資本ストックで除すことで正規化した値）および債務・総資産比率（総借入金残高を総資産の合計で除したもの）の二つを被説明変数として用い，ガバナンス構造が非上場企業のパフォーマンスに与える影響を考察する。

営業利潤率は，同じ利潤のデータを用いているので，トービンの q と相関が非常に高い変数である。しかし，将来利益の流列の推計値を用いていない点や，当期利益には含まれる金利収入や特別利益を含んでいないという点で，トービンの q とは異なる指標である。したがって，現在の本業の利益をパフォーマンスの指標として重視する立場に立てば，営業利潤率はより適切な指標とも言える。

一方，債務・総資産比率は，トービンの q や営業利潤率に比べると，企業のパフォーマンスを示す指標としては一般的ではない。そもそも，債務・総資産比率が高い企業でパフォーマンスが低いのか，それとも高いのかさえ，自明ではない。業績が悪化した企業では，債務・総資産比率の増加は，パフォーマンスの悪化を反映したものと言える。一方，業績が好調な企業では，借入の増加は積極的な設備投資を反映したものとも考えられるため，債務・総資産比率が高くなっている可能性もある。しかしながら，これまでの節と同様，企業群を，(A)業績の良い企業，(B)業績が普通の企業，(C)業績の悪い企業，の三つに分類して推計を行えば，このあいまいさは部分的には回避できる。また，ガバナンス構造が非上場企業の債務比率にどのような影響を与え

106 第Ⅱ部 日本の経済社会システムの課題

るかを考察すること自体も興味あるテーマである。したがって，債務・総資産比率を企業のパフォーマンス指標として用いることは，一定の意義があると考えられる。

以下では，営業利潤率または債務・総資産比率を被説明変数として用い，産業ダミーおよび年次ダミーを含む以下の二つの式を非バランス・パネル分析によって推計する。

$$\Pi_{i,t} = \alpha_1 Q_{i,t-1} + \beta_1 D_{i,t-1} + \gamma_1 \text{Corp}_{i,t-1} + \delta_1 \text{Dummy}_{i,t-1} + \varepsilon_1 \text{Ind}_{i,t-1} \quad (2)$$
$$+ \phi_1 \text{Main}_{i,t-1} + \eta_1 \text{Bank}_{i,t-1} + \varphi_1 \text{Foreign}_{i,t-1} + \kappa_1 \text{Emp}_{i,t-1} + \rho_1 \text{Gov}_{i,t-1}$$
$$D_{i,t} = \alpha_2 Q_{i,t-1} + \gamma_2 \text{Corp}_{i,t-1} + \delta_2 \text{Dummy}_{i,t-1} + \varepsilon_2 \text{Ind}_{i,t-1} + \phi_2 \text{Main}_{i,t-1} \quad (3)$$
$$+ \eta_2 \text{Bank}_{i,t-1} + \varphi_2 \text{Foreign}_{i,t-1} + \kappa_2 \text{Emp}_{i,t-1} + \rho_2 \text{Gov}_{i,t-1}$$

ただし，$\Pi_{i,t} = t$ 期の営業利潤率，$D_{i,t} = t$ 期末の債務・総資産比率。また，$\text{Corp}_{i,t-1}$, $\text{Dummy}_{i,t-1}$, $\text{Ind}_{i,t-1}$, $\text{Main}_{i,t-1}$, $\text{Bank}_{i,t-1}$, $\text{Foreign}_{i,t-1}$, $\text{Emp}_{i,t-1}$, $\text{Gov}_{i,t-1}$ は，いずれもこれまでと同じガバナンス構造を表す説明変数である。

6.2 営業利潤率の推計結果

営業利潤率を被説明変数にした場合の推計結果は，表4-3 にまとめられている。結果は，基本系列を用いた場合(a)も，参考系列を用いた場合(b)も，一部の符号条件を除けば，トービンの q を被説明変数として用いたケースとほぼ同じである。とくに，法人筆頭株主および個人筆頭株主によるガバナンス構造変数は，これまでと同様に，企業業績の良し悪しに依存して，まったく正反対の符号をとっている。すなわち，業績が良い企業群を対象とした場合には，法人株主および個人株主の持ち株比率の増加は，いずれも有意なプラスの影響を営業利潤率に与えている。また，これらの企業群では，「100％法人持ち株ダミー」も有意なプラスの符号をとっている。これに対して，業績が悪い企業群を対象とした場合には，法人株主および個人株主の持ち株比率の増加は，いずれも有意なマイナスの影響を営業利潤率に与えている。また，これらの企業群では，「100％法人持ち株ダミー」の符号もマイナスに転じている。したがって，法人株主および個人株主によるガバナンス構造の影響に関しては，パフォーマンス指標としてトービンの q を用いるか営業利潤率を用いるかの選択にはまったく依存しない頑健な結果と言える。

ただし，法人株主および個人株主以外のガバナンス構造変数の影響につい

第4章　非上場企業におけるコーポレート・ガバナンス　107

表4-3　モデルの推計結果（被説明変数：営業利潤率）

(a)　基本系列

被説明変数 (t)：	営業利潤率		
サンプル	(A)業績［良］	(B)業績［中］	(C)業績［悪］
説明変数 $(t-1)$	Coefficient(S. E.)	Coefficient(S. E.)	Coefficient(S. E.)
トービンの q（基本系列） 債務・総資産比率	0.1444(0.0220)*** 0.0226(0.1720)	0.0011(0.0236) −0.0446(0.0675)	0.0793(0.0348)** −0.2011(0.0995)**
持ち株比率 　法人・筆頭株主 　　（100% 持ち株ダミー） 　　（それ以外） 　個人・筆頭株主 　メイン・バンク 　メイン・バンク以外の 　　金融機関 　外　資 　政府・公団 　従業員持ち株会	 0.0042(0.0016)*** 0.0055(0.0020)*** 0.0092(0.0025)*** −0.0053(0.0282) −0.0099(0.0026)*** −0.0030(0.0020) 0.0031(0.0029) 0.0032(0.0036)	 −0.0003(0.0003) 0.0001(0.0004) 0.0005(0.0006) −0.0009(0.0060) 0.0002(0.0017) 0.0000(0.0015) 0.0037(0.0015)** −0.0008(0.0008)	 −0.0026(0.0014)* −0.0017(0.0008)** −0.0027(0.0009)*** −0.0285(0.0122)** −0.0055(0.0023)** −0.0033(0.0013)** 0.0001(0.0011) −0.0058(0.0018)***
定数項	0.0120(0.0692)		
企業数 サンプル数	1,589 6,706		

(b)　参考系列

被説明変数 (t)：	営業利潤率		
サンプル	(A)業績［良］	(B)業績［中］	(C)業績［悪］
説明変数 $(t-1)$	Coefficient(S. E.)	Coefficient(S. E.)	Coefficient(S. E.)
トービンの q（参考系列） 債務・総資産比率	0.1283(0.0152)*** −0.0370(0.1801)	0.0113(0.0131) −0.1369(0.0567)**	−0.0247(0.0326) −0.1870(0.0921)**
持ち株比率 　法人・筆頭株主 　　（100% 持ち株ダミー） 　　（それ以外） 　個人・筆頭株主 　メイン・バンク 　メイン・バンク以外の 　　金融機関 　外　資 　政府・公団 　従業員持ち株会	 0.0037(0.0014)*** 0.0049(0.0016)*** 0.0097(0.0024)*** −0.0207(0.0251) −0.0059(0.0026)** −0.0019(0.0021) 0.0010(0.0023) 0.0053(0.0033)	 −0.0008(0.0003)** −0.0004(0.0004) −0.0001(0.0006) −0.0071(0.0055) −0.0008(0.0018) −0.0005(0.0013) 0.0016(0.0011) −0.0017(0.0008)**	 −0.0029(0.0011)** −0.0017(0.0009)* −0.0026(0.0009)*** −0.0376(0.0134)*** −0.0011(0.0038) −0.0070(0.0044) 0.0002(0.0012) −0.0056(0.0020)***
定数項	0.0774(0.0641)		
企業数 サンプル数	1,785 7,479		

（注）　1)　***, **, *はそれぞれ1%, 5%, 10% 水準で有意であることを示す。

　　　　2)　「筆頭株主」は株主の中で最大の持ち株比率で，かつ 20% を超えているサンプルを示す。

　　　　3)　「業績」は前年度の年度別・業種別の営業利益（率）でサンプルを3等分割し，係数ダミーとして1本の式で推計している。

　　　　4)　タイムダミーおよび産業ダミーの推計値は，スペース節約のため省略している。

ては，パフォーマンス指標として営業利潤率を用いると結果が変わってくる。まず，外資の持ち株比率と従業員持ち株比率の影響については，業績が良い企業群であっても，有意なプラスの影響が観察されない。また，メイン・バンクおよびメイン・バンク以外の金融機関の持ち株比率の影響も，業績が悪い企業群だけでなく，業績が良い企業群でもマイナスとなった。われわれの推計結果では，外資の持ち株比率や従業員持ち株比率，それに金融機関の持ち株比率の増加は，少なくとも短期的な営業利益の改善には役立っていないようである。

6.3 債務・総資産比率の推計結果

　債務・総資産比率を被説明変数にした場合の推計結果は，表4-4にまとめられている。基本系列を用いた場合(a)も参考系列を用いた場合(b)もおおむね同じである。表4-4で最も興味深い結果は，法人筆頭株主によるガバナンス構造の影響が，企業業績の良し悪しに依存して，まったく正反対の符号をとっていることである。すなわち，業績が良い企業群を対象とした場合には，法人筆頭株主の持ち株比率の増加および「100％法人持ち株ダミー」は，いずれも有意なマイナスの影響を債務・総資産比率に与えている。これに対して，業績が悪い企業群を対象とした場合には，法人筆頭株主の持ち株比率の増加および「100％法人持ち株ダミー」は，いずれも有意なプラスの影響を営業利潤率に与えている。

　この結果は，法人筆頭株主の持ち株比率が高い企業では，業績が良いときには負債が少ない反面，業績が悪くなると負債が他企業より増加する傾向にあることを示している。業績が悪化した場合の負債が多いという結果は，親会社からの救済融資が増加することによるとも考えられる。しかし，別の見方をすれば，親会社の持ち株比率が高い企業では，業績が悪化したにもかかわらず，負債の圧縮が十分になされず，中長期的に有益なリストラも十分ではない可能性を示唆しているとも言える。

　一方，個人筆頭株主によるガバナンス構造の影響は，企業業績の良し悪しにかかわらず，有意な正の符号をとっている。ただし，その係数値は業績が良い企業群に比べて悪い企業群の方がはるかに大きい。すなわち，個人筆頭株主の持ち株比率が高い企業では，業績の良し悪しにかかわらず他企業より

第 4 章　非上場企業におけるコーポレート・ガバナンス　**109**

表 4-4　モデルの推計結果（被説明変数：負債・総資産比率）

(a)　基本系列

被説明変数 (t)：	負債・総資産比率		
サンプル	(A)業績［良］	(B)業績［中］	(C)業績［悪］
説明変数 $(t-1)$	Coefficient(S. E.)	Coefficient(S. E.)	Coefficient(S. E.)
トービンの q（基本系列）	$-0.0091(0.0020)^{***}$	$0.0022(0.0041)$	$0.0086(0.0030)^{***}$
持ち株比率			
法人・筆頭株主			
（100% 持ち株ダミー）	$-0.0004(0.0002)^{*}$	$0.0000(0.0001)$	$0.0005(0.0002)^{***}$
（それ以外）	$-0.0010(0.0002)^{***}$	$-0.0001(0.0002)$	$0.0008(0.0002)^{***}$
個人・筆頭株主	$0.0011(0.0004)^{**}$	$0.0023(0.0004)^{***}$	$0.0039(0.0004)^{***}$
メイン・バンク	$0.0031(0.0080)$	$-0.0054(0.0055)$	$0.0226(0.0065)^{***}$
メイン・バンク以外の 　金融機関	$0.0020(0.0020)$	$0.0024(0.0022)$	$0.0041(0.0018)^{**}$
外　資	$-0.0006(0.0010)$	$0.0003(0.0010)$	$-0.0003(0.0009)$
政府・公団	$-0.0053(0.0022)^{**}$	$-0.0035(0.0012)^{***}$	$0.0025(0.0014)^{*}$
従業員持ち株会	$-0.0012(0.0007)$	$0.0011(0.0004)^{***}$	$-0.0006(0.0006)$
定数項	$0.1458(0.0332)^{***}$		
企業数	1,589		
サンプル数	6,706		

(b)　参考系列

被説明変数 (t)：	負債・総資産比率		
サンプル	(A)業績［良］	(B)業績［中］	(C)業績［悪］
説明変数 $(t-1)$	Coefficient(S. E.)	Coefficient(S. E.)	Coefficient(S. E.)
トービンの q（参考系列）	$-0.0062(0.0016)^{***}$	$0.0022(0.0037)$	$0.0043(0.0020)^{**}$
持ち株比率			
法人・筆頭株主			
（100% 持ち株ダミー）	$-0.0007(0.0001)^{***}$	$-0.0001(0.0001)$	$0.0005(0.0001)^{**}$
（それ以外）	$-0.0010(0.0002)^{***}$	$-0.0003(0.0002)$	$0.0008(0.0002)^{***}$
個人・筆頭株主	$0.0011(0.0004)^{**}$	$0.0024(0.0003)^{***}$	$0.0041(0.0004)^{***}$
メイン・バンク	$0.0003(0.0069)$	$-0.0043(0.0048)$	$0.0217(0.0060)^{***}$
メイン・バンク以外の 　金融機関	$0.0022(0.0016)$	$0.0027(0.0022)$	$0.0047(0.0017)^{***}$
外　資	$-0.0002(0.0008)$	$0.0000(0.0009)$	$-0.0004(0.0008)$
政府・公団	$-0.0052(0.0018)^{***}$	$-0.0029(0.0009)^{***}$	$0.0028(0.0014)^{**}$
従業員持ち株会	$-0.0017(0.0006)^{***}$	$0.0005(0.0005)$	$-0.0007(0.0006)$
定数項	$0.1317(0.0308)^{***}$		
企業数	1,785		
サンプル数	7,479		

（注）　1)　***，**，*はそれぞれ 1%，5%，10% 水準で有意であることを示す。
　　　　2)　「筆頭株主」は株主の中で最大の持ち株比率で，かつ 20% を超えているサンプルを示す。
　　　　3)　「業績」は前年度の年度別・業種別の営業利益（率）でサンプルを 3 等分割し，係数ダミーとして 1 本の式で推計している。
　　　　4)　タイムダミーおよび産業ダミーの推計値は，スペース節約のため省略している。

負債は多いが，業績が悪くなった場合に負債がより増加する傾向にあること
を示している。個人大株主の持ち株比率が高い企業でも，業績が悪化したに
もかかわらず，負債の圧縮が十分ではない可能性があると言える。

7 株式の間接所有を通じた影響

　これまでの節では，ガバナンス構造の変数として各上場企業の大株主の持
ち株比率を直接用いて，それが非上場企業のパフォーマンスに与える影響を
考察してきた。しかし，La Porta, Lopez-De-Silanes and Shleifer (1999) ら
が指摘したように，OECD 諸国の上場企業でさえ，子会社や関連会社を通
じた間接的株式所有が幅広く観察されている。このような間接所有が存在す
る場合，大株主が企業の意思決定に影響を与えることができる権利（voting
rights）が，配当を受ける権利など単純な持ち株比率に対応した権利（cash-
flow rights）を上回る。したがって，ガバナンス構造が企業パフォーマンス
に与える影響を考察するうえでは，直接の大株主の持ち株比率を見るだけで
は不十分であり，間接所有を考慮した究極的な大株主の持ち株比率を説明変
数として用いることがより適切となる。

　われわれの分析対象としている非上場企業でも，いくつかの企業で，典型
的な間接所有が観察される。たとえば，図 4-2 は，「A 社」の所有構造を図
示したものである。A 社の直接の大株主は，a 社，b 社，c 社の三つの法人
で，各法人の持ち株比率は 23%，17%，13% となっている。しかし，筆頭
株主の a 社は同族会社で，筆頭株主の X 氏が 38% の株式を保有すると同時
に，全体の過半数を超える株式をそのファミリー（Y 氏，Z 氏，W 氏）で所有
している。また，A 社の第 2，第 3 の大株主である b 社および c 社も，a 社
が筆頭株主となっているだけでなく，X 氏自身も大株主となっている。この
ため，A 社の事実上の筆頭株主は X 氏およびそのファミリーと考えること
ができる。前節までの分析では，A 社は法人筆頭持ち株比率の高いガバナ
ンス構造を持つ企業として取り扱ってきたが，厳密には，個人筆頭持ち株比
率の高いガバナンス構造を持つ企業として取り扱う方が適切な例と言える。

　また，図 4-3 は，「B 社」の所有構造を図示したものである。B 社の直接
の筆頭株主は，「f 社」で，その持ち株比率は 24% となっている。しかし，

図 4-2　間接所有の例（A 社のケース）

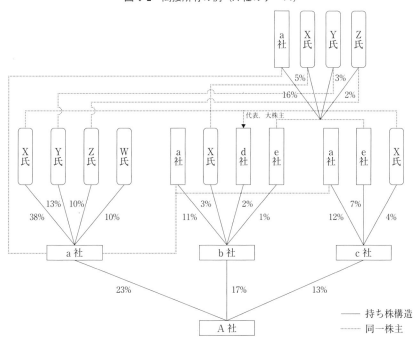

　B社の親会社であるf社はC社の準子会社で，C社がその株式の17%を保有している。したがって，B社は実質的にはC社の孫会社に近いと言える。なお，B社については，h社と株式の持ち合いをしているなど，そのほかにも興味深い特徴がある。また，h社は，従業員持ち株比率が高い会社であることも図4-3からわかる。

　もっとも，子会社や関連会社を通じた間接的株式所有が株式を20%以上保有することで可能になると仮定した場合，われわれの分析対象としている非上場企業では間接所有の存在はそれほど多くない。実際，各非上場企業の法人筆頭株主によるガバナンス構造を調べてみると，特定の個人あるいは法人が孫会社を間接所有しているケースは，全サンプルの4%程度にすぎなかった。

　以下では，われわれが分析対象としている企業(x)の親会社(y)が特定の株主(z)によって集中的に支配されている場合，その株主(z)が分析対象の企業(x)を

図 4-3 間接所有の例（B 社のケース）

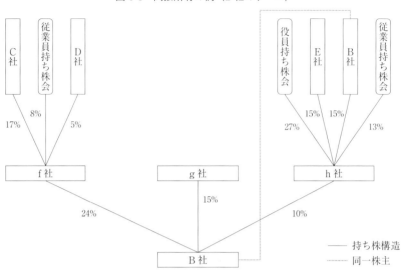

― 持ち株構造
……… 同一株主

「間接所有」していると考えることにする。推計に際しては，親会社(y)の筆頭株主(z)が 20% 以上の y 社株を保有しているサンプルについて，その株主(z)を分析対象の企業(x)の株主として親会社(y)と置き換えることで，間接所有を考慮したデータを作成した。また，分析対象の企業(x)の株主にすでに株主(z)が記載されている場合は，親会社(y)と置き換えた分の持ち株比率に直接保有分の持ち株比率を合わせた持ち株比率を株主(z)が保有しているものとした。

　間接所有の存在を考慮した場合の推計結果は，表 4-5 にまとめられている。結果は，基本系列(a)を用いた場合も参考系列を用いた場合(b)も，おおむね基本推計の結果である前掲表 4-2 と同じである。とくに，法人筆頭株主および個人筆頭株主によるガバナンス構造に関する各指標は，企業業績の良し悪しに依存して，まったく正反対の符号をとっている。間接所有の存在を考慮した場合でも，親会社や個人大株主によるガバナンスの良い側面は企業業績が良い場合に顕在化する傾向にある反面，業績が悪化した場合には逆に悪い側面が顕在化する傾向にあることがサポートされる。

第 4 章　非上場企業におけるコーポレート・ガバナンス　　113

表 4-5　間接所有を考慮したデータの推計結果

(a)　基本系列

被説明変数 (t)：	トービンの q （基本系列）		
サンプル	(A)業績［良］	(B)業績［中］	(C)業績［悪］
説明変数 (t-1)	Coefficient (S. E.)	Coefficient (S. E.)	Coefficient (S. E.)
営業利潤率	0.6169 (0.1148)***	0.8017 (0.3371)**	0.8002 (0.3203)**
債務・総資産比率	0.4275 (0.3833)	−0.2422 (0.1962)	−0.7148 (0.2105)***
持ち株比率			
法人・筆頭株主			
（100% 持ち株ダミー）	0.0212 (0.0035)***	0.0022 (0.0013)*	−0.0066 (0.0026)**
（それ以外）	0.0159 (0.0035)***	0.0019 (0.0015)	−0.0102 (0.0022)***
個人・筆頭株主	0.0164 (0.0054)***	−0.0021 (0.0017)	−0.0056 (0.0022)**
メイン・バンク	0.1031 (0.0586)*	−0.0215 (0.0232)	−0.1566 (0.0453)***
メイン・バンク以外の　金融機関	0.0504 (0.0083)***	−0.0113 (0.0080)	0.0261 (0.0304)
外　資	0.0522 (0.0178)***	0.0107 (0.0042)**	0.0051 (0.0097)
政府・公団	0.0206 (0.0174)	−0.0063 (0.0062)	0.0009 (0.0041)
従業員持ち株会	0.0234 (0.0090)***	0.0043 (0.0032)	−0.0061 (0.0042)
定数項	1.0962 (0.1377)***		
企業数	1,589		
サンプル数	6,706		

(b)　参考系列

被説明変数 (t)：	トービンの q （参考系列）		
サンプル	(A)業績［良］	(B)業績［中］	(C)業績［悪］
説明変数 (t-1)	Coefficient (S. E.)	Coefficient (S. E.)	Coefficient (S. E.)
営業利潤率	0.8695 (0.1321)***	1.1126 (0.3280)***	1.4264 (0.3853)***
債務・総資産比率	0.9200 (0.4349)**	−0.0469 (0.1737)	−0.8827 (0.2027)***
持ち株比率			
法人・筆頭株主			
（100% 持ち株ダミー）	0.0250 (0.0034)***	0.0018 (0.0010)*	−0.0070 (0.0021)***
（それ以外）	0.0182 (0.0035)***	0.0018 (0.0013)	−0.0091 (0.0020)***
個人・筆頭株主	0.0170 (0.0058)***	−0.0020 (0.0018)	−0.0035 (0.0024)
メイン・バンク	0.0667 (0.0557)	−0.0108 (0.0228)	−0.1766 (0.0421)***
メイン・バンク以外の　金融機関	0.0275 (0.0093)***	−0.0113 (0.0093)	0.0303 (0.0323)
外　資	0.0660 (0.0156)***	0.0064 (0.0024)***	−0.0057 (0.0160)
政府・公団	0.0160 (0.0147)	−0.0061 (0.0065)	0.0050 (0.0045)
従業員持ち株会	0.0152 (0.0081)*	−0.0003 (0.0027)	−0.0056 (0.0042)
定数項	1.1090 (0.1279)***		
企業数	1,785		
サンプル数	7,479		

（注）　1)　***，**，*はそれぞれ 1%，5%，10% 水準で有意であることを示す。
　　　　2)　「筆頭株主」は株主の中で最大の持ち株比率で，かつ 20% を超えているサンプルを示す。
　　　　3)　「業績」は年度別・業種別の営業利益（率）でサンプルを 3 等分割し，係数ダミーとして 1 本の式で推計している。
　　　　4)　タイムダミーおよび産業ダミーの推計値は，スペース節約のため省略している。

114　第Ⅱ部　日本の経済社会システムの課題

8　業績の絶対的な基準で企業を分類したケース

　われわれの分析の大きな特徴は，ガバナンス構造の影響を見る際に，企業を(A)業績の良い企業，(B)業績が普通の企業，(C)業績の悪い企業，の三つのグループに分類していることである。これまでの節では，企業の分類に際しては，業績の「良い」，「普通」，「悪い」は，前期の営業利潤率に対応して，上位3分の1，中位3分の1，下位3分の1という基準を用いてきた。この基準を用いると，年によって特定の企業群の数が増減しないため，安定した推計結果が得られやすいというメリットがある。利潤率の絶対的な水準で分類すると，好況期に(A)の数が極端に増え，不況期に(C)の数が極端に増加するため，タイムダミーを入れたわれわれの推計では結果が不安定になりやすい。また，株主や経営者のガバナンス構造を考察する際に，絶対的な業績ではなく，他の企業との相対的な業績で判断を行うことは，企業パフォーマンスを他社との比較で捉えるという観点に立てば理論的にも意味付けを行うことは可能である。しかし，われわれの結果が頑健であるためには，企業の分類方法によって結果が大きく変わることがないことが必要である。

　そこで以下では，分析対象とした企業を，営業利潤率の絶対的な水準をベースとして三つに分類し，結果の頑健性をチェックすることにする。具体的には，まず全期間・全サンプルの営業利潤率を，上位20%を「良い」，下位20%を「悪い」，それ以外を「普通」として絶対的な基準を作成し，前期の営業利潤率がどの基準を満たすかで，年ごとに企業を業績の「良い」，「普通」，「悪い」に分類して，式(1)を推計することとした[7]。推計結果は，表4-6にまとめられている。結果は，業績が悪い企業群における個人筆頭株主の推計値の統計的な有意性が若干低下するものの，基本系列を用いた場合も参考系列を用いた場合も，おおむね基本推計の結果である表4-2と同じである。基本推計と同じくとくに，法人筆頭株主および個人筆頭株主によるガバナンス構造に関する各指標は，企業業績の良し悪しに依存して，まったく正

7　この基準を用いると，営業利益率による分割の閾値は，［良い］＞0.59＞［普通］＞0.04＞［悪い］，となる。

第4章 非上場企業におけるコーポレート・ガバナンス 115

表4-6 モデルの推計結果（絶対的な基準で分類したケース）

(a) 基本系列

被説明変数 (t)：	トービンの q （基本系列）		
サンプル	(A)業績［良］	(B)業績［中］	(C)業績［悪］
説明変数 ($t-1$)	Coefficient (S. E.)	Coefficient (S. E.)	Coefficient (S. E.)
営業利潤率	0.5295 (0.1106)***	2.5278 (0.2461)***	0.7047 (0.3093)**
債務・総資産比率	1.0077 (0.6381)	−0.2642 (0.1816)	−0.7361 (0.2486)***
持ち株比率			
法人・筆頭株主			
（100％持ち株ダミー）	0.0319 (0.0048)***	0.0006 (0.0012)	−0.0064 (0.0034)*
（それ以外）	0.0293 (0.0055)***	−0.0007 (0.0013)	−0.0103 (0.0030)***
個人・筆頭株主	0.0248 (0.0075)***	−0.0030 (0.0016)*	−0.0019 (0.0029)
メイン・バンク	0.0827 (0.0810)	−0.0204 (0.0309)	−0.1567 (0.0578)***
メイン・バンク以外の 　　金融機関	0.0414 (0.0085)***	0.0346 (0.0311)	−0.0115 (0.0163)
外　資	0.0815 (0.0223)***	0.0130 (0.0042)***	−0.0068 (0.0129)
政府・公団	−0.0208 (0.0267)	−0.0159 (0.0071)**	0.0046 (0.0046)
従業員持ち株会	0.0538 (0.0168)***	−0.0005 (0.0025)	−0.0018 (0.0069)
定数項	0.9986 (0.1420)***		
企業数	1,589		
サンプル数	6,706		

(b) 参考系列

被説明変数 (t)：	トービンの q （参考系列）		
サンプル	(A)業績［良］	(B)業績［中］	(C)業績［悪］
説明変数 ($t-1$)	Coefficient (S. E.)	Coefficient (S. E.)	Coefficient (S. E.)
営業利潤率	0.7412 (0.1246)***	2.7136 (0.2190)***	1.2878 (0.3771)***
債務・総資産比率	2.0236 (0.7919)**	−0.2503 (0.1646)	−0.9043 (0.2333)***
持ち株比率			
法人・筆頭株主			
（100％持ち株ダミー）	0.0362 (0.0046)***	0.0020 (0.0010)*	−0.0101 (0.0031)***
（それ以外）	0.0333 (0.0055)***	−0.0002 (0.0011)	−0.0106 (0.0028)***
個人・筆頭株主	0.0245 (0.0084)***	−0.0016 (0.0016)	−0.0014 (0.0034)
メイン・バンク	0.0051 (0.0894)	−0.0088 (0.0287)	−0.2010 (0.0511)***
メイン・バンク以外の 　　金融機関	0.0043 (0.0101)	0.0397 (0.0329)	−0.0146 (0.0162)
外　資	0.0954 (0.0165)***	0.0086 (0.0037)**	−0.0183 (0.0249)
政府・公団	0.0002 (0.0598)	−0.0152 (0.0069)**	0.0098 (0.0048)**
従業員持ち株会	0.0500 (0.0171)***	−0.0029 (0.0023)	−0.0019 (0.0070)
定数項	1.0323 (0.1296)***		
企業数	1,785		
サンプル数	7,479		

（注）　1)　***，**，*はそれぞれ1％，5％，10％水準で有意であることを示す。
　　　　2)　「筆頭株主」は株主の中で最大の持ち株比率で，かつ20％を超えているサンプルを示す。
　　　　3)　「業績」は全サンプルを営業利益率で分割し，上側20％を［良］，下側20％を［悪］，それ以外を［中］
　　　　　　とした。
　　　　4)　タイムダミーおよび産業ダミーの推計値は，スペース節約のため省略している。

反対の符号をとっている。絶対的な基準で企業を分類した場合でも，親会社や個人大株主によるガバナンスの良い側面は企業業績が良い場合に顕在化する傾向にある反面，業績が悪化した場合には逆に悪い側面が顕在化する傾向にあることを示している。

9　おわりに

　本章では，金融危機が発生し，不良債権問題が深刻化した1997年度から2002年度を対象として，日本の非上場企業のパフォーマンスの決定要因を，ガバナンス構造（株式所有構造）に注目して考察した。非上場企業のトービンの q（営業利益の割引現在価値）の決定要因を推計した場合，非上場企業の所有構造は，財務データなど標準的な財務変数に加えて，各非上場企業のパフォーマンスに対して有意な影響を及ぼすことが明らかになった。ただし，その影響は，企業の業績が良い場合と悪い場合とで，まったく異なっていた。とくに，特定の個人株主や親会社の持ち株比率の上昇は，業績が良い企業ではプラスに働いた反面，業績が悪化した企業では逆にマイナスに働いていた。

　本章の結果は，企業が右肩上がりに成長している限り，非上場企業における株式所有の集中は，むしろ好ましい効果をもたらすことを示している。しかし，ひとたび企業経営がつまずき始めると，それまでうまく機能していた日本の非上場企業のゆがんだガバナンス構造が，その業績をさらに低迷させる方向に働く可能性が高い。デフレ下の日本経済で企業業績が悪化した後，ガバナンス構造がその業績をさらに低迷させる方向に機能してしまった可能性を示唆するものである。

　もちろん，本章においては，紙面に限りがあり，非上場企業のコーポレート・ガバナンスに関する議論を網羅することには限界があることは言うまでもない。今回の分析では，非上場企業の多くが依然として分析の対象外となっていることである。データの制約上，分析を規模の小さい非上場企業まで含めて拡張することは容易ではない。しかし，規模の小さい非上場企業のデータを用いることができれば，コーポレート・ガバナンスの役割をさらに幅広く検証できるであろう。

【補論1】 トービンの q の算出

　トービンの q は，将来利益の割引現在価値を資本ストックの再取得価格で除すことによって算出される。トービンの q の分母に当たる「資本ストック」に関しては，【補論2】で算出される実質資本ストック（除く土地）の前期末分を用いた。

　一方，トービンの q の分子に当たる「将来利益の割引現在価値」に関しては，通常，その価値を近似的に反映するとされる株価が用いられるが，本章が分析対象とする非上場企業では公開市場での株価が存在せず，このアプローチは適用できない。そこで，各企業の将来利益（税引き後利益）の流列を推計し，それを使って各企業の将来利益の割引現在価値を近似した。

　$\pi_{i,t}$ を t 期の実質利益，r を実質利子率とすると，「将来利益の割引現在価値」は，

$$V_{i,t} = \sum_{i=0}^{\infty} \left(\frac{1}{1+r}\right)^i \mathrm{E}\pi_{i,t+i}$$

と定義される。本章の基本系列では，階差をとった実質利益の流列が p 次の階差自己回帰（AR）モデル

$$\Delta\pi_{i,t} = \sum_{i=1}^{p} \rho_i \Delta\pi_{i,t-i} + \varepsilon_{i,t}$$

（ただし，$\varepsilon_{i,t}$ はホワイト・ノイズ）に従うと仮定し，割引現在価値 $V_{i,t}$ を

$$V_{i,t} \fallingdotseq \frac{\pi_{i,t-1}}{r} + \mathrm{E}\sum_{i=0}^{T} \left(\frac{1}{1+r}\right)^i \sum_{j=0}^{i} \Delta\pi_{i,t+j}$$

と近似する。具体的には，実質利益（$\pi_{i,t}$）を

$$実質利益 = \frac{（税引き後利益 + 減価償却率 + 支払利息）}{物価（産業別CGPI）}$$

$$税引き後利益 = 経常利益 - （税引き後当期利益 - 税引き前当期利益）$$

として計算し，各企業の実質利益の階差数列 $\{\Delta\pi_{i,t}\}$ に対して，AR モデルを個別に推計した。モデルの次数は $p=3$ から5まで増やしていき，ダービン・ワトソンの系列相関検定および非定常となる単位根検定をクリアする最も小さい次数を選択した。$p=5$ まで増やしてもこの二つのいずれかをクリ

アできない企業はサンプルから除外した。また，将来利益の予測をするため，実質利益の通期平均がマイナスとなる企業もサンプルから除外している。

こうして推計された AR モデルに基づく将来利益の予測値から，割引現在価値 V_t を算出した。ただし，近似式の和の部分に関して T は十分に大きい値が望ましいので，加える項が十分に小さく無視できる将来時点 T までの和を計算している。なお，$V_{i,t}$ の算出に用いた実質利子率 r は，鈴木（2001）に従い，各企業の「支払利息／（短期借入金＋長期借入金＋その他の固定負債＋割引手形）」の平均をとることによって求めた[8]。

一方，本章の参考系列では，実質利益の流列がランダム・ウォークに従うと仮定し，割引現在価値 V_t を $V_t \fallingdotseq \pi_{t-1}/r$ と近似した。基本系列と同様に，$V_{i,t}$ の算出に用いた実質利子率 r は，各企業の「支払利息／（短期借入金＋長期借入金＋その他の固定負債＋割引手形）」の平均をとることによって求め，実質利益の通期平均がマイナスとなる企業はサンプルから除外した。ただし，参考系列では，基本系列のように系列相関検定および単位根検定をクリアできない企業をサンプルから除外することをしないため，対象となった企業数は，基本系列よりも多くなっている。

【補論2】 実質資本ストック（再取得価格）の算出

本章では，東京商工リサーチのデータベースに収録された 1984 年以降の財務データを使って，恒久棚卸法によって資産別に資本ストックの再取得価格を計算し，それを集計することによって有形固定資産の再取得価格の総額を作成した。計算方法は，Hayashi and Inoue（1991）に基づいており，具体的な作成プロセスは，以下の通りである。

(1) 資産別設備投資（除く土地）

資産別名目設備投資額は，以下の定式化に基づいて算出される。

---

8 理論上は，平均をとらず各期の値を用いることによって可変的な割引率を用いることによって計算することも可能である。しかし，このようにして求めた可変的な割引率は計測誤差が大きいと考えられるので，本章では採用しなかった。

当期名目設備投資額＝当期末有形固定資産簿価－前期末有形固定
資産簿価＋当期減価償却額

　こうして算出した資産別名目設備投資額を，資産別投資財価格でデフレートすることで資産別実質設備投資額を求めている。なお，資産別の投資財デフレーターは，建物・構築物については卸売物価指数の建設材料を，機械装置，車両・運搬具，工具・備品については同指数の資本財を用いている。

　本章の分析に用いた東京商工リサーチのデータベースには，減価償却額が記録されていないので，各期の有形固定資産残高に，業種別・資産別・期別の償却率を掛けた値を減価償却額とした。償却率に関しては，日本政策投資銀行の「企業財務データバンク」に収録されている財務データから次のように計算した。資本金1億円以上10億円未満の企業について，資産別有形固定資産残高と減価償却額について業種別・決算年度別に平均をとり，「償却率＝減価償却費／有形固定資産残高」とした後で，算出した償却率に移動平均MA(3)を掛け，短期的変動を除去したものを用いている。なお，資本金1億円以上10億円未満ではデータが存在しない業種や，算出された償却率が0となる資産・期が4割を超える業種については，同業種で資本金10億円以上の企業を使って計算した値を代わりに用いた。

(2)　資産別実質資本ストック（除く土地）

　先行研究に倣って，恒久棚卸法（Perpetual-Inventory-Method）に基づき先程の資産別実質設備投資額と，資本ストックの物的償却率を用いて，以下の計算式に従い作成している。なお，資本ストックの物的償却率（δ）については，Hayashi and Inoue が用いた資産別の数値（建物：4.7％，構築物：5.64％，機械装置：9.489％，船舶・車両・運搬設備：14.70％，工具・備品：8.838％）を利用している。

$$K_{jt} = (1-\delta)K_{jt-1} + I_{jt}$$

　　　K_{jt}：企業 j の t 期における資産別実質資本ストック

　　　I_{jt}：企業 j の t 期における資産別実質設備投資額

　　　δ：資産別物的償却率

＊　本章の作成にあたっては，花崎正晴氏をはじめとする統計研究会・宜野湾コンファレンス参加者の方々，早川英夫元局長をはじめとする日本銀行調査統計局のスタッフの方々から有益なコメントをいただいた。また，高橋慎氏にはデータの

120 第Ⅱ部 日本の経済社会システムの課題

整理等で協力していただいた。なお，本章で述べられた意見，見解は，筆者個人のものであり，日本銀行あるいは調査統計局のものではない。

参考文献

伊藤秀史・菊谷達弥・林田修（2003）「親子会社間の多面的関係と子会社ガバナンス」花崎正晴・寺西重郎編『コーポレート・ガバナンスの経済分析——変革期の日本と金融危機後の東アジア』東京大学出版会，51-80 頁。

岩壷健太郎・外木好美（2007）「外国人投資家の株式所有と企業価値の因果関係——分散不均一性による同時方程式の識別」『経済研究』第 58 巻 1 号，47-60 頁。

小佐野広（2001）『コーポレートガバナンスの経済学——金融契約理論からみた企業論』日本経済新聞社。

木村福成・清田耕造（2003）「日本企業における外資比率と企業経営」花崎正晴・寺西重郎編『コーポレート・ガバナンスの経済分析』東京大学出版会，159-181 頁。

小宮隆太郎（1993）「日本企業の構造的・行動的特徴」伊丹敬之・加護野忠男・伊藤元重編『日本の企業システム　第 1 巻　企業とは何か』第 10 章，有斐閣。

鈴木和志（2001）『設備投資と金融市場——情報の非対称性と不確実性』東京大学出版会。

花崎正晴・寺西重郎編（2003）『コーポレート・ガバナンスの経済分析——変革期の日本と金融危機後の東アジア』東京大学出版会。

福田慎一・粕谷宗久・赤司健太郎（2006）「デフレ下における非上場企業のデフォルト分析」『金融経済研究』第 23 号，31-50 頁。

福田慎一・粕谷宗久・中島上智（2007）「非上場企業の設備投資の決定要因——金融機関の健全性および過剰債務問題の影響」林文夫編『経済制度の実証分析と設計 第 2 巻　金融の機能不全』第 3 章，勁草書房，65-97 頁。

宮島英昭編（2011）『日本の企業統治——その再設計と競争力の回復に向けて』東洋経済新報社。

宮島英昭・保田隆明（2015）「株式所有構造と企業統治——機関投資家の増加は企業パフォーマンスを改善したのか」『フィナンシャル・レビュー』平成 27 年第 1 号（通巻第 121 号），3-36 頁。

Abel, A. B. and O. J. Blanchard（1986）"The Present Value of Profits and Cyclical Movements in Investment," *Econometrica*, Vol. 54, No. 2, pp. 249-273.

Aoki, M.（1984）"Aspects of the Japanese Firm," in M. Aoki ed., *The Economic Analysis of the Japanese Firm*, North-Holland, Chapter 1, pp. 3-43.

Blanchard, O. J., C. Rhee and L. Summers（1990）"The Stock Market, Profit, and Investment," NBER Working Papers, 3370.

Hayashi, F. and T. Inoue（1991）"The Relation between Firm Growth and Q with Multiple Capital Goods: Theory and Evidence from Panel Data on Japanese Firms," *Econometrica*, Vol. 59, No. 3, pp. 731-753.

Kang, J.-K. and A. Shivdasani（1995）"Firm Performance, Corporate Governance, and Top Executive Turnover in Japan," *Journal of Financial Economics*, Vol. 38, No. 1, pp. 29-58.

Kang, J.-K. and A. Shivdasani (1997) "Corporate Restructuring during Performance Declines in Japan," *Journal of Financial Economics*, Vol. 46, No. 1, pp. 29-65.

Kaplan, S. N. and B. A. Minton (1994) "Appointments of Outsiders to Japanese Boards: Determinants and Implications for Managers," *Journal of Financial Economics*, Vol. 36, No. 2, pp. 225-258.

La Porta, R., F. Lopez-De-Silanes and A. Shleifer (1999) "Corporate Ownership around the World," *Journal of Finance*, Vol. 54, No. 2, pp. 471-517.

Lichtenberg, F. R. and G. M. Pushner (1994) "Ownership Structure and Corporate Performance in Japan," *Japan and the World Economy*, Vol. 6, No. 3, pp. 239-261.

Morck, R., M. Nakamura and A. Shivdasani (2000) "Banks, Ownership Structure, and Firm Value in Japan," *Journal of Business*, Vol. 73, No. 4, pp. 539-567.

Ofek, E. (1993) "Capital Structure and Firm Response to Poor Performance: An Empirical Analysis," *Journal of Financial Economics*, Vol. 34, No. 1, pp. 3-30.

第 **5** 章

少子高齢化と親子間の助け合い

福田慎一

本章の要旨

金融システムを考察するうえでは，最大の貯蓄主体である家計の行動パターンを理解することは重要である。そうした中で，わが国では，家族内の助け合いという意識が依然として残っており，その意識を活用すれば少子高齢化問題解決への一助となるという指摘がある。しかし，助け合いは，その動機がどのようなものなのかによって意味合いが大きく異なる。そこで，本章では，家計内の行動を親子間の助け合いという観点から考察した。分析では，まず助け合いの例としていわゆる「福井モデル」を紹介したのち，家族間の支え合いの動機を「Cox モデル」を用いた分析結果を紹介する。分析では，日本では米国とは異なり，親子間の取引関係は利他的な動機による可能性が高いことが明らかにされた。ただ，支え合いの取組みは地域ごとに差があり，親子間の助け合いが少子高齢化にいかなる影響を与えるかは，地域ごとの特徴を踏まえて議論する必要があることが示唆された。

1 はじめに

　今日，わが国では，急速に進行する少子高齢化が，巨額に累積した財政赤字とともに，先進主要国の中で突出している。その結果，仮に他の主要国と同様の技術進歩を実現したとしても，これらの要因が足かせとなって，他の先進国並みの成長を実現するのが難しくなりつつある。わが国では，終戦直後の第一次ベビーブームの頃には合計特殊出生率は 4.5 以上の高い値を示した。その後出生率は大きく減少したものの，1970 年代半ばまでは，丙午の1966 年前後を例外として，人口が減らない目安となる 2.0 をほぼ維持してきた。その結果，労働力増加率が人口増加率よりも高くなる「人口ボーナス」が長期間持続し，経済成長を後押ししてきた。しかし，1970 年代後半以降，合計特殊出生率は減少が続き，1993 年には 1.5 を，また 2003 年には 1.3 を，それぞれ割り込んでしまった（図 5-1）。今後は，高齢人口が急増する一方，生産年齢人口の減少が財政や経済成長の重荷となる「人口オーナス」の時代が到来する。少子高齢化の問題に抜本的な対策が打たれない場合，2050 年の人口ピラミッドは，65 歳以上の高齢者が総人口の 4 割近くに達し，現役世代（15〜64 歳）1.3 人で高齢者 1 人を支えなければならなくなる。

　少子高齢化対策は，わが国の成長戦略の中でも最も優先度が高いものの一つであると言える。政府も，幼児教育の無償化，結婚支援，不妊治療支援など，少子化問題対策に積極的に取り組む姿勢をこれまでにも示してきた。また，待機児童（子育て中の保護者が保育所または学童保育施設に入所申請をしているにもかかわらず，入所できない状態にある児童）の解消が喫緊に取り組むべき課題として政治的に大きく取り上げられたほか，希望通りの結婚・出産・子育てを実現するという観点から，若者の雇用安定や処遇改善による経済的基盤の強化に関しても議論が進められた。

　ただ，わが国では，他の主要国以上に，家族内の助け合いという意識が残っており，その意識を活用すれば問題解決への一助となるという指摘もある[1]。政府の借金が膨らみ，少子高齢化対策に使える財政資金が限られる中で，家族内の助け合いを通じた子育て支援に期待する声は少なくない。安倍政権の「ニッポン一億総活躍プラン」でも，子育てを家族で支える三世代同

図5-1　出生数および合計特殊出生率の年次推移

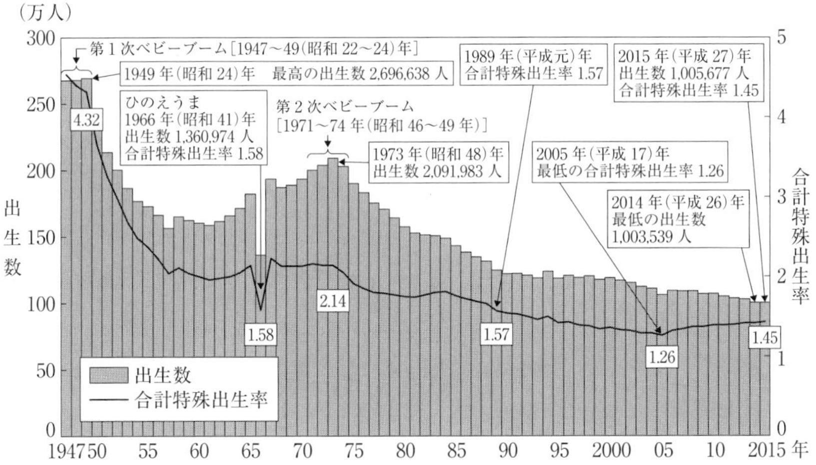
（万人）
第1次ベビーブーム［1947〜49（昭和22〜24）年］
1949年（昭和24）年　最高の出生数2,696,638人
4.32
ひのえうま
1966年（昭和41）年
出生数1,360,974人
合計特殊出生率1.58
第2次ベビーブーム
［1971〜74年（昭和46〜49年）］
1973年（昭和48）年
出生数2,091,983人
1989年（平成元）年
合計特殊出生率1.57
2005年（平成17）年
最低の合計特殊出生率1.26
2015年（平成27）年
出生数1,005,677人
合計特殊出生率1.45
2014年（平成26）年
最低の出生数
1,003,539人
1.58
2.14
1.57
1.26
1.45
出生数
合計特殊出生率
300
250
200
150
100
50
0
5
4
3
2
1
0
1947
50
55
60
65
70
75
80
85
90
95
2000
05
10
2015年

（出所）　厚生労働省「人口動態統計（年間推計）」。

居・近居しやすい環境づくりが議論されている。しかし，助け合いは，その動機がどのようなものなのかによって意味合いが大きく異なる。とくに，日本のデータを用いた既存研究の多くは，遺産，生前贈与や，同居に関するものであり（たとえば，Yamada 2006；坂本 2006；堀・濱秋・前田・村田 2010，など参照），それ以外の親族の間での私的経路による移転は実際に多く行われているにもかかわらず，データの制約からこれまでの実証研究は数少ない。

そこで，本章では，家計内の行動を，親子間の助け合いという観点から考察することにする。以下では，まず親子間の助け合いの例としていわゆる「福井モデル」を紹介したのち，その動機を「Cox モデル」を用いて検証した Sakudo (2015) の結果を紹介する。その上で，日本では米国とは異なり，親子間の取引関係は利他的な動機による可能性が高いことが明らかにされる。ただ，親子間の助け合いが少子高齢化の解決につながるかどうかは，地

1　Sasaki (2002) や Oishi and Oshio (2006) は，日本では親と同居して小さい子供の世話をしてもらうことには，共働きの夫婦にとって大きなメリットがあるとしている。

126　第Ⅱ部　日本の経済社会システムの課題

域ごとの特徴を踏まえて議論することが必要であることを指摘する。

2　いわゆる「福井モデル」

　わが国の少子高齢化問題を考えるうえで重要な点は，出生率が国全体として低いというだけでなく，地域によって大きなばらつきがあることである。たとえば，表5-1は，2003年，2008年，2013年の合計特殊出生率に関して，都道府県別の上位10位と下位10位を，それぞれまとめたものである。いずれの年も，上位1位は沖縄，最下位は東京で，その差は約0.7から0.8ポイントもある。それ以外の順位は，年によって入れ替わりがあるが，いずれの年でも上位2位と下位2位の差が，約0.4ポイントとなっている[2]。

　出生率に地域間のばらつきがあるように，各地域の置かれた状況は多様である。このため，地域の持つ独自性を活かせるような戦略を各地域が打ち出し，その得意分野に資源を集中させることが求められている。そうした観点から，近年注目されているのが，いわゆる「福井モデル」である。2014年1月15日の『日本経済新聞』朝刊一面では，「やればできる(1)　輝くか福井モデル」と題した特集を組み，少子化問題を克服するための一つのモデルとして，親子間の助け合いが盛んな福井の状況を以下のように紹介している。

　　「福井ではほとんどの家族が共働きで三世代同居。大きな戸建てに住み，
　　自動車も複数台持っている。多人数の大人が子育てに関与できる環境にあ
　　り，若い母親も安心して仕事に出られる。その結果，世帯収入も増え，貯
　　蓄にも回せる。」

　表5-1でまとめた都道府県別のランキングでも，福井県の合計特殊出生率は，常に上位にある。とくに，注目すべき点は，合計特殊出生率を，都道府県庁所在地別で見てみると，2008年から12年平均では，福井市が全国1位であることである（表5-2）。一般に，都道府県庁所在地はその地域の中核都市であることが多い。このため，都道府県庁所在地の合計特殊出生率は，大都市圏ほどではないにしても，その地域の中では低くなりがちである。実

2　全体としては，出生率は，西日本の地方圏で高い一方，中京地区を除く大都市圏で低くなる傾向が観察される。

第5章　少子高齢化と親子間の助け合い　**127**

表 5-1　合計特殊出生率の都道府県別ランキング

	2003 年		2008 年		2013 年	
上位 1 位	沖縄	1.72	沖縄	1.78	沖縄	1.94
上位 2 位	福島	1.54	宮崎	1.60	宮崎	1.72
上位 3 位	鳥取	1.53	鹿児島	1.59	島根	1.65
上位 4 位	佐賀	1.51	熊本	1.58	熊本	1.65
上位 5 位	鹿児島	1.49	佐賀	1.55	長崎	1.64
上位 6 位	山形	1.49	福井	1.54	鹿児島	1.63
上位 7 位	宮崎	1.49	大分	1.53	鳥取	1.62
上位 8 位	島根	1.48	福島	1.52	福井	1.60
上位 9 位	熊本	1.48	島根	1.51	佐賀	1.59
上位 10 位	福井	1.47	長崎	1.50	香川	1.59
下位 10 位	兵庫	1.25	徳島	1.30	秋田	1.35
下位 9 位	福岡	1.25	宮城	1.29	宮城	1.34
下位 8 位	神奈川	1.21	千葉	1.29	千葉	1.33
下位 7 位	埼玉	1.21	埼玉	1.28	埼玉	1.33
下位 6 位	北海道	1.20	大阪	1.28	大阪	1.32
下位 5 位	大阪	1.20	神奈川	1.27	奈良	1.31
下位 4 位	千葉	1.20	京都	1.22	神奈川	1.31
下位 3 位	奈良	1.18	奈良	1.22	北海道	1.28
下位 2 位	京都	1.15	北海道	1.20	京都	1.26
下位 1 位	東京	1.00	東京	1.09	東京	1.13
全国平均		1.29		1.37		1.43

（出所）　厚生労働省「人口動態統計（確定数）の概況」。

表 5-2　合計特殊出生率の都道府県庁所在地別ランキング

上位 1 位	福井市	1.65	下位 10 位	神戸市	1.28
上位 2 位	高松市	1.62	下位 9 位	青森市	1.27
上位 3 位	那覇市	1.62	下位 8 位	秋田市	1.25
上位 4 位	松江市	1.58	下位 7 位	大阪市	1.25
上位 5 位	鳥取市	1.53	下位 6 位	福岡市	1.24
上位 6 位	宮崎市	1.52	下位 5 位	奈良市	1.22
上位 7 位	宇都宮市	1.51	下位 4 位	仙台市	1.21
上位 8 位	長野市	1.50	下位 3 位	京都市	1.16
上位 9 位	佐賀市	1.50	下位 2 位	札幌市	1.08
上位 10 位	大分市	1.50	下位 1 位	東京都区部	1.07

（出所）　厚生労働省「人口動態保健所・市区町村別統計（平成
　　　　20 年～24 年）」。

128 第Ⅱ部 日本の経済社会システムの課題

際，2008 年から 12 年平均で，都道府県庁所在地の合計特殊出生率がその都道府県の平均を上回ったのは，47 都道府県中 7 しかない。福井市は，地域の中核都市でありながら，合計特殊出生率が県平均を上回る全国でも数少ないケースと言える。

さらに興味深い点は，福井県では，このような高い合計特殊出生率が，女性の高い労働参加率のもとで達成されていることである。実際，近年の共働き世帯割合を都道府県間で比較すると，福井県は山形県とともに全国で最も高く，その割合は最下位の東京都の 2 倍以上となっている（表5-3）。共働き世帯割合が全国で最も高い福井県と山形県は，三世代同居率も全国で最も高いことが知られている[3]。

3　家族間の支え合いの動機：Cox モデル

「福井モデル」のように，親子間の助け合いを再評価することは，わが国の少子化に歯止めをかけるうえでの一つの有効な手段という意見は少なくない。しかし，親子間の助け合いは，その動機が親が子を思いやることによる利他的なものなのか，それとも親子間の利己的な取引なのかによって，その意味合いは大きく異なる。家族内での支え合いの動機を学術的な観点から論じた研究は海外で進んでいる[4]。

その代表的なものの一つが，親子間の支え合いのあり方を家計の貯蓄行動の観点から論じた先駆的研究 Cox（1987）である。一般に，家族間で行われるサービスや時間の提供は，市場に代替財があまり存在しない財・サービスである。Cox（1987）は，この点に注目して，親から子への金銭的な移転が，親が子を思いやる利他主義（altruism）によるものか，それとも利己的な動機に基づく親子間の取引（exchange）によるものなのかを検証した。実証分

3　「福井モデル」に対する一つの批判的な意見は，福井県の男性の家事負担割合が全国的に見ても低く，女性に家事のしわ寄せがきている点である。この点は，同じように女性の労働力率と出生率がともに高いスウェーデンなど，北欧型モデルとは大きく異なる。伝統的な共同体意識が残る中で，男性の家事負担割合を高めるための意識改革は，「福井モデル」の課題である。

4　この分野のサーベイとして，中村・丸山（2012）が参考になる。

第5章　少子高齢化と親子間の助け合い　129

表5-3　共働き世帯割合の都道府県別ランキング

（単位：%）

		2000年		2005年		2010年
上位1位	山形	42.92	福井	39.55	福井	36.44
上位2位	福井	42.61	山形	39.38	山形	36.05
上位3位	富山	41.44	富山	38.63	富山	35.11
上位4位	新潟	38.59	新潟	36.19	新潟	32.95
上位5位	鳥取	38.51	長野	35.80	長野	32.90
上位6位	長野	38.08	岐阜	35.16	島根	32.79
上位7位	島根	37.69	島根	34.94	岐阜	32.34
上位8位	岐阜	37.08	石川	34.61	石川	32.18
上位9位	石川	37.07	鳥取	34.43	鳥取	31.98
上位10位	秋田	36.35	佐賀	34.07	佐賀	31.74
下位10位	千葉	27.10	千葉	25.89	千葉	23.54
下位9位	奈良	25.55	奈良	24.93	奈良	22.98
下位8位	京都	25.27	兵庫	24.35	兵庫	22.74
下位7位	兵庫	25.10	京都	24.06	京都	22.49
下位6位	北海道	24.35	福岡	23.35	沖縄	22.35
下位5位	福岡	24.30	神奈川	23.02	福岡	21.82
下位4位	沖縄	24.07	北海道	22.59	神奈川	21.39
下位3位	神奈川	23.25	沖縄	22.43	北海道	21.24
下位2位	大阪	21.33	大阪	20.52	大阪	19.08
下位1位	東京	19.95	東京	18.97	東京	17.74

（出所）　総務省統計局「国勢調査」。

析は2段階で行われ，まず親から子への金銭的移転が行われるかどうか（0
か1かの選択）の決定要因が，次に金銭的移転が行われる場合にその金額が
どれくらいになるかの決定要因が分析された。

　利他主義に関する分析では，他の人（々）への思いやりを明示的に家族の
経済分析に導入したBecker（1974）の考えが取り入れられ，親が子の幸せ
（効用）を高めるために子への金銭的移転が行われるとされた[5]。一方，利己
的な動機に基づく取引の分析では，子に世話をしてもらうことを望む親が，

5　モデルの代表的なケースは，いわば親子は単一の意思決定主体として親子の所得を
プールして支出しているかのように行動するunitaryモデル（所得プーリング）であ
る。ただし，Hayashi（1995）は，日本のデータを用いて，同居している親子がそれ
ぞれの所得をプールして消費を行っているという仮説に対する反証を示している。

子が親へ提供するサービスや時間の対価として，子へ（正の）金銭的移転が行われるとされた。このような想定のもとでは，まず以下のような性質が導かれる（詳しい導出は，補論1を参照）。

性質1：親から子へ正の金銭的移転を行うか，まったく行わないかの意思決定を考える。この時，親から子への金銭的移転は，その動機にかかわらず，親の所得が低く，子の所得が高いほど行われにくい（すなわち，親の所得が高く，子の所得が低いほど金銭的移転が行われやすい）。

この性質が生まれるのは，親の所得が非常に低い場合には親は自らの消費で手一杯で子に金銭的移転をする余裕がない一方，子の所得が十分に大きい場合には子は親からのサポートがなくても自らの所得だけで十分な消費ができるからである。しかし，ひとたび親から子へ正の金銭的な移転が行われる状況になると，子の所得の上昇が移転の金額に与える影響は，その動機が利他的なものなのか利己的なものなのかによって異なる可能性が生まれ，以下のような性質が成立する（詳しい導出は，補論1を参照）。

性質2：親から子へ正の金銭的移転が行われるとする。この時，その動機にかかわらず，親の所得が高いほど，親は子に対してより大きな額の金銭的移転をする。しかし，金銭的移転の動機が利他主義に基づく場合，子の所得が低いほど親は子に対してより大きな額の金銭的移転をするのに対して，金銭的移転が利己的な取引動機に基づく場合，一定の条件のもとで，子の所得が高いほど親は子に対してより大きな額の金銭的移転をする。

動機にかかわらず，所得が高い親ほど子により大きな額の金銭的移転をする理由は，親の所得が高ければそれだけ子をサポートする余裕が生まれるからである。しかし，利他的な動機では子の所得が低いほど親は子をよりサポートをしたいと考えるのに対して，利己的な取引動機では子の所得が高いほど子からのサービスに多くの対価を親は支払う必要が出てくる。このため，性質2で述べた通り，一定の条件のもとで，子の所得の上昇が金銭的移転の金額に与える影響は，動機が利他的か利己的かによって大きく異なる可能性

がある（詳しい導出は，補論1を参照）。

　Cox はこの性質に注目して，PCPP（President's Commission on Pension Policy）調査を用いて金銭的移転の有無や（正の）金銭的移転の額の決定要因を推定し，説明変数である子の所得の係数の符号を検定することにより，どちらの動機が重要であるかを考察した。Cox の分析で用いた PCPP 調査の特徴は，1979 年に米国の 3440 世帯（4605 家族）を対象にし，家族間で行われるさまざまな形の生存者間での（inter vivos）金銭的移転を含む個票データであることである。米国のデータを用いた Cox の分析結果によると，親から子への金銭的移転の多くが利己的な動機に基づくものであった。

4　日本のデータを用いた実証分析

　以下では，Cox が米国のデータを用いて行ったのと同様の推計を日本のデータを用いて分析した Sakudo（2015）の結果を紹介し，日本における親子間の金銭的移転動機を検証する。具体的には，若年女性の生活実態を包括的に調査した家計経済研究所の『消費生活に関するパネル調査』の結果を用いて，日本における親から子への金銭的移転の動機が米国とどのように異なるのかを考察する。『消費生活に関するパネル調査』では，1993 年に全国から無作為抽出した 24〜34 歳の若年層の女性 1500 人を対象にし，以降，ほぼ 5 年ごとに新たな対象者を追加している。推計では，四つのグループ（コーホート）から構成される 1993 年から 2010 年のサンプルが用いられた（用いた変数の詳細は，補論 2 を参照）。

　推計をもとに，前節の二つの性質が成立するかどうかを検証することができる。すなわち，まず正の金銭的移転が行われるか否かの確率に関するプロビット推計を行ってその符号条件が正しいことを確認したのち，正の金銭的移転が行われる条件のもとでの金銭的移転の額に関するトービット推計を行い，その符号条件から親から子への金銭的移転が利他的な動機と利己的な動機のどちらに基づくものなのかを考察する。いずれの推計でも，核となる説明変数は子の所得と親の所得である。ただし，推計では，年齢，学歴や配偶状態といった個人属性をコントロール変数として，説明変数に追加している。

132　第Ⅱ部　日本の経済社会システムの課題

表5-4　プロビット推計（すべてのサンプル）

	金銭的移転をする確率
子の所得	− 0.002***
	(0.0001)
親の所得	0.079***
	(0.009)
既　婚	− 0.745***
	(0.034)
年　齢	0.001
	(0.002)
学　歴	0.080***
	(0.011)
サンプル数	21,655

（注）　括弧内の数字は標準誤差を表す。
　　　*$p<0.1$, **$p<0.05$, ***$p<0.01$.
（出所）　Sakudo（2015）。

表5-5　トービット推計（すべてのサンプル）

	金銭的移転額
子の所得	− 0.221***
	(0.012)
親の所得	8.512***
	(0.942)
既　婚	−77.618***
	(3.6)
年　齢	0.762***
	(0.237)
学　歴	6.562***
	(1.076)
サンプル数	21,655

（注）　括弧内の数字は標準誤差を表す。
　　　*$p<0.1$, **$p<0.05$, ***$p<0.01$.
（出所）　表5-4と同じ。

　表5-4は，被説明変数として正の金銭的移転が行われるか否かを表す1と0の値を使ったプロビット推計の結果である。表では，すべてのサンプルを用いた結果を示している。「性質1」が示す通り，動機にかかわらず，親の所得の上昇は正の金銭的移転が行われる確率を高める一方で，子の所得の上昇は正の金銭的移転が行われる確率を低下させる。このため，プロビット推計では，親の所得がプラスの符号をとることが予想される一方，子の所得はマイナスの符号をとることがモデルから予測される。表5-4の推計結果は，この予測通り，親の所得は有意なプラス符号をとった一方，子の所得は有意なマイナスの符号をとった。これらの結果から，日本のデータを用いた場合でも，Coxのモデルをサポートすることが確認できる。

　一方，表5-5は，被説明変数として正の金銭的移転が行われた場合にその金額の値を，また移転が行われない場合には0の値を用いたトービット推計の結果である。表5-4と同様に，表にまとめられた推計結果は，すべてのサンプルを用いた結果である。「性質2」が示す通り，動機にかかわらず，親の所得の増加は金銭的移転の金額を増加させる。表5-5にまとめられた推計結果は，この予測通り，親の所得は有意なプラスの符号をとった。この結果

は，Cox による米国の推計結果とも整合的である。

　しかし，表5-5の結果で注目しなければならないのは，子の所得の符号である。これは，「性質2」が示す通り，子の所得の上昇が金銭的移転の金額にどのような影響があるかは，その動機に依存するからである。すなわち，トービット推計では，利他主義が動機の場合は子の所得はマイナスの符号をとることがモデルから予測される一方で，利己的な取引動機の場合は子の所得は一定の条件のもとでプラスの符号をとることが予測される。

　Cox による米国の推計結果では，子の所得は有意なプラスの符号をとることが示された。Cox はこの結果をもとに，米国では利己的な取引動機が親から子への金銭的な移転の主因であると結論付けた。これに対して，表5-5にまとめられた日本の推計結果は，米国の推計結果とは逆に，子の所得は有意なマイナスの符号をとった。「性質2」でも，マイナスの符号は，必ずしも利己的な取引動機の存在を否定するものではない。しかしながら，日本のデータを用いたトービットの推計結果は，少なくとも米国のように利己的な取引動機を強くサポートせず，むしろ日本では親から子への金銭的移転が利他主義による面が多い可能性が高いことを示唆していると言える。換言すれば，日本では，親子間の金銭的・非金銭的な移転を考える際に，家族内の思いやりが重要である可能性が高いと言える。

5　推計結果の頑健性

　これまで見てきた通り，日本では米国とは異なり，正の金銭的移転が行われる条件下での金銭的移転額を被説明変数としたトービットの推計で，子の所得の係数がマイナスで統計的に有意となり，親子間の取引関係は利他的な動機による可能性が高い。以下では，このトービットの推計結果が，すべてのサンプルを用いる場合ではなく，配偶状態別や居住地域別の子のサンプルを用いた場合にどのように変わるかを検討する。

　まず，トービットの推計を子のサンプルを未婚女性に限った場合と，既婚女性に限った場合それぞれについて行った。配偶状態別に比べると，米国での結果と同様に，未婚女性の子に対する金銭的な移転がより大きい傾向がある。このため，サンプルを，未婚女性と既婚女性とに分けてそれぞれ推計す

134　第Ⅱ部　日本の経済社会システムの課題

表5-6　トービット推計（未婚女性サンプル）

	金銭的移転額
子の所得	− 0.087***
	(0.006)
親の所得	5.318***
	(0.479)
年　齢	− 0.544***
	(0.142)
学　歴	2.040***
	(0.577)
サンプル数	6,852

(注)　括弧内の数字は標準誤差を表す。
　　　*p＜0.1. **p＜0.05. ***p＜0.01.
(出所)　表5-4 と同じ。

表5-7　トービット推計（既婚女性サンプル）

	金銭的移転額
子の所得	− 0.109***
	(0.015)
親の所得	6.363***
	(1.222)
年　齢	− 0.195
	(0.294)
学　歴	9.990***
	(1.416)
サンプル数	14,411

(注)　括弧内の数字は標準誤差を表す。
　　　*p＜0.1. **p＜0.05. ***p＜0.01.
(出所)　表5-4 と同じ。

ることは重要である。表5-6 は子のサンプルを未婚女性に限った結果を，また表5-7 は既婚女性のサンプルに限った結果をまとめたものである。

　いずれの推計でも，全サンプルを用いたケースと同様に，親の所得は有意なプラスの符号をとる一方で，子の所得は有意なマイナスの符号をとった。前節の結果は，未婚女性か既婚女性かにかかわらずロバスト（頑健）で，日本では親が娘を思いやる利他主義が重要であることを示唆している[6]。しかし，係数の絶対値を見ると，いずれの係数も，未婚女性サンプルより既婚女性サンプルを用いたケースの方が絶対値が大きい。このことは，親から未婚女性の子への金銭的移転よりも既婚女性の子への金銭的移転の方が，利他的な動機に基づいて行われている可能性が高いことが示唆される。

　もっとも，未婚女性の子をサンプルとした場合でも，親と同居する（同じ屋根の下，もしくは，同じ敷地内に住む）未婚女性よりも，親と同居しない未婚女性のケースで利他的な動機がより顕著である可能性が高い。表5-8(a)は親と同居しない未婚女性の子のみをサンプルとしたトービット推計の結果，また表5-8(b)は親と同居する未婚女性の子のみをサンプルとしたトービット推

6　ただし，日本でも，既婚男性の子を含むサンプルでは，統計的に有意な結果が得られず，同居・非同居にかかわらず，利他主義かどうかははっきりしなかった。

第5章　少子高齢化と親子間の助け合い　**135**

表5-8　未婚女性のトービット推計（非同居と同居サンプル）

(a)　未婚女性，非同居サンプル

	金銭的移転額
子の所得	−0.122***
	(0.018)
親の所得	15.040***
	(1.732)
年　齢	−0.778*
	(0.410)
学　歴	6.875***
	(1.826)
サンプル数	1,533

（注）　括弧内の数字は標準誤差を表す。
　　　*p<0.1, **p<0.05, ***p<0.01.
（出所）　表5-4と同じ。

(b)　未婚女性，同居サンプル

	金銭的移転額
子の所得	−0.066***
	(0.005)
親の所得	3.021***
	(0.370)
年　齢	−0.597***
	(0.124)
学　歴	1.252***
	(0.462)
サンプル数	5,319

（注）　括弧内の数字は標準誤差を表す。
　　　*p<0.1, **p<0.05, ***p<0.01.
（出所）　表5-4と同じ。

表5-9　トービット推計（大都市と地方サンプル）

(a)　大都市サンプル

	金銭的移転額
子の所得	−0.195***
	(0.021)
親の所得	10.375***
	(1.713)
既　婚	−74.440***
	(6.790)
年　齢	1.992***
	(0.454)
学　歴	4.907**
	(2.097)
サンプル数	5,775

（注）　括弧内の数字は標準誤差を表す。
　　　*p<0.1, **p<0.05, ***p<0.01.
（出所）　表5-4と同じ。

(b)　地方サンプル

	金銭的移転額
子の所得	−0.234***
	(0.015)
親の所得	7.401***
	(1.129)
既　婚	−78.286***
	(4.244)
年齢	0.198
	(0.277)
学歴	6.864***
	(1.248)
サンプル数	15,880

（注）　括弧内の数字は標準誤差を表す。
　　　*p<0.1, **p<0.05, ***p<0.01.
（出所）　表5-4と同じ。

計の結果である。表から容易にわかるように，未婚女性のサンプルでは，同居・非同居別にかかわらず，動機が利他主義という結果が支持されたが，利他主義の度合いは非同居である方が統計的有意に大きかった。同居している親子間では，同居という非金銭的移転をすでに行っている分，親から子への

金銭的移転が少なくなる傾向があることを示唆している。

最後に，子のサンプルを大都市圏に限ったトービット推計と，地方圏に限ったトービット推計とをそれぞれ行った。一般に，親から子への金銭的移転は，大都市圏と地方圏とを比べると，大都市圏の方が平均的に金額は大きい。しかし，都会と地方のサンプルを分けて，Cox（1987）と同様のテストを行った場合，表5-9が示すように，大都市圏（表5-9(a)）と地方圏（表5-9(b)）との間で，利他主義の大きさに統計的有意な差は観察されなかった。この結果は，利他主義による家族内の思いやりは，必ずしも地方固有のものではないことを示唆している。

6　親子間の移転と子の独立

これからの日本では，少子高齢化による労働人口の減少が経済成長の大きな足かせとなる。このため，アベノミクスの成長戦略でも，「女性が輝く日本」が謳われ，25〜44歳の女性就業率を，2012年の68％から20年には73％にまで上げる目標が掲げられている。そうした中で，「福井モデル」のような親子間の助け合いを考慮したアプローチは，女性の労働参加率を高めながら，出生率を維持することで，少子化と労働人口の減少の両方を食い止めるための一つの有力なモデルと言える。とくに，前節までで見たように，わが国では，利他主義に基づく親子間の助け合いという意識が依然として残っており，その意識を活用すれば問題解決への一助となる可能性もある。

ただ，各地域の置かれた状況は多様で，「福井モデル」の前提条件が他のすべての都道府県に当てはまると考えるのは短絡的であろう。まず指摘したいのが，三世代同居世帯を前提とした「福井モデル」が成立するには，「早婚であり，生涯未婚率が低い」ことが必要だということである。なぜなら，晩婚であったり，生涯未婚のままであったりすれば，そもそも三世代同居は成立しないからである。

「早婚であり，生涯未婚率が低い」という条件は，合計特殊出生率が全国平均を上回る地方圏で成立しているケースは少なくない。たとえば，大橋（2013）は，地方圏を中心に，全国47都道府県中33がこのカテゴリーに入ると分類している。しかし，大都市圏など合計特殊出生率が低い都道府県で

は，「晩婚であり，生涯未婚率が高い」ことが一般的である。したがって，少子化対策が最も必要な都道府県で，「福井モデル」が当てはまりにくいことになる。

　より大きな問題は，親世代との同居などを通じた非金銭的な助け合いは，結婚した世帯にとっては出生率や女性の労働参加率を高めるうえでプラスに働くとしても，結婚前の子供にとっては結婚時期を遅らせ，結果的に出生率を低める可能性があることだ。たとえば，Sakudo（2007）は，家計経済研究所の「消費生活に関するパネル調査」の結果に，厚生労働省「賃金構造基本統計調査」，および，国土交通省「地価公示」・「都道府県地価調査」の結果を合わせて用い，親子間の金銭的移転と，親子の同居や子の結婚という世帯構成の変化，および，あり方の決定についてさまざまな観点から考察した。分析では，「消費生活に関するパネル調査」の最初のグループと1997年に追加されたグループを合わせた1993年から2001年のデータを使い，そのうち，最初に観測された時点（調査の対象者となった年）で未婚状態であるサンプルにしぼり，そのサンプルを追跡して構築したパネルデータを用いて，親と娘が互いに思いやりのある家族のモデルを推定した。

　その結果，推定されたモデルに基づいて行った反実仮想（counterfactual）シミュレーションで，同居という親子間の非金銭的移転の存在は，独身女性が未婚にとどまる確率を上昇させる傾向にあることを明らかにした。とくに，この傾向は，年齢が若いグループで顕著で，仮に政府が子供の家賃の半額を補助しても，未婚のままで親と同居する割合はわずかしか減少しないという結果であった。他方で，非金銭的移転を除いた親子間の金銭的移転の存在は，同居率を低下させ，未婚にとどまる確率を低下させる傾向があり，とくに年齢が若いグループと所得の低いグループでこの傾向が顕著であることを明らかにした。

　大都市圏を中心に進行する晩婚化・未婚化の原因はさまざまな要因が関係していると考えられるが，未婚率の上昇は出生率が低迷する大きな要因である。「晩婚であり，生涯未婚率が高い」大都市圏など合計特殊出生率が低い都道府県では，「福井モデル」を議論する前に，晩婚化をなくし，未婚率を低めることがまずは先決であると言える。同居率が出生率に与える影響は，大都市圏を中心に進行する晩婚化・未婚化の影響をコントロールしたうえ

138 第Ⅱ部 日本の経済社会システムの課題

で，その効果を議論することが重要である[7]。

7 おわりに

　今後急速なスピードで進行すると予想されている少子高齢化は，日本経済が抱える最大の課題の一つである。本章では，このような少子高齢化を考えるうえで重要なファクターと考えられる家計内の行動を，地域間の差異や親子間の助け合いという観点から考察した。わが国では，米国とは異なり，家族間で支え合う利他主義の考え方が根強く存在する。ただ，世代間の支え合いの取組み（親世代と子世代が助け合う，子供のいる家庭の家事を親世代の人たちが手伝ったり，お年寄りの手伝いを子供がしたり）は地域ごとに差があることも事実である。このため，親子間の助け合いがいかなる影響を与えるかは，一概にははっきりせず，地域ごとの特性によって，結論が異なってくる。

　政府が掲げる成長戦略では，「地方創生」も大きなテーマとなっているが，その実現にはいまだ多くの課題が残っていると言える。生産年齢人口と老年人口のアンバランスは地方で先駆けて進行しており，労働力の主たる担い手となる人口の減少によって地域経済が停滞することが大きく懸念されている。成長戦略の恩恵を全国津々浦々までいかに浸透させるかについて，依然として残された課題は山積みであると言える。

【補論1】 「性質1」および「性質2」の証明

　この補論では，本文中で「性質1」および「性質2」としてまとめた親の所得や子の所得が金銭的移転に与える影響を，親の効用最大化モデルを使っ

---

7 樋口・松浦・佐藤（2007）は，家計経済研究所の「消費生活に関するパネル調査」の結果を用いて，地域的な要因が出産行動と就業の継続に及ぼす影響について分析し，住宅事情，通勤時間，保育所定員数などが，地域差を生み出していることを明らかにしている。また，宇南山（2009）は，都道府県別の比較を行うことで，結婚による離職率を説明する最も重要な要因は，保育所の整備状況であり，育児休業制度や3世代同居率は大きな影響を与えていないと結論付けている。

て証明する。証明は，まず金銭的移転が利他的な動機（altruism）に基づく場合に関して行われ，次に利己的な取引動機（exchange）に基づく場合に関して行われる。

（1）利他的な動機に基づく金銭的移転

　親から子への金銭的移転が利他的な動機に基づく場合，子が親に対してサービスや時間の提供を行わなくても，親は子の効用を高めるために子への金銭的移転を行う。今，親と子の消費をそれぞれ c_p と c_k，親と子の移転前所得をそれぞれ I_p と I_k，親から子への所得移転を T とすると，このような利他主義に基づく親の行動は，以下のような制約条件付きの効用最大化モデルによって書き表すことができる。

$$\text{Max } U = U(c_p) + v(c_k),$$
$$\text{subject to } c_p \leq I_p - T \text{ and } c_k \leq I_k + T.$$

ここで，利他主義に基づく親の効用 U は，自らの消費 c_p からの効用 $U(c_p)$ と，子の消費 c_k からの効用 $v(c_k)$ の合計で表されている[8]。また，効用関数 $U(c_p)$ と $v(c_k)$ は，いずれも凹の増加関数である。

　効用が飽和しないと仮定すると親と子の予算制約式はいずれも等号で成立する（すなわち，消費 c_p と c_k は移転後の所得に等しい）ため，この効用最大化問題は，以下のような効用最大化モデルとして書き表すことができる。

$$\text{Max } U = U(I_p - T) + v(I_k + T)$$

この最大化問題の一階の条件は，上式を所得移転 T で微分することで次のようになる。

$$T = 0 \text{ のとき，} U'(I_p) \geq v'(I_k)$$
$$T > 0 \text{ のとき，} U'(I_p - T) = v'(I_k + T)$$

$U'' < 0$ および $v'' < 0$ から，親の所得 I_p が小さく，子の所得 I_k が大きいほど，不等号 $U'(I_p) > v'(I_k)$ は成立し，$T = 0$ となりやすくなる。このことは，

8　親の効用 U が $U(c_p)$ と $v(c_k)$ の合計で表されているという仮定は，親は自らの消費だけでなく，子の消費からも効用を得るが，子の消費からの効用は自らの消費の影響を受けないことを意味する。ただし，以下の議論は，より一般的な効用関数のものでも成立する。

利他的な動機に基づく親から子への金銭的移転は，親の所得が低く，子の所得が高いほど行われないという「性質1」が成立することを示している。

一方，$T>0$ の時，$U'(I_p - T) = v'(I_k + T)$ が成立することから，以下の関係を導くことができる。

$$\frac{\Delta T}{\Delta I_p} = \frac{U''}{U'' + v''} > 0,$$

$$\frac{\Delta T}{\Delta I_k} = -\frac{v''}{U'' + v''} < 0.$$

したがって，親から子へ利他主義に基づいて正の金銭的移転が行われる場合，その金額は，親の所得が高く，子の所得が低いほど多くなるという「性質2」が成立することが確認できる。

以上の結果は，効用関数を特定化することで，より明確に確認できる。たとえば，親の効用関数がそれぞれ $U(c_p) = \ln c_p$ および $v(c_k) = \alpha \ln c_k$ と表されるとする。この時，一階の条件 $U'(I_p - T) = v'(I_k + T)$ から，$T = (\alpha I_p - I_k)/(1 + \alpha)$ となる。したがって，$\alpha I_p \leq I_k$ の時（すなわち，親の所得が低く，子の所得が高い時），$T = 0$，すなわち，親から子へ利他主義に基づいた金銭的移転は行われない（「性質1」）。

一方，$\alpha I_p > I_k$ の時，$T > 0$ となり，親から子へ利他主義に基づいて正の金銭的移転が行われる。また，この時，$\Delta T/\Delta I_p = \alpha/(1+\alpha) > 0$ および $\Delta T/\Delta I_k = -1/(1+\alpha) < 0$ となることも確認することができる。したがって，親から子へ利他主義に基づいて正の金銭的移転が行われる場合，その金額は，親の所得が高く，子の所得が低いほど多くなる（「性質2」）。

(2) 利己的な取引動機に基づく金銭的移転

親から子への金銭的移転が利己的な取引動機に基づく場合，親は子が行ったサービスや時間の提供の対価として子へ金銭的移転を行う。今，親の消費を c_p，子の所得移転後と移転前の消費をそれぞれ $c1_k$ と $c0_k$，子から親へのサービスを s とすると，このような利己的な取引動機に基づく親の行動は，以下のような制約条件付きの効用を，予算制約式のもとで最大化するモデルによって書き表すことができる。

$$\text{Max } U = U(c_p) + V(s),$$

subject to $u(c1_k) - L(s) \geq u(c0_k) - L(0)$

ここで，$U(c_p)$ と $V(s)$ は親が得る効用，$u(c_k)$ は子の効用で，いずれも凹の増加関数である。また $L(s)$ は，子が親にサービス s を提供することによる不効用で，s に関する凸の増加関数である。

上式で表される最大化問題において，利己的な動機に基づく親の効用 U は，自らの消費 c_p からの効用 $U(c_p)$ と子のサービス s からの効用 $V(s)$ の合計で表されている[9]。また，制約条件は，子が親にサービスを提供する誘因整合性（incentive-compatibility）の条件で，子が親からの金銭的移転の対価として親にサービスを提供したときの効用 $u(c1_k) - L(s)$ が，対価をもらわずサービスも提供しないときの効用 $u(c0_k) - L(0)$ 以上であることを示している。

効用が飽和しないと仮定すると，親と子の消費はそれぞれの所得に等しい。このため，上の制約条件付き最大化問題は，親と子の移転前所得をそれぞれ I_p と I_k，親から子への所得移転を T とすると，次のような制約条件付き最大化問題となる。

$$\text{Max } U = U(I_p - T) + V(s),$$

$$\text{subject to } u(I_k + T) - L(s) \geq u(I_k) - L(0).$$

この制約条件付き最大化問題の一階の条件は，

$T = 0$ の時，$\dfrac{U'(I_p)}{V'(s)} \geq \dfrac{u'(I_k)}{L'(s)}$,

$T > 0$ の時，$\dfrac{U'(I_p - T)}{V'(s)} = \dfrac{u'(I_k + T)}{L'(s)}$.

となる。

$U'' < 0$ および $u'' < 0$ であることから，親の所得 I_p が小さく，子の所得 I_k が大きいほど，不等号 $U'(I_p)/V'(s) > u'(I_k)/L'(s)$ は成立しやすくなる。また，T が十分に 0 に近い時，子の所得 I_k が大きいほど，不等号 $u(I_k + T) - L(s) \geq u(I_k) - L(0)$ は成立しにくくなる。このことは，親から子への金銭的移転は，親の所得が低く，子の所得が高いほど行われない（すなわち，

---

9 以下の議論は，親の効用 U が $U(c_p)$ と $V(s)$ の合計ではなく，$U(c_p, s)$ といったより一般的な効用関数を使った場合でも本質的に同じである。

$T=0$）という「性質1」が，利己的な取引動機に基づく場合でも成立することを示している。

一方，$T>0$ の時，$U'(I_p-T)/V'(s)=u'(I_k+T)/L'(s)$ および $u(I_k+T)-L(s)=u(I_k)-L(0)$ が成立することから，以下の関係を導くことができる。

$$\frac{\Delta T}{\Delta I_p}=\frac{U''L'}{A}>0,$$

$$\frac{\Delta T}{\Delta I_k}=\frac{-u''V'+(U'L''-u'V'')(u'-u_0')/L'}{A}.$$

ただし，$A\equiv(U''L'+u''V')-(U'L''-u'V'')u'/L'<0$。また，$u_0'$ のみ $T=0$ とした微分である。

常に $\Delta T/\Delta I_p>0$ が成立するから，親から子への金銭的移転が利己的動機に基づいて行われる場合，利他的な動機の場合と同様に，その移転金額は，親の所得が高いほど多くなるという「性質2」の結果が成立することが確認できる。

一方，$\Delta T/\Delta I_k$ に関しては，右辺の分子の第1項 $-u''V'$ が正であるのに対して，分子の第2項 $(U'L''-u'V'')(u'-u_0')/L'$ は負となるため，その符号は確定しない。しかし，第2項の効果が第1項の効果を上回る場合，利他的動機に基づく場合とは異なり，$\Delta T/\Delta I_k$ の符号は正となる。したがって，親から子へ利己的動機に基づいて正の金銭的移転が行われる場合，その金額は，子の所得が高いほど多くなる可能性があるという「性質2」の結果が確認できる。

第2項の効果が第1項の効果を上回る一つのケースは，V' や L' が十分に小さい場合である。これは，親が子から得るサービスの限界効用が十分に小さい場合や，子が親にサービスを提供することになる限界不効用が十分に小さい場合に起こる。また，u' と u_0' の差が十分に大きい場合，すなわち $u'(I_k+T)$ が $u'(I_k)$ より十分に小さい場合も，第2項の効果が第1項の効果を上回る。$u''<0$ であることから，このケースは T が十分に大きい場合に起こる可能性が高い。

たとえば，親の効用関数が $U(c_p)=\ln c_p$ および $V(s)=\gamma\ln s$，子の不効用関数が $L(s)=s$ とそれぞれ表されるとする。また，子の効用関数が $c_k\le I^*$

のとき $u(c_k) = \delta_1 c_k$, $c_k > I^*$ の時 $u(c_k) = \delta_2 c_k$（ただし，$\delta_1 > \delta_2$）と表されるとする。この時，$I_k < I^* < I_k + T$ と仮定すると，制約条件 $u(I_k + T) - L(s) \geq u(I_k) - L(0)$ から，$s \leq (\delta_2 - \delta_1) I_k + \delta_2 T$ が成立する。また，$U'(I_p - T)/V'(s) \geq u'(I_k + T)/L'(s)$ から，$s \geq (\delta_2 \gamma)(I_p - T)$ となる。

　ここで s は負の値をとることがないので，この二つの不等号が等号で成立するには，T が $\{(\delta_1 - \delta_2)/\delta_2\} I_k \leq T \leq I_p$ を満たすことが必要である。また，二つの不等号が等号で成立する時，$T = \{(\delta_2 \gamma) I_p + (\delta_1 - \delta_2) I_k\}/\{\delta_2(1 + \gamma)\}$ が成立する。したがって，I_k/I_p が $\delta_2/(\delta_1 - \delta_2)$ より小さいときのみ（すなわち，親の所得 I_p が十分に大きく，子の所得 I_k が十分に小さい時），$s > 0$ および $T > 0$ となり，親から子へ利己的動機に基づいて正の金銭的移転が行われる。また，正の金銭的移転が行われる時（すなわち，$s > 0$ および $T > 0$ の時），$\Delta T/\Delta I_p = \delta/(1 + \delta) > 0$ および $\Delta T/\Delta I_k = (\delta_1 - \delta_2)/\{\delta_2(1 + \delta)\} > 0$ となることも確認することができる。したがって，親から子へ利己的動機に基づいて正の金銭的移転が行われる場合，その金額は，親の所得が高いだけでなく，子の所得も高いほど多くなる（『性質2』）。

【補論2】　使用したデータの内容

　この補論では，推計に用いた金銭的移転データと，所得のデータの詳細を説明する。

(1)　金銭的移転のデータ

　まず「すべてのサンプルでの推計」と「既婚女性とその親に関する推計」で用いた金銭的移転のデータは，「昨年1年間に得た（回答者である女性の）収入のうち，親からの仕送りや小遣いなどのその他の収入の金額（万円）」である。ここで，収入の項目として，1. 勤め先収入［勤め人の税込み収入］，2. 事業収入［自営業の税込み収入］，3. 財産収入［預貯金利子，株式配当，家賃，地代など］，4. 社会保険給付［児童手当，失業給付，遺族年金など］，5. その他の収入［親からの仕送りや小遣いなど］が含まれる。

　また，「未婚サンプルでの推計」で用いた金銭的移転のデータは，「この1

年間に，親からもらったお金：仕送りとしてもらったお金＋小遣いとしてもらったお金（万円）」である。なお，調査では，「1 仕送りとして」，「2 小遣いとして」と分けて金額を質問。もらわない場合は「0 もらわない」と回答している。

(2) 所得のデータ

子の所得のデータは，「昨年 1 年間の回答者の収入のうち，勤め先収入＋事業収入（万円）」である。なお，収入の項目として，1. 勤め先収入［勤め人の税込み収入］，2. 事業収入［自営業の税込み収入］，3. 財産収入［預貯金利子，株式配当，家賃，地代など］，4. 社会保険給付［児童手当，失業給付，遺族年金など］，5. その他の収入［親からの仕送りや小遣いなど］が含まれている。

一方，親の所得のデータは，所得の金額ではなく，以下のような幅のあるビンのデータを用いた。1＝249 万円以下，2＝250 万〜499 万円，3＝500 万〜749 万円，4＝750 万〜999 万円，5＝1000 万〜1249 万円，6＝1250 万〜1499 万円，7＝1500 万円以上。

　　＊　本研究は，独立行政法人日本学術振興会の二国間交流事業オープンパートナーシップ（共同研究）による支援を得た。

参考文献

宇南山卓（2009）「少子高齢化対策と女性の就業について──都道府県別データから分かること」RIETI Discussion Paper Series, 10-J-004。

大橋知佳（2013）「地域別にみる少子化と未婚の関係」『日経研月報』第 418 号，4 月号，64-71 頁。

坂本和靖（2006）「親との同居選択の要因とその効果──Propensity Score Matching による分析　既婚者の場合」『家計経済研究』第 72 号，21-30 頁。

中村さやか・丸山士行（2012）「子から親への世代間移転についての研究動向」『経済研究』第 63 巻 4 号，318-332 頁。

樋口美雄・松浦寿幸・佐藤一磨（2007）「地域要因が出産と妻の就業継続に及ぼす影響について──家計経済研究所『消費生活に関するパネル調査』による分析」RIETI Discussion Paper Series, 07-J-012。

ホリオカ，チャールズ・ユウジ（2002）「日本人は利己的か，利他的か，王朝的か？」大塚啓二郎ほか編『現代経済学の潮流 2002』東洋経済新報社，23-46 頁。

堀雅博・濱秋純哉・前田佐恵子・村田啓子 (2010)「遺産相続，学歴及び退職金の決定要因に関する実証分析『家族関係，就労，退職金及び教育・資産の世代間移転に関する世帯アンケート調査』の個票を用いて」ESRI Discussion Paper Series, No. 254.

Becker, Gary S. (1974) "A Theory of Social Interactions," *Journal of Political Economy* Vol. 82, No. 6, pp. 1063-1093.

Cox, Donald (1987) "Motives for Private Income Transfers," *Journal of Political Economy*, Vol. 95, No. 3, pp. 508-546.

Hayashi, Fumio (1995) "Is the Japanese Extended Family Altruistically Linked? A Test based on Engel Curves," *Journal of Political Economy*, Vol. 103, No. 3, pp. 661-674.

Oishi, A. S. and T. Oshio (2006) "Coresidence with Parents and a Wife's Decision to Work in Japan," *Japanese Journal of Social Security Policy*, Vol. 5, No. 1, pp. 35-48.

Sakudo, M. (2007) "Strategic Interactions between Parents and Daughters: Co-residence, Marriage, and Intergenerational Transfers in Japan," Ph. D. Dissertation, University of Pennsylvania.

Sakudo, M. (2015) "Motives for Inter Vivos Transfers between Altruistic Parents and Children in Japan," 2 月，統計研究会金融班春季コンファレンス。

Sasaki, M. (2002) "The Causal Effect of Family Structure on Labor Force Participation among Japanese Married Women," *Journal of Human Resources*, Vol. 37, No. 2, pp. 429-440.

Yamada, K. (2006) "Intra-family Transfers in Japan: Intergenerational Co-residence, Distance, and Contact," *Applied Economics*, Vol. 36, No. 16, 1839-1861.

第Ⅲ部　長期停滞下での日本の金融システム

第 章

「バブルの代替」と財政の維持可能性

櫻川昌哉

本章の要旨

　わが国では，国債残高が深刻な規模に達しており，財政の維持可能性は重要な政策課題である。本章では，マクロ経済に合理的バブルが存在する世界を想定して，日本財政の維持可能性を考察した。財政の維持可能性を考えるうえで決定的な役割を果たすのが利子率と成長率の大小関係である。「成長率＝利子率」が成立する世界では，財政収支の長期的な均衡にとって，現行の政府債務を必ずしも将来の基礎的財政収支の黒字で埋め合わせる必要はない。基礎的財政収支が均衡している限りにおいて，既存の国債残高を新規の国債発行で借り替えても維持可能性は保たれる。分析では，土地から国債へと「バブルの代替」が日本経済に起きたために，大量発行される国債が価格の暴落に見舞われることもなく，また急激なインフレを引き起こすこともなく，安定的に市場に消化されてきたのではないかという仮説を提示して，理論とデータの両面から考察した。計測結果は，地価バブルの持続的な収縮過程を考慮することによって，国債大量発行と低インフレが両立することを説明できることを示唆するものであった。

148　第Ⅲ部　長期停滞下での日本の金融システム

1　はじめに

1990 年代以降，国債は GDP をはるかに上回るスピードで大量発行されており，政府債務残高（対 GDP 比）は今や 230% を超えている。

さらに悪いことに，政府には財政改革への強い意志は見られず，1993 年から現在に至るまで基礎的財政収支（プライマリー・バランス）の赤字を継続している。標準的な経済成長論の世界では，経済は長期的には資産と GDP が同率で成長する均斉成長経路の近傍に収束すると考えられるので，政府債務残高（対 GDP 比）がかなり長い期間にわたって上昇を続けることを想像することは難しい。にもかかわらず，政府への信用は維持されているとみえて，政府債務残高（対 GDP 比）は上昇を続けつつも国債利回りは低位で安定しており，インフレーションも起きていない。本章では，低インフレと低い国債利回りを維持しながら国債が大量に発行され，そして財政が維持されてきたメカニズムを考察する。

財政の維持可能性を検討した初期の研究として Hamilton and Flavin (1986) を挙げることができる。彼らは，政府の動学的予算制約式における横断性条件が満たされているかどうかを分析することで財政の維持可能性を検証しようとしている。土居（2006）はこのアプローチに沿った分析を行っており，大幅な増税なしには，日本の財政は維持可能ではないと結論付けている。一方，債務残高／GDP の長期的な収束条件を満たしているかどうかを調べることで財政の維持可能性を検証しようとしたのが Bohn (1998) である。彼の提案した手法は，「割引率」がプラスであることを前提とする Hamilton and Flavin (1986) とは対照的に，利子率が成長率を上回る経済を前提としていない点に特徴がある。実際のところ，国債利回りが経済成長率を下回る現象はしばしば観察されており，利子率と成長率の大小関係いかんにかかわらず使える手法は，この分野において実用性が高い[1]。日本においては井堀ほか（2000）による研究があり，日本経済においては Bohn の条件が満たされていないという結果を見出している。

財政の維持可能性を考えるうえで決定的な役割を果たすのが利子率と成長率の大小関係である。利子率が成長率を上回ることを暗黙の前提と考える主

第6章 「バブルの代替」と財政の維持可能性　149

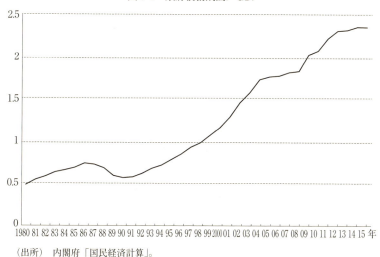

図6-1　政府債務残高／GDP

(出所)　内閣府「国民経済計算」。

流派経済学の世界では，将来の基礎的財政収支の現在価値が国債の信用の根拠となる。一方，利子率が成長率を下回るようになると，「ドーマー条件」の世界が成立して基礎的財政収支の持つ意味も変化する。金融市場で「金余り」が常態化すると，利子率は下げ止まり，バブルが過剰貯蓄を吸収するようになる。1980年代に土地バブルを経験し，90年代以降には現在に至るまで流動性の罠（つまり貨幣バブル）を経験した日本経済を対象としたとき，潜在的に資産バブルの存在を視野に入れた枠組みの中で財政の維持可能性を考察することは十分に意味のある試みであると思われる[2]。

　本章では，合理的バブル（rational bubbles）が存在するマクロ経済モデルを想定して，日本の財政の維持可能性を考察する。Tirole（1985）は，Diamond（1965）の世代重複モデルにおいて利子率が成長率を下回るとき，本

---

[1] アメリカは終戦直後から1960年頃まで，FRBと中央政府との間では"アコード"と呼ばれる時期があり，戦時中に発行された大量の国債をスムーズに償還するために，FRBが大量に買い入れて国債利回りを2%程度に据え置いた。その間，経済は4%程度で成長したので，割引率はマイナスになってしまうというやっかいな問題に直面した。

[2] 村瀬・安藤（2014）は，流動性の罠をバブル均衡と描写するモデルを提示して，日本の長期的に持続する流動性の罠を説明することに成功している。

源的価値がゼロである資産，つまり「バブル」が人々の期待によって保有され，バブル資産が資本蓄積と利子率の経路に影響を与えて経済の資源配分を改善することを明らかにした。一方，Ihori（1978）は，Tirole に遡ること7年，政府の発行した国債を借り換えしていくことで，Tirole と同様の結論をすでに導き出している。このことは二つの重要なインプリケーションを持っている。まず，資源配分の観点から言えば，資産バブルと借換債は実質的に等しいことが明らかにされたことである。もう一つは，利子率と成長率が等しい経済では，将来の基礎的財政収支や債務残高は財政の維持可能性を議論するうえでもはや中心的な概念からは後退して，国債の借り換えのみで財政収支は均衡することが明らかにされたことである。

　バブル経済が持つ特徴をいくつか挙げることができる。まず，バブルの発生は一国経済の過剰貯蓄を解消し，利子率を上昇させる。利子率は，最終的には経済成長率に等しくなるまで上昇する。次に，政府の動学的予算制約式の意味が変わる。「成長率＝利子率」が成立する世界では，財政収支の長期的な均衡にとって，現行の政府債務を必ずしも将来の基礎的財政収支の黒字で埋め合わせる必要はない。基礎的財政収支が均衡している限りにおいて，既存の国債残高を新規の国債発行で永遠に借り替えても財政の維持可能性は保たれる。さらに，産出量とバブルは同じ率で成長する。バブルの増加率が経済成長率の範囲にとどまれば，バブルは破裂することなく長期的に維持可能となる。

　ここで，本章で重要な位置を占める概念である「バブルの代替（bubble substitution）」について説明しておく。バブル経済の長期均衡では，「バブルの総和」が経済成長と同率で成長すれば十分であり，バブル資産が複数あるとき，個々の資産が経済成長率と同率で成長する必要はない。

　図6-2では，資産 S（株式）のバブル b_t^s と資産 G（金）のバブル b_t^g の動きはランダムウォークしているが，その総和 $\hat{b}_t$ は一定値 $\hat{b}$ に収束している。つまり，バブルを含む資産が複数存在するとき，それぞれのバブルが経済成長率と異なったスピードで成長する可能性を許容している。本章では，この考え方を応用して，土地から国債へと「バブルの代替」が起きることで，大量発行される国債が，価格の暴落に見舞われることもなく，また急激なインフレを引き起こすこともなく，安定的に市場に消化されてきたのではないか

図 6-2 「バブルの代替」の図

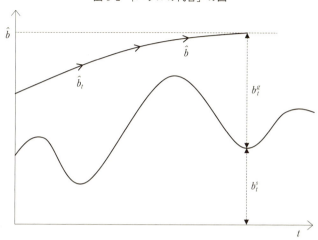

という仮説を提唱し，理論とデータの両面から考察を行う。

本章の構成は次の通りである。第2節では，日本経済の動学的効率性を検証する。バブル経済を論じるとき，動学的効率性の観点によりモデルの選択に大きな影響を与えるからである。第3節では，その結果をもとに，日本経済の動学的効率性／非効率性と整合的な理論モデルを提示し，そのうえで「バブル代替」のメカニズムを取り込む。第4節では，日本のデータを使ってバブル代替の可能性を考察し，国債大量発行と財政維持可能性へのインプリケーションを探る。

2 日本経済の動学的効率性

合理的バブルモデルを日本経済に適応するに当たって，注意を要する点がある。Tirole (1985) が考察した世界では，資本の過剰蓄積によって引き起こされる「動学的非効率性 (dynamic inefficiency)」が生じているときにバブルが発生する。日本経済が，もしバブルを潜在的に内包する経済であったとするならば，資本蓄積は黄金率経路 (golden rule) 上にあるか，あるいは黄金率経路へ至る過剰資本蓄積の局面にあったということになる。

そこで日本経済の動学的効率性／非効率性を検証する。Abel et al. (1989)

図6-3 動学的効率性の検証

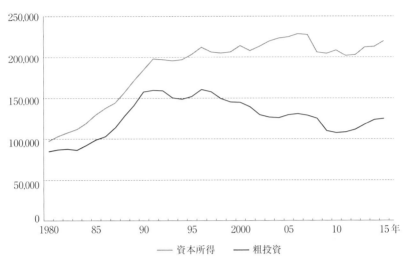

(出所) 内閣府「国民経済計算」。

は、動学的効率性を検証するために、「実質利子率＞（＜）実質成長率」の関係を「資本所得＞（＜）投資額」に読み替えることで、利子率のデータを使わない新たな検証法を提示している[3]。この手法によれば、資本所得が投資額を上回れば、経済は動学的に効率的で資本は過小蓄積の状態にあり、逆に、資本所得が投資額を下回れば、経済は動学的に非効率的で資本は過剰蓄積の状態にあるということになる。

図6-3は、1981年から現在に至るまでの資本所得と投資額を比較している。「国民経済計算」上の「営業余剰」、「混合所得」に0.5を掛けた値、「固定資本減耗」の合計で資本所得を定義し、「総固定資本形成」で投資額を定義した。常に資本所得が投資額を上回っており、その傾向は最近ほど著しい。日本経済は動学的に効率的な経済であり、資本は過小蓄積であったと一

---

[3] 二つの不等式が同値であることは、簡単に示すことができる。前者の不等式の両辺に資本を掛けると、左辺は、実質利子率×資本＝資本所得となる。一方、右辺は実質成長率×資本となるが、長期的には実質経済成長率と資本成長率、すなわち「投資／資本」はほぼ等しいであろうという認識のうえで、実質成長率を投資／資本で置き換えると、右辺は資本×投資／資本＝投資額となる。

第6章　「バブルの代替」と財政の維持可能性　**153**

図 6-4　金利と成長率

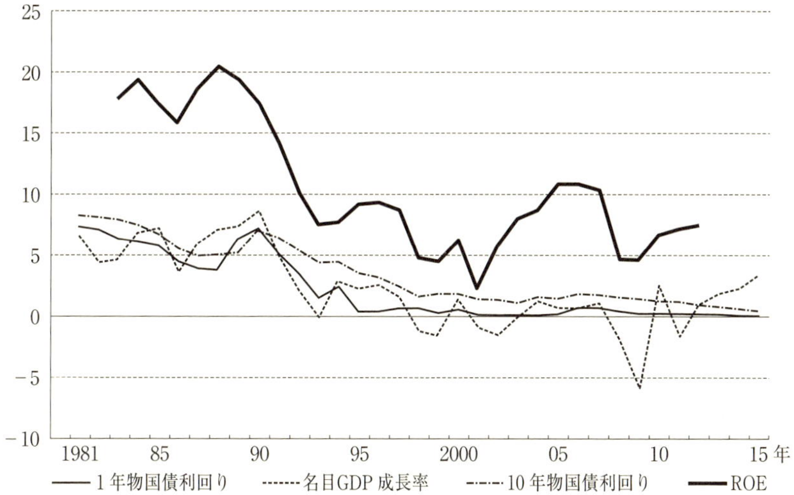

25
20
15
10
5
0
−5
−10
1981　　85　　　90　　　95　　　2000　　05　　　10　　　15 年

――― 1 年物国債利回り　　‥‥‥ 名目GDP 成長率　　―‥―‥ 10 年物国債利回り　　―― ROE

（注）　ROE のデータは，1983～2012 年の期間である。
（出所）　内閣府「国民経済計算」；財務省「法人企業統計」，ほか。

応結論付けることができよう。この結果は，バブルが長期的に存続するなら
ば，資本蓄積経路は黄金率経路上にあるか過剰蓄積でなければならないとす
る説に矛盾する。Tirole が提案したモデルでは，バブルと資本の過小蓄積は
共存しない。

　この結果を踏まえたうえで，成長率と利子率のデータを確認してみよう。
ここで取り上げたいのは安全資産の収益率としての利子率であるが，一口に
利子率と言っても，預金金利，国債金利，資本収益率（ROE）など多岐にわ
たっている。

　図 6-4 は，いくつかの金融資産の名目金利と名目成長率を表している。平
均的な資本収益率を表す ROE は常に名目成長率を上回っている。主要な安
全資産である国債の利回りは満期が短期化するにつれて低くなり，必ずしも
名目成長率を上回ってはいない。10 年物国債利回りが経済成長率を下回っ
ているのは 2013 年以降に限定されるが，1 年物国債利回りに関しては，
2000 年以降，経済成長率との大小関係はまちまちである。

　Tirole の描写した世代重複モデルでは，将来への不確実性はなく，すべて

の資産の収益率は等しくなる。しかしながら，現実の経済では，不確実性があるために個人がリスクを十分に分散できないし，また資本市場が不完全であるために，企業が投資資金を十分にファイナンスできない。こうした環境のもとでは，リスクの高い株式の収益率が，安全資産と言える預金金利や国債金利を上回る傾向にある。そして，最も興味深いのは次のケースである。

株式の収益率＞経済成長率≧安全資産の利子率

　上記の不等式が成立するときに，過小資本蓄積であってもバブルが存在する余地が生まれる。なぜなら，資本の過剰／過小蓄積を決めるのは，資本収益率と経済成長率の大小関係であり，バブルの維持可能性を決めるのは，安全資産の利子率と経済成長率の大小関係であるからである。

　解決法は少なくとも二つある。一つは，モデルに不確実性を導入することである。Abel et al.（1989）や Bohn（1998）は，将来に不確実性のある経済で，安全資産の利子率が経済成長率を下回っても動学的に効率的な資源配分が実現するケースが存在することを明らかにしている[4]。もう一つの方法は，合理的バブルモデルに，資本市場の不完全性を導入することである。この場合，資本収益率が安全資産の収益率を上回るケースをつくることができる。次の第3節では，合理的バブルモデルに資本市場の不完全性を導入することで，過小資本蓄積とバブルの長期的維持可能性が両立する理論的可能性を検討する。

3　資本市場の不完全性を導入した合理的バブルモデル

　時間の視野が無限に続く世代重複経済（overlapping generations economy）を考える。各期，無数の経済主体が生まれ，2期間生きる。人口成長はない。毎期，資本財と労働を生産要素として，規模に関して収穫一定の生産技術 $Y_t = F(K_t, A_t N_t)$ に基づいて，最終財が生産される。なお，Y_t は最終財の産出量，K_t は資本量，N_t は労働力，A_t は労働増加的な技術進歩を表し，毎期 g の率で増加する。労働効率単位で測った資本労働比率を $k_t (\equiv K_t / A_t N_t)$

4　Aoki, Nakajima and Nikolov（2014）は，こうした経済において合理的バブルが存在することを証明している。

で表したとき，生産関数は，$Y_t/A_tN_t=f(k_t)$ と労働効率 1 単位当たりの形式で表される。$f(.)$ は 3 回微分可能で増加的で，凸性を満たし，$f(0)=0$ と $\lim_{kt\to 0}f'(k_t)=+\infty$ を満足する。生産技術は規模に関して収穫一定であり，最終財を生産する企業は，競争的な市場で価格受容者として行動する。その企業は利潤最大化行動の結果として，各生産要素は，限界生産性に等しい額を支払われ，R_t を資本の収益率，w_t を賃金率とすると，$R_t=f'(k_t)$，$w_t=f(k_t)-k_tf'(k_t)\equiv w(k_t)$ となる。資本財は 1 期間生産で使われた後に完全に減耗する。最終財をニュメレールとする。このとき資本財の価格は資本の限界生産性 R_t に等しい。

若年期の期首に，各主体は，1 単位の労働力を非弾力的（inelastically）に労働市場に供給し，賃金所得を稼ぐ。各主体は，老年期の消費のみから効用を得るとし，またリスク中立的な選好を持っている。したがって，若年期の所得はすべて貯蓄される。各主体は「有限責任制（limited liability constraint）」で保護される。

各主体は，「企業家」と「投資家」とに分かれる。企業家は全体の $\alpha \times 100$％ を占め，投資家は $(1-\alpha)\times 100$％ を占める。若年期に，各企業家は 1 単位の最終財を 1 単位の資本財に 1 期間かけて変換させる投資プロジェクトを実施することができる。一方，各投資家は投資プロジェクトを実施することが不可能であり，若年期に稼いだ所得を金融資産に運用するしかない。

土地の総市場価値を F_t，土地の総レントを Π とする。土地の総レントは時間を通じて一定であるとする。土地の総レントが，人口成長率よりも低い率で成長する限り，分析の本質は変化しない。後者の条件は，土地からの収益の所得シェアが経済の成長とともに減少するときに成立する[5]。

各主体は，次期の土地の市場価値に対してその本源的価値とはまったく無関係なある「信念（belief）」を原因とする不確実性に直面する。そして次期のはじめに実現する土地価格は，確率 q で F_{t+1}^+ であり，確率 $1-q$ で F_{t+1}^-（$F_{t+1}^-\neq F_{t+1}^+$）である。なお信念の確率分布は，時間を通じて系列相関を持

---

5 Rhee（1991）は，土地からの収益の所得シェアが経済の成長とともに減少するならば，土地のある Diamond モデルにおいて資本の過剰蓄積が生じうることを証明している。さらに，土地収益の所得シェアの低減傾向は，20 世紀を通じて少なくともアメリカにおいて生じた現象であると報告している。

156 第Ⅲ部　長期停滞下での日本の金融システム

たない。土地の市場価値を 1 人当たりの表現で

$$f_t = \frac{F_t}{(1+g)^t}, \ f_t^i = \frac{F_t^j}{(1+g)^t} (j = +, \ -)$$

と表記し，さらに期待値の表現を使って

$$f_{t+1}^+ = \varepsilon_{t+1}^+ E_t f_{t+1}, \ f_{t+1}^- = \varepsilon_{t+1}^- E_t f_{t+1}$$

と書き表す。ここで ε_{t+1}^+ と ε_{t+1}^- は，$q\varepsilon_{t+1}^+ + (1-q)\varepsilon_{t+1}^- = 1$ という関係を満たす確率変数であり，E_t は t 期に得られた情報のもとでの期待値を表す演算子である。

　政府債務の名目額を D_t とし，名目利回りを R_t とする。政府の予算制約式は次式で表される。

$$(1 + R_t)D_t = D_{t+1}$$

ここでは税収と政府支出はゼロであると仮定している。物価水準を p_t として，政府債務の 1 人当たり実質残高を $d_t \equiv D_t / p_t N_t$ と表す。上式は以下のように変形される。

$$(1 + n)d_{t+1} = (1 + R_t)\frac{p_t}{p_{t+1}}b_t \tag{1}$$

なお，p_t / p_{t+1} は物価上昇率の逆数を表し，$(1 + R_t)p_t / p_{t+1}$ は，国債の粗実質金利とみなすことができる。税収と政府支出がプラスであったとしても，基礎的財政収支が均衡している限り，ここでの分析を容易に拡張することができる[6]。

　各主体は，次期の国債価格に対して，ファンダメンタルズとはまったく無関係なある「信念（belief）」を原因とする不確実性に直面する。次期のはじめに実現する物価変化率は，確率 q で $(p_t / p_{t+1})^-$ であり，確率 $1-q$ で $(p_t / p_{t+1})^+ ((p_t / p_{t+1})^- \neq (p_t / p_{t+1})^+)$ である。期待値の表現を使って，$(p_t / p_{t+1})^- = \eta_{t+1}^- E_t (p_t / p_{t+1})$，$(p_t / p_{t+1})^+ = \eta_{t+1}^+ E_t (p_t / p_{t+1})$ と書き表す。ここで η_{t+1}^- と η_{t+1}^+ は，$q\eta_{t+1}^- + (1-q)\eta_{t+1}^+ = 1$ という関係を満たす確率変数である。なお，国債価格の変化は，国債残高の増加テンポと密接に関係するときもあればしないときもある。関連性については以下で詳述する。

6　基礎的財政収支が赤字の世界では分析は大きく変更され，バブル均衡において利子率は成長率を下回る。

最後に，金融取引に関して仮定を設ける。資金の貸借を履行させる強制力が社会に備わっていないため，資金の貸し手は借り手に対して債務の支払いを強制することができないとする。しかしながら，資金の借り手は支払いを拒否して収益を持ち逃げしようとすると，収益の λ $(0<\lambda<1)\times100\%$ は，貸し手によって差し押さえられると仮定する。

はじめに，社会に資金貸借を履行させる強制力が備わっているケース，つまり資本市場が完全な世界を検討する。$t+1$ 期の利子率を r_{t+1} とすると，企業家は，最終財を I_t 単位だけ投資プロジェクトに投資することによって，$f'(k_{t+1})I_t - (I_t - A_tw_t)(1+r_{t+1})$ を稼ぎ，一方，労働で稼いだ所得をすべて金融市場で運用するとすれば，$A_tw_t(1+r_{t+1})$ を稼ぐ。もし $f'(k_{t+1})>1+r_{t+1}$ ならば，企業家は無限に資金を借りて投資を拡大しようとするであろう。そして不等式が続く限り，利子率は上昇することになる。逆に，もし $f'(k_{t+1})<1+r_{t+1}$ ならば，企業家は投資を控えるであろう。そしてやはり不等式が続く限り，利子率は下落することになる。最終的な均衡は以下の関係を満たすように決められる。

$$f'(k_{t+1}) = 1 + r_{t+1} \tag{2}$$

総貯蓄は，資本財への投資，国債ないし土地の購入に向けられ，「貯蓄＝投資」の均衡条件は，

$$A_tw(k_t) = \alpha I_t + D_t + F_t$$

という関係で表現される。また総資本を $K_{t+1} = \alpha I_t$ で定義する。前者の関係を1人当たりで書き直すと，次式で表現される。

$$(1+g)k_{t+1} = w(k_t) - d_t - f_t \tag{3}$$

各投資家は，若年期の予算制約式 $w_t = l_t + b_t + f_t$ をもとに，老年期の消費の期待値を最大化する。なお，l_t は企業家への貸出である。貸出と土地保有の間の裁定条件は次式で表現される。

$$E_t(f_{t+1}) = \frac{1+r_{t+1}}{1+g}f_t - \frac{\Pi}{(1+g)^{t+1}}$$

$t \to \infty$ のとき，右辺の第2項は無視できるので，上式は次式のように書き換えられる。

$$E_t(f_{t+1}) = \frac{1+r_{t+1}}{1+g}f_t \tag{4}$$

158 第Ⅲ部 長期停滞下での日本の金融システム

また，貸出と国債保有の間の裁定条件は次式で表現される。

$$(1+R_t)E_t(p_{t+1}/p_t)=1+r_{t+1} \tag{5}$$

式(1)と(5)の二つの式から次式が得られる。

$$E_t(d_{t+1})=\frac{1+r_{t+1}}{1+g}d_t \tag{6}$$

なお，仮定で負のバブルを排除する。

$$d_t \geq 0 \text{ and } f_t \geq 0 \tag{7}$$

「総バブル（aggregate bubbles）」を $B_t = D_t + F_t$ で定義する。労働効率単位で表記する。

$$b_t = d_t + f_t \tag{8}$$

二つのバブル，d_t と f_t，は，確率的な動きをするので，総バブル b_t もまた確率的な動きをする可能性がある。しかしながら，確率分布にある仮定を設けて，d_t と f_t の動きは確率的だけれども，b_t の動きは非確率的（non-sto-chastic）となるケースに分析の焦点を絞る。

仮定 1 $\quad f_t \varepsilon_{t+1}^+ + d_t \eta_{t+1}^- = f_t \varepsilon_{t+1}^- + d_t \eta_{t+1}^+$

仮定1は，総バブルの動きが非確率的であることを保証する。二つのバブルは負の相関を持つことになり，f_t が高騰（下落）するときには d_t は下落（高騰）しなければならない。また確率変数は，$0<\varepsilon_{t+1}^-<1<\varepsilon_{t+1}^+$ でかつ $0<\eta_{t+1}^-<1<\eta_{t+1}^+$ の関係を満たさなければならない。それぞれのバブルの動きはランダムウォークであったとしても，その合計の総バブルの動きは定常性を満たす。仮定1のもとでは，式(4)，(6)，(8)の3本の式から，総バブル a_t の動きは次のように表現される。

$$b_{t+1}=\frac{1+r_{t+1}}{1+g}b_t \tag{9}$$

また，式(3)は以下のように書き換えられる。

$$(1+g)k_{t+1}=w(k_t)-b_t \tag{10}$$

このとき，バブルの存在する均衡では，総バブルの動きが重要な役割を果たす。ここで均衡を三つに分類することができる。まず，すべての時点で b_t $=0$ である「バブルのない均衡（bubbleless equilibrium）」である。次に，す

べての時点で $b_t > 0$ でありかつ $b_t \to 0$ である「漸近的にバブルが消滅する均衡 (asymptotically bubbleless equilibrium)」である。さらに，すべての時点で $b_t > 0$ であり，かつ $b_t \neq 0$ のある点に収束する「漸近的にバブルが持続する均衡 (asymptotically bubbly equilibrium)」である。

定常状態の分析から始める。バブルのない均衡ないし漸近的にバブルが消滅する均衡の定常状態は，2変数 $\{\bar{k}, \bar{r}\}$ で描写され，以下の2式を満足する。

$$(1+g)\bar{k} = w(\bar{k}), \tag{11}$$

$$1+\bar{r} = f'(\bar{k}). \tag{12}$$

一方，漸近的にバブルが持続する均衡の定常状態は，3変数 $\{k_{GR}, r_{GR}, b_{GR}\}$ で描写され，以下の3式を満足する。

$$(1+g)k_{GR} = w(k_{GR}) - b_{GR}, \tag{13}$$

$$1+r_{GR} = f'(k_{GR}), \tag{14}$$

$$r_{GR} = g. \tag{15}$$

$\bar{r} > g$ のとき，均衡はバブルのない均衡として唯一に決まり，k_t は，初期値 k_0 を所与として，$\bar{k}$ に収束し，利子率は $\bar{r} = f'(\bar{k}) - 1 (> g)$ に収束する。この経済は動学的に効率的 (dynamically efficient) である。一方，$\bar{r} \geq g$ のとき，漸近的にバブルを伴う均衡が存在し，バブルが持続するとき，利子率は g に収束する。この場合，バブルのない均衡は動学的に非効率的 (dynamically inefficient) であり，漸近的にバブルが持続する均衡は動学的に効率的である。

次に，資本市場の不完全性をモデルに導入するとき，どのようにモデルの性質が変化するか検討してみよう。資金の借り手となる企業家も資金の貸し手となる投資家も均衡利子率 r_{t+1} を所与として行動するという点において，信用市場は競争的である。企業家は $(I_t - A_t w_t)$ の資金を借り受け，もし投資家に約束通り，$(1 + r_{t+1})(I_t - A_t w_t)$ の返済をすれば，この企業家の獲得する収益は $f'(k_{t+1})I_t - (I_t - A_t w_t)(1 + r_{t+1})$ となる。一方，支払いの約束を拒絶すれば，収益のうち $\lambda \times 100\%$ は没収されるので，残る収益は $(1-\lambda)f'(k_{t+1})I_t$ となる。したがって，資本市場の不完全性は，誘因両立性 (incentive compatibility) を内容とする以下の借入制約 (the borrowing constraint) の式(16)で表現される。

160 第Ⅲ部 長期停滞下での日本の金融システム

$$(I_t - A_t w(k_t)) \times (1 + r_{t+1}) \leq \lambda f'(k_{t+1}) I_t \quad \textbf{7} \tag{16}$$

企業家は，投資プロジェクトの収入の一定割合まで借金することができる。なお企業家はプロジェクトへの投資のためにのみ資金を借り受け，借りた資金で金融資産を買わない。

バブルのない経済の分析から始める。信用市場の均衡は次式で表現される。

$$\alpha(I_t - A_t w(k_t)) = (1 - \alpha) A_t w(k_t) \tag{17}$$

左辺は企業家の貸出需要を表し，右辺は投資家の貸出供給を表している。借入制約を表す式(16)は，式(17)を利用して，次式で表現される。

$$(1 - \alpha)(1 + r_{t+1})\lambda f'(k_{t+1}) \tag{18}$$

企業家の人口比率を表すαは，債権者（creditors）と債務者（debtors）の区別（separation）を表す指標で，借入制約で縛られる経済においては重要な意味を持つ。$\alpha \to 1$のとき，外部資金は無視できるほどの存在となり，すべての投資は企業家の自己資金で実施される。しかしながら，$\alpha \to 0$のとき，外部資金の重要性は増し，各企業家は，より多くの資金を借り入れなければならない。もう一つのパラメーターであるλは，金融契約の履行を強制する仕組みの効率性を測る指標であると解釈できる。$\lambda \to 1$のとき，誘因両立性は常に成立し，企業家は，r_{t+1}を所与として，借りたいと思うだけ借りることができる。$\lambda \to 0$のとき，企業家は一切の借入れをすることができず，自己資金の範囲で投資せざるをえない。αが小さいときやλが大きいときに，借入制約式(18)において等号が成立する傾向が高いと予想される。

結果 1

$\alpha + \lambda < 1$が成立するとき，借入制約を表す式(18)において等号が成り立つ。

【証明】仮定1と式(18)から，

---

7 内生的な借入制約は，資金の貸借におけるインセンティヴ問題を念頭に置いたさまざまなモデルから導出できる。たとえば，同様の制約は，CSV（Costly-State-Verification）アプローチによっても導き出すことができる。さらに，銀行がCSV問題の解決策として設立されるならば（たとえば，Diamond 1965），利子率r_{t+1}は預金利子率と解釈される。

$$1 + r_{t+1} \leq \frac{\lambda}{1+\alpha} f'(k_{t+1}) < f'(k_{t+1})$$

が成立する。そしてこの不等式が成立するとき，借入制約は等号で成り立つことになる。仮に等号が成り立たないとすれば，$f'(k_{t+1}) = 1 + r_{t+1}$ となり，矛盾である。（証明終わり）

　以下，$\alpha + \lambda < 1$ が成立するとして分析を進める。借入制約が等号で成り立つ経済の定常状態は，2変数 $\{\tilde{k}, \tilde{r}\}$ で描写され，以下の2式を満足する。

$$(1+g)\tilde{k} = w(\tilde{k}), \tag{19}$$

$$1 + \tilde{r} = \frac{\lambda}{1-\alpha} f'(\tilde{k}). \tag{20}$$

　式(11)と式(19)を比較すればすぐわかるように，資本の動きは借入制約によって影響を受けない。借入制約の影響は実質利子率の動きに反映される。仮定3と式(12)，(20)の二つの式から，借入制約の存在は実質利子率を低下させることが確認される。所与の総貯蓄のもとで，借入制約は投資に対する需要を抑制し，信用市場の均衡は貯蓄に等しい需要を生み出すべく利子率は下落せざるをえない[8]。

　一方，バブルが存在するとき，信用市場の均衡は次式で表現される。

$$\alpha(I_t - A_t w(k_t)) = (1-\alpha)A_t w(k_t) - B_t, \tag{21}$$

借入制約を表す式(16)は，最終的に次式で表現される。

$$\{(1-\alpha)w(k_t) - b_t\}(1+r_{t+1}) = \lambda f'(k_{t+1})\{w(k_t) - b_t\} \tag{22}$$

式(9)，(10)，(22)の3式が，漸近的にバブルを伴う均衡を定義する。借入制約が等号で成り立つ経済の定常状態は，3変数 $\{\tilde{k}_B, \tilde{b}, \tilde{r}_B\}$ で描写され，その3変数は以下の3式を満足する。

$$(1+g)\tilde{k}_B = w(\tilde{k}_B) - \tilde{b} \tag{23}$$

$$\{(1-\alpha)w(\tilde{k}_B) - \tilde{b}\}(1+\tilde{r}_B) = \lambda f'(\tilde{k}_B)\{w(\tilde{k}_B) - \tilde{b}\}, \tag{24}$$

$$\tilde{r}_B = g. \tag{25}$$

8　世代重複モデルに借入制約を導入したとき，利子率が下落することは古くからよく知られた事実である。たとえば，Azariadis and Smith（1993）を参照。一方，Bohn（1998）は，金融仲介にコストがかかるという仮定を設けて預金利子率が経済成長率を下回る可能性を指摘している。

162 第Ⅲ部 長期停滞下での日本の金融システム

経済システムが決めるのは，あくまで総バブル b_t であり，各バブルの f_t と d_t を決めるメカニズムは備わっていない。二つのバブルの大きさは，主体の信念（belief）に基づいて以下のように決められる。f_t と b_t を所与として，$q\eta^-_{t+1} + (1-q)\eta^+_{t+1} = 1$, $f_t\varepsilon^+_{t+1} + d_t\eta^-_{t+1} = f_t\varepsilon^-_{t+1} + d_t\eta^+_{t+1}$（仮定 1）と，不等式群 $0 < \varepsilon^-_{t+1} < 1 < \varepsilon^+_{t+1}$ と $0 < \eta^-_{t+1} < 1 < \eta^+_{t+1}$ を満足するように，4変数 $\{\varepsilon^+_{t+1}, \varepsilon^-_{t+1}, \eta^+_{t+1}, \eta^-_{t+1}\}$ を与えることができる。サンスポット（sunspot）$\{\varepsilon^+_{t+1}, \eta^-_{t+1}\}$ が生起すれば，バブルの比 f_t/d_t は上昇し，$\{\varepsilon^-_{t+1}, \eta^+_{t+1}\}$ が生起すれば，f_t/d_t は下落する。定常均衡の近傍では，b_t/k_t はほぼ定常な動きをするが，f_t/k_t や d_t/k_t の動きは定常性を満たさない。この手順で，総バブルの動きは定常性を満たしつつ，それぞれのバブルの動きはランダムウォークとなるような均衡を構築することができる[9]。

二つの式(20), (25)と仮定 3 から明らかなように，資本の限界生産性は成長率を上回る。バブルを導入することで，限界生産性逓減の性質から資本の水準は下落し，黄金率経路から下方に遠ざけられることになる。基本モデルでは，漸近的にバブルを伴う均衡が資本の黄金率を達成したのとは対照的に，以下の結果を得る。

命題 1

借入制約下にある経済では，漸近的にバブルを伴う均衡が資本の黄金率を達成することは決してなく，資本の過小蓄積（capital under-accumulation）を実現する。

図6-5 は，動学均衡の典型的なケースを描写している。ここで描かれているのは，バブルのない均衡の長期的な資本の水準が黄金率の水準を下回る，つまり $\tilde{k}_B < \tilde{k} < k_{GR}$ のケースである。漸近的にバブルを伴う定常均衡 W は，大域的な鞍点（global saddle-point）であり，b_0 を初期条件として，定常均衡 W に収束する 1 本の経路が存在する。b_0 を下回る点から始まるすべての動学経路は，バブルのない定常均衡 D に収束し，b_0 を上回る点から始まるすべての動学経路は，有限期間のうちに資源制約にぶつかってしまうので，完

---

9 Weil（1987）もまた，確率的バブルの分析を行っている。彼は，1種類のバブルを取り扱っており，バブルが存続するか崩壊するかはやはり信念（belief）によって決まり，バブルが崩壊すると，バブルのない均衡に収束する。

図6-5 バブル均衡の動学的性質

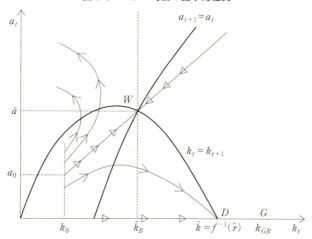

全予見の仮定のもとでは選択されない。

動学的性質の証明は，軌跡 $b_{t+1}=b_t$ の導出を除いて，Tirole (1985) と Weil (1987) とほぼ等しい．軌跡 $b_{t+1}=b_t$ は，式(9), (22)の二つの式から導かれる次式と同値である．

$$(1+g)\{(1-\alpha)w(k_t)-b_t\} = \lambda f'\left(\frac{w(k_t)-b_t}{1+g}\right)\{w(k_t)-b_t\} \qquad (26)$$

このとき，式(26)を満たすような，連続で微分可能な関数 $b_t = \Phi(k_t)$ が存在し，次の性質を保持する．

$$\Phi'(k_t) = \frac{-\lambda f''(k_{t+1})/(1+g) + \alpha(1+g)b_t w'(k_t)/(w(k_t)-b_t)^2}{-\lambda f''(k_{t+1})/(1+g) + (1+g)\alpha w(k_t)/(w(k_t)-b_t)^2} > 0$$

軌跡 $b_{t+1}=b_t$ が，軌跡 $k_{t+1}=k_t$ と下から交わる限り，Tirole (1985) や Weil (1987) によって展開された分析がそのまま応用できるので詳述は避ける．均衡の性質と効率性について以下のように要約することができる．

命題 2

(a) $\tilde{r} > g$ のとき，バブルのない唯一の均衡が存在し，利子率は $\tilde{r}$ に収束する．

(b) $f'(\tilde{k}) > 1+g > 1+\tilde{r}$ のとき，初期値 b_0 のもとで，唯一の漸近的にバ

ブルを伴う均衡が存在する。1人当たりバブルは $\tilde{b}$ に収束し，利子率は g に収束する。定常状態の資本水準 $\tilde{k}_B$ は，

$$f'(\tilde{k}_B)>1+g=\frac{\lambda}{1-\alpha}f'(\tilde{k}_B)(\tilde{k}_B<\tilde{k}<k_{GR})$$

を満足する。

(c) $1+g>f'(\tilde{k})>1+\tilde{r}$ のとき，初期値 b_0 のもとで，唯一の漸近的にバブルを伴う均衡が存在する。1人当たりバブルは $\tilde{b}$ に収束し，利子率は g に収束する。定常状態の資本水準 $\tilde{k}_B$ は，

$$f'(\tilde{k}_B)>1+g=\frac{\lambda}{1-\alpha}f'(\tilde{k}_B)(\tilde{k}_B<k_{GR}<\tilde{k})$$

を満足する。

命題 3

$f'(\tilde{k})>1+g>1+\tilde{r}$ のとき，（唯一の）バブルのない均衡は，動学的に効率的である。

【証明】バブルのない均衡において，1人当たり総消費は，黄金率経路上の消費よりも少ない。図6-5が例示するように，バブルの導入は，資本水準を黄金率の水準からさらにいっそう遠ざけるので，1人当たり総消費はさらに少なくなる。（証明終わり）

資本の過小蓄積が実現している動学的に効率的な経済においてバブル均衡は存在しうる。この結果は，第2節の検証結果とともに，バブル経済を日本経済に適応することができることを示唆している。

4 バブルの代替の検証

複数のバブルが存在するとき，経済全体の「バブルの総和」が経済成長と同じ率で成長する限りにおいてバブル経済は維持可能である。そしてこのとき，個々の資産バブルが必ずしも経済成長率と同率で成長する必要はない。債務残高／GDP を一定の値に維持するために，物価水準が債務残高の増加と同じ率で上昇する必要はなくなり，この比率が時間とともに上昇を続ける

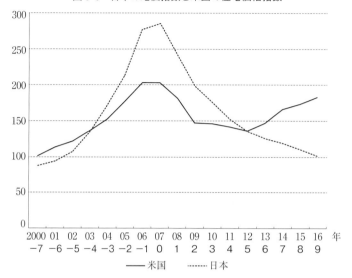

図6-6 日本の地価指数と米国の住宅価格指数

局面を想定することは十分に可能となる．しかし，実質債務残高と強い負の相関関係をもって動くバブル資産が少なくともひとつ存在する必要がある．

日本において，バブル資産の候補とみなされる資産は，国債のほかに現金，土地，株式などが考えられる．土地の価値や株式は，物的資本の裏付けを持つ部分と持たない部分からなると考えられるので，バブルに含めて考えて良い．

「ある歴史的環境においては，土地の所有は富の所有者の心の中では高い流動性プレミアムによって特徴付けられていたことであろう．そして土地は生産および代替の弾力性がきわめて低いという点で貨幣に類似しているために，歴史上，土地を所有しようとする欲求が，利子率を過度に高い水準に維持するうえで，現代において貨幣が演じているのと同じ役割を演ずる場合があったことは想像に難くない．」（ケインズ，『一般理論』第17章）

日本の地価指数（六大都市全用途平均，出所：日本不動産研究所）と米国の住宅価格指数（ケース＝シラー20都市平均指数）を比較可能な形で掲載したのが

図6-7 バブル代替

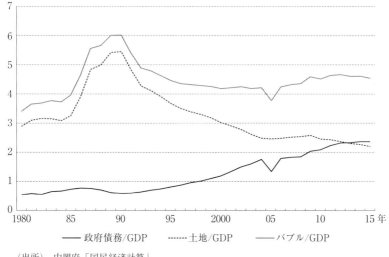

(出所) 内閣府「国民経済計算」。

表6-1 資産間の相関係数

	現金	国債	株式	土地
現　金	1.00	−	−	−
国　債	0.98	1.00	−	−
株　式	−0.23	−0.25	1.00	−
土　地	−0.73	−0.74	0.65	1.00

図6-6である。

日本はバブルがピークであった1991年，米国はピークであった2007年を，それぞれゼロ年としている。米国の住宅価格の動きは2年後の2009年にほぼ底を打っており，典型的なバブルの収縮過程を描写している。一方，日本の地価が底を打ったのは14年後の2005年である。バブルを支えるのは人々の根拠のなき楽観と熱狂であり，その期待の崩壊とともにバブルは急速に縮小するというバブル崩壊にまつわる通念からすれば，日本の地価の動きは例外的といえる。1990年代初頭のバブル崩壊によって地価バブルが短期間に完全に消滅したのではなく，その後も地価バブルは存続しており，徐々にしぼんでいったという見方を否定できない。不良債権処理の遅れによって，不良債権化した土地が塩漬けされて市場に供給されなかったことが，土地の投げ売りを引き起こさなかった半面，地価バブル崩壊の長期化をもたらした可能性は支唆される[10]。

表6-1は，1980〜2015年の期間で，現金，国債，株式，土地の四つの資

産の時価総額の間の相関係数を掲載してい
る。ここでは国内投資家の資産代替を考えて
いるので，株式については外国人保有分を除
いた国内保有分の時価総額の値を利用してい
る。いずれの値も名目GDPの値で割って基
準化している。いくつかの興味深い特徴を見
ることができる。まず国債と現金の相関係数
がきわめて高く，両資産の間に補完性が高い
ことが確認される。また，土地と株式の相関
係数も高いことが確認される。そして，国債
や現金などの政府債務と土地との間で高い負
の相関が確認される。

図6-7には，いくつかの資産の時価総額を
GDPで割った値が示されている。「土地／
GDP」は，バブル期に高騰した後，1990年
代初頭をピークに現在に至るまで下落を続け
ている。一方，「政府債務／GDP」は1990
年代以降，国債の大量発行を反映して上昇を
続けている。ここで政府債務は，国庫短期証

表6-2 バブルショックの系列

年	ε	η
1994	0.96	1.05
1995	0.94	1.09
1996	0.96	1.08
1997	0.96	1.09
1998	0.97	1.06
1999	0.97	1.10
2000	0.94	1.08
2001	0.95	1.11
2002	0.96	1.12
2003	0.95	1.07
2004	0.94	1.09
2005	0.98	1.02
2006	1.01	1.01
2007	1.02	1.02
2008	1.01	1.01
2009	1.02	1.10
2010	0.95	1.02
2011	0.99	1.07
2012	0.97	1.04
2013	0.97	1.00
2014	0.98	1.02
2015	0.97	1.00

券，国債・財投債，地方債，政府関係機関債に金融機関以外の民間部門が保
有する現金を加えた値である。注目すべくは，両者の和である「総バブル／
GDP」は，バブル崩壊によってその値を下げた後，1990年代半ば以降，最
近に至るまでかなり安定した動きを示していることである。1994～2015年
の期間，最大4.82（2012年），最小4.31（2001年）の間の値をとっている。期
間を1996～2008年に限定すれば，最大4.49（2008年），最小4.31（2001年）
とその変動幅はさらに縮小する。このように，総バブルとGDPの比率が一
定値となるバブル定常均衡として日本経済のある一時期を描写することが可
能となる[11]。

---

10 九島（2007）は，Diba and Grossman（1988）の共和分の考え方を使ったアプロー
チに基づき，日本の地価にバブルがあったかどうかを検証しており，1985年以降，
地価にはバブルがあったという結果を見出している。

図 6-8 計測されたインフレーション

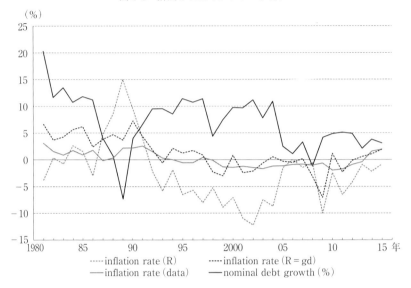

1994年以降,日本経済はバブルの定常均衡の近傍にあったと想定したうえで,バブル代替の特徴とモデルから計算される物価上昇率を計測する。

まず表6-2には,計測されたバブルショック ε と国債ショック η の事後的な値の系列が掲載されている。ほとんどの時期において,地価ショック ε は1を下回っており,η は1を上回っており,またそれぞれのショックには強い系列相関を観察することができる。地価ショックが系列相関を持つ背景には,地価が1990年代以降,持続的に下落した事実がある。また国債ショックの系列相関は,国債の大量発行があったにもかかわらず物価が上昇しなかった事実を反映していると予想される。国債の大量発行が,土地から国債へのバブル代替に影響を与えた可能性を示唆している。

図6-8は,計測された物価上昇率を掲載している。「inflation rate (R = gd)」と記したグラフは,モデルから導かれる名目国債利回り(=国債残高の名目成長率)のもとで計測される物価上昇率を表している。「inflation rate (data)」と記された実際の物価上昇率に比べて変動は大きいが,平均的な動

---

11 著者が土地から国債へのバブル代替を初めて公表したのは,櫻川 (2009) である。

きを概ね捉えている。一応，この結果は，地価バブルの持続的な収縮過程を考慮することによって，国債大量発行と低インフレが両立する可能性を説明していると言えよう[12]。

この結果を導くためには，複数のバブルが共存する世界を想定することが不可欠であることを確認すべく，土地バブルが存在しないケースを考察する。バブルとして記述できるのは国債のみとなるので，定常均衡では $b_t = b_{t+1}$ が成立して，式(1)から，$(1 + R_t) p_t / p_{t+1} = 1 + n$ が成立しなければならない。国債残高の名目成長率を g_t^d とすれば，政府の予算制約式から $R_t = g_t^d$ が成立し，最終的には以下の関係が得られる。

$$\frac{p_t}{p_{t+1}} = \frac{1+n}{1+g_t^d}$$

つまり，物価水準は国債残高の成長率に比例して上昇することになる。この場合，国債の大量発行は，一定の実質債務残高を維持するためにインフレで調整されなければならない。Sims（1994）や Woodford（1995）が提唱する「物価水準の財政理論（fiscal theory of the price level）」とは，異なったメカニズムであるものの似かよった性質を持つこととなる[13]。

5　おわりに

日本経済を「利子率＝成長率」が成立するバブル経済であるとみなしたとき，「バブルの代替」という概念を使うことによって，国債の大量発行が低インフレのもとで維持できる可能性を分析した。本章では，サンスポットがバブルの代替をもたらしたとしているが，仮にもし因果関係があるとするなら，より詳しく究明する価値は十分にあるだろう。地価が下落したから国債の保有が増えただろうか，あるいは逆に，国債の発行額が増えたから地価が下がったのであろうか。いずれにしろ，この因果関係の究明にはさらに詳細

---

12 参考のために，名目国債利回りの数値を現実の値から選択した場合の物価上昇率を表している。「inflation rate（R）」と記されたグラフは，しかしながら，実際の物価上昇率に比べて大きく下回っている。そしてその傾向は国債の成長率が高いほど強い。

13 日本語の文献としては，渡辺・岩村（2004）を参照。

な検証が必要であろう。

　本章は，日本経済は「利子率＝成長率」が成立する経済だから，基礎的財政収支を黒字化しなくても財政は維持できると主張することを意図しているものではない。本章で展開されたモデルでは，初期時点で基礎的財政収支は均衡していることに注意する必要がある。基礎的財政収支が均衡しているという条件のもとで既存の国債残高を新規の国債発行で永遠に借り替えても財政の維持可能性は保たれると述べているにとどまり，現行のわが国の財政状況のように，基礎的財政収支の赤字の存在を擁護しているわけでは決してない。

　　＊　本章は2007年の夏に沖縄で開催された統計研究会合宿で発表された論文に一部修正を加えたものである。本章を作成するに当たって，浜田宏一，浅子和美，中里透，竹田陽介，粕谷宗久の各氏，名古屋市立大学，上智大学の研究会，統計研究会沖縄コンファレンスの参加者から貴重なコメントをいただいた。ここに感謝します。データ収集，加工など研究補助をしてくれた渡辺善次氏，広瀬徳士の各氏に感謝します。最後に，この研究を助成してくれた「大学院高度化推進研究費」（文部科学省）に感謝します。

参考文献

井堀利宏・加藤竜太・中野英夫・中里透・土居丈朗・佐藤正一（2000）『財政赤字の経済分析——中長期的視点からの考察』経済分析——政策研究の視点シリーズ16，経済企画庁経済研究所。

九島丈範（2007）「資産市場におけるバブルの検証——日本経済危機の原因」慶應義塾大学経済学研究科提出修士論文。

櫻川昌哉（2009）『経済を動かす単純な論理』光文社。

土居丈朗（2006）「政府債務の持続可能性を担保する今後の財政運営のあり方に関するシミュレーション分析—— Broda and Weinstein 論文の再検証」RIETI Discussion Paper Series, 06-J-032。

中里透・副島豊・柴田裕希子・粕谷宗久（2003）「財政のサステナビリティと長期金利の動向」日本銀行ワーキングペーパーシリーズ，No. 03-J-7。

村瀬英彰・安藤浩一（2014）「日本の長期停滞と蓄積レジームの転換——『弱い企業統治』のマクロ経済学による分析」堀内昭義・花崎正晴・中村純一編『日本経済——変革期の金融と企業行動』第7章，東京大学出版会。

渡辺努・岩村充（2004）『新しい物価理論——物価水準の財政理論と金融政策の役割』岩波書店。

Abel, A. B., N. G. Mankiw, L. H. Summers and R. J. Zeckhauser（1989）"Assessing

第6章 「バブルの代替」と財政の維持可能性 **171**

Dynamic Efficiency: Theory and Evidence," *Review of Economic Studies*, Vol. 56, No. 1, pp. 1-20.

Aoki, K., T. Nakajima and K. Nikolov (2014) "Safe Asset Shortages and Asset Price Bubbles," *Journal of Mathematical Economics*, Vol. 53, pp. 164-174.

Azariadis, C. and B. D. Smith (1993) "Adverse Selection in the Overlapping Generations Model: The Case of Pure Exchange," *Journal of Economic Theory*, Vol. 60, No. 2, pp. 277-305.

Behzad, T. D. and H. I. Grossman (1988) "Explosive Rational Bubbles in Stock Prices?," *The American Economic Review*, Vol. 78, No. 3, pp. 520-530.

Bohn, H. (1998) "The Behavior of U. S. Public Debt and Deficits," *Quarterly Journal of Economics*, Vol. 113, No. 3, pp. 949-963.

Diamond, P. A. (1965) "National Debt in a Neoclassical Growth Model," *American Economic Review*, Vol. 55, No. 5, pp. 1126-1150.

Diba, B. T. and H. I. Grossman (1988) "Explosive Rational Bubbles in Stock Prices?" *The American Economic Review*, Vol. 78, No. 3, pp. 520-530.

Feldstein, M. S. and L. H. Summers (1977) "Is the Rate of Profit Falling?" *Brooking Papers on Economic Activity*, Vol. 1, pp. 211-227.

Hamilton, J. D. S. and M. A. Flavin (1986) "On the Limitations of Government Borrowing: A Framework for Empirical Testing," *American Economic Review*, Vol. 76, No. 4, pp. 808-819.

Ihori, T. (1978) "The Golden Rule and the Role of Government in a Life Cycle Growth Model," *American Economic Review*, Vol. 68, No. 3, pp. 389-396.

Rhee, C. (1991) "Dynamic Inefficiency in an Economy with Land," *Review of Economic Studies*, Vol. 58, No. 4, pp. 791-797.

Sims, C. A. (1994) "A Simple Model for Study of the Determination of the Price Level and the Interaction of Monetary and Fiscal Policy," *Economic Theory*, Vol. 4, No. 3, pp. 381-399.

Tirole. J. (1985) "Asset Bubbles and Overlapping Generations," *Econometrica*, Vol. 53, No. 6, pp. 1499-1528.

Weil, P. (1987) "Confidence and the Real Value of Money in an Overlapping Generations Economy," *Quarterly Journal of Economics*, Vol. 102, No. 1, pp. 1-22.

Woodford, M. (1995) "Price-Level Determinacy without Control of a Monetary Aggregate," *Carnegie-Rochester Conference Series on Public Policy*, Vol. 43, pp. 1-46.

第**7**章

銀行行動と貨幣乗数の低下

量的緩和政策は貸出を拡大したか

塩路悦朗

本章の要旨

　わが国の金融システムの現状を考えるうえで，日本銀行による異次元の金融緩和政策が与えた影響は決して無視できるものではない。近年，日本銀行による大量の資金供給が事実上のゼロ金利下で続けられてきた。本章の目的はこの政策が民間銀行の貸出行動をどのように変えたのか（あるいは変えなかったのか）を明らかにすることである。そのために個別銀行レベルの財務情報に基づくパネルデータを構築した。データセットは年次（3月決算期）データと半年次（3月・9月）データの2種類である。前者は1975～2016年，後者は2000～16年の期間につき利用可能である。これらに基づき「あるとき大量の銀行準備を抱えていた銀行は，その後の1年間に貸出を増やす傾向があったか」をグラフにより視覚的に分析した。その結果，2001～06年の「量的緩和」政策のもとではたしかに，手元の準備が増えた銀行は貸出を増やす傾向が確認された。しかしそれ以降においては，「量的・質的緩和」の時期を含め，そのような傾向は認められなかった。2000年代前半のデータをさらに詳細に分析した結果，準備の増減に反応して貸出を増やしたり減らしたりしていたのは不良債権比率の高い銀行だったことがわかった。このことは量的緩和が信用不安による市場分断を緩和するという経路を通じて効果を持っていたことを示唆するものである。

174　第Ⅲ部　長期停滞下での日本の金融システム

1　はじめに：なぜ貨幣乗数を分析するのか

　本章では，日本銀行による資金供給と民間銀行による信用供与の関係を検証する。とくに近年，短期金利が長期間にわたりほぼゼロに張り付く中，日本銀行によって行われてきた大量の資金供給が民間銀行の貸出行動をどのように変えたのか（あるいは変えなかったのか）を明らかにすることが目的である。この分析を通じて，導入時から大きな反響や論議を呼んだこれらの政策が日本経済に与えた影響を理解するための一助としたい。

　世にあるカネの量を操作するのが中央銀行，日本で言えば日本銀行であることはよく知られている。しかし一歩進んで，金融政策における「量的緩和」とは何かを理解するためには，2種類の「カネ」を区別することが不可欠である。一つめは中央銀行が銀行部門に供給するカネである。その残高はマネタリーベースと呼ばれる。二つめは銀行部門から流れ出て市中（家計や企業などの民間非銀行部門）をぐるぐると流通するカネである。その残高をマネーストックと呼ぶ。量的緩和政策とは中央銀行が一つめのカネ，つまり銀行部門に供給するカネを増加させる政策である。大量に増えたカネは銀行部門から洪水のようにあふれ出し，市中を奔流のように駆け巡ることが期待されている。このようにして増えた二つめのカネが支出や生産活動を刺激し，景気を上向かせ物価を押し上げること，これが政策の最終的な狙いである。

　このような政策は伝統的金融政策，つまり短期金利を操作することで民間経済に働きかけようとする政策の対極である非伝統的金融政策の一つに分類されている。日本では1990年代末から短期金利がほぼ常に下限近くにあり，伝統的金融政策を発動する余地が少なかった。このため量的緩和の効果に期待するところが大きかった。こうした経緯については次の第2節で振り返りたい。

　ところが，このような当局の積極性にもかかわらず，政策が思い描いていたような効果を持ったかどうかはどうも疑わしい。本章でとくに取り上げたいのは，これらの政策のもとでマネタリーベースはたしかに急増したにもかかわらず，肝心のマネーストックの動きにはほとんど変化が見られなかったという点である。前者に対する後者の比率のことを貨幣乗数（または信用乗

数）と呼ぶ。次節で見るように，近年の日本では量的緩和で銀行部門に供給される資金が増加するたびに，この比率は急低下してきた。通常，民間非銀行部門の支出や生産に影響するのはマネーストックの方だと考えられているので，以上のことは政策効果に厳しい限界があったことを示唆している。

　この間の銀行行動をデータによって分析するには少なくとも二つの方法が考えられる。第一の方法は，日本経済全体の集計データ（マクロデータ）を用いた時系列分析である。たとえば，月次データを用いて，政策変化があった月以降に日本全体の銀行貸出の総量がどのように反応したかを跡づける分析が考えられる。しかし量的緩和政策が大規模に発動されたタイミングに該当する月の数はそれほど多くない。したがって，そうした月にたまたま別の大きなイベントがあったりすると，その効果を除外して政策の効果だけをデータから取り出すことが難しくなる。そこで本章では第二の方法，つまり個別銀行レベルの財務情報を長い期間を通じて集めたパネルデータによる分析を行う。この場合，年次または半期（半年次）データを用いることになる。そのため，政策に対する銀行の短期的な反応を追うにはあまり向いていないのが欠点である。一方で，同じ時点に異なった状況に置かれた100を超える数の銀行の意思決定に関する情報を使うことができるので，無関係の出来事や変数の影響を受けにくい，より正確な分析が期待できる。

　本章ではこうしたデータを用いて，「あるとき大量の銀行準備（マネタリーベースのうち，銀行保有分）を抱えていた銀行は，その後の1年間に貸出を増やす傾向があっただろうか」という問いかけを行う。上で説明したように，量的緩和のもとでは本来，日銀がある銀行にありあまるほどの準備を供給すると，銀行はそれを保有していられずに貸出という形で吐き出すものだとされていた。本当にそのようなことが起きていたのだろうか。それを明らかにするのが主な目的である。筆者は塩路（2016）において固定効果モデルや一般化積率法（GMM）といった計量経済学的な手法を用いて，主に2014年以前のデータを用いて，同様の問題意識に基づいた分析を行った。またその続編とも言うべき塩路（2017）では量的・質的金融緩和政策導入以降のデータを用いた統計分析を展開した。本章では同じ問題を，複雑な計量分析に頼らず，グラフを用いて視覚的に明らかにすることを試みる。もちろん，銀行貸出一つをとっても，その決定要因には準備預金のほかにもいろいろ存在す

る。グラフによる分析ではそれらの要因の影響をすべてコントロールしつつ分析を行うことは難しい。そこで本章ではグラフによる分析を重視しつつ、筆者による過去の計量分析の結果の概要を適宜、補足的に紹介していくこととしたい。

日本の銀行財務データをもとにパネルデータを構築し、金融政策に対する銀行貸出の反応を検証した、筆者が知る限り最初の論文は Hosono（2006）である。同研究では政策変数として金利を用いていた。井上（2013）は 2001〜06 年のデータを用い、日銀の量的緩和政策に対する貸出の反応を調べている。政策変数としては日銀が金融政策決定会合で定めた日銀当座預金残高目標を用いており、これは定義によりすべての銀行に共通である。これに対し、本章では各銀行の持つ準備の金額を説明変数としている。一方、立花・井上・本多（2017）はサンプル期間を 2014 年まで延長し、説明変数を各銀行の持つ準備[1]としている点で上記の塩路（2016）のアプローチに近いと言える。

本章の構成は次の通りである。第 2 節では貨幣乗数と信用創造の教科書的理論について振り返り、短期金利が下限に張り付いているもとでは同理論がどのような修正を受けるかを考察する。また日本の近年の貨幣乗数の推移を、金融政策の変遷を振り返りつつ検証する。第 3 節では個別銀行の単体ベースの本決算（年度末の 3 月決算）の財務諸表を基に年次のパネルデータを構築する。そしてこれを用いて、準備預金に対する銀行貸出の反応を分析する。このデータの利点は 1975 年から 2013 年までの長期のデータが利用可能なことである。この点を活かし、1999 年までの短期金利が正だった期間と、それ以降の期間を対比させつつ検討を進める。第 4 節では 2013 年の量的・質的金融緩和政策導入以降に焦点を当てる。同じ頃から本決算において分析に必要な情報が公表されなくなったのに加え、政策導入から日が浅くて年次データに頼っていると十分な数のサンプルを確保できない。そこで半年次のデータを活用した分析を行う。第 5 節では 2000 年代前半に深刻だった不良

---

[1] 正確には、「準備」または「現金＋準備」のいずれかの変数を用い、その総資産に対する比率あるいは対前年変化率を説明変数としている。さらにはそれらと日銀による各種の緩和政策の実施期間との交差項を説明変数とすることで、各政策レジームのもとでの銀行行動を比較している。

債権問題と，信用創造過程の関係を検討する。第6節で分析結果を要約し，今後の研究課題を述べる。

2　分析の背景：貨幣乗数の理論と実際

2.1　貨幣乗数とは

　貨幣乗数の議論に入る前に，前節で触れたマネタリーベースとマネーストックの両概念を整理しておこう。前者は，

$$（マネタリーベース）＝（現金）＋（銀行準備）$$

によって定義される。日本では「銀行準備」のところは正式には「日銀当座預金」とすべきだが，両者は同じものと考えても大きな問題はない。銀行は家計・企業などから預かる預金のうち，少なくともある一定率を日銀に預けておかなくてはならないことになっており（この最低限の率を「法定準備率」と呼ぶ），この預金のことを指している。銀行が日銀に預けても，あまり高い利子率は稼げない。長らく，利子はまったく付かなかったが，2008年10月からごくわずかの利子率（いわゆる日銀当座預金の「付利」，0.1％）が適用されるようになった。2016年1月のマイナス金利政策導入により，一部にはマイナスの金利が付くようになった。

　これに対しマネーストックは，

$$（マネーストック）＝（現金）＋（銀行預金）$$

で定義される。通常は（銀行預金）＞（銀行準備）が成り立つことから，（マネーストック）＞（マネタリーベース）である。銀行預金の額は預金者である家計や企業が決定するものだから，日銀は直接的にこの値を操作することはできない。下で見るように，マネタリーベースの操作を通じて間接的にマネーストックに影響することを目指すことになる。前述のように，その両者の比率が貨幣乗数である。のちに導入する「限界的な」貨幣乗数と区別するために，通常の貨幣乗数を「平均的な」貨幣乗数と呼ぶことにしよう。すると，

$$（「平均的な」貨幣乗数）＝\frac{（マネーストック）}{（マネタリーベース）}$$

のように定義される。この比率は通常，1を上回ることになる。

178　第Ⅲ部　長期停滞下での日本の金融システム

図 7-1　信用創造過程の概念図

（出所）　筆者作成。

2.2　貨幣乗数に関する教科書的議論

　日銀によって供給されるマネタリーベースはどのようにしてその数倍のマ
ネーサプライを生み出すのだろうか。それを説明するのが信用創造過程の理
論である。教科書では通常次のような説明がなされる，まず日本銀行が民間
銀行の保有する国債等を買い上げることで銀行準備が増加する。上でも述べ
たようにこれを日銀に預けておいても収益は上がらないので，民間銀行は銀
行準備の保有は必要最低限にとどめ，できるだけこれを貸し出そうとする。
これにより貸出が増加する。

　貸出を受けた家計・企業はそのすべてを直ちに支出に回す予定がないとす
ると，一部を手元に現金として残して後は銀行預金に回す。この時点でマネ
ーストックが増加することに注意されたい。銀行はこの預金を再び，最低限
を残して後は貸出に回す。これを家計・企業が預金に回すことで再びマネー
ストックが増加する。この繰り返しを通じて，マネタリーベースの何倍もの
マネーストックが生み出されるものとされる。以上のような信用創造過程を
概念図で表したのが図 7-1 である。

　このように，信用創造過程が安定したものであるならば，日銀はマネタリ
ーベースの操作を通じてマネーストックに働きかけることができるはずであ
る。具体的には，マネタリーベースが 1 単位増加すると，マネーストックは
それに「平均的な」貨幣乗数を掛けた単位数だけ増加するはずである。

第 7 章　銀行行動と貨幣乗数の低下　179

図7-2　日本の貨幣乗数の推移

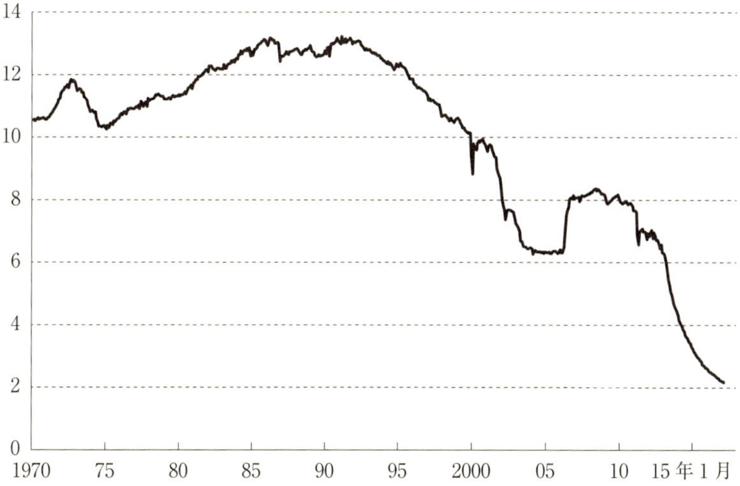

(注)　マネーストックは M2 (季節調整済み)。マネタリーベースは準備率調整済み，季節調整済み。

(出所)　日本銀行ホームページより得たデータをもとに筆者作成。

2.3　日本における貨幣乗数の推移

　図7-2 は近年の日本の貨幣乗数 (平均の意味での) の推移を図示したものである。マネーストックの指標はいくつかあるが，ここでは M2 (かつては M2＋CD と呼ばれていた) を用いている。これは主に，この指標が最も長い期間，ほぼ一定の定義に基づいて推計されているからである。

　図7-2 に見られるように，乗数は 1990 年代末までは 10～13 程度で，ある程度安定した動きを示していた。これが変わるのは短期金利がゼロ下限に到達して以降である。乗数は不安定化し，近年ではほぼ 2 近くまで落ち込んでいる。

　図7-2 で見た「平均的な」貨幣乗数は定義により 0 以下になることはない。しかしそれは日銀がマネタリーベースを通じてマネーストックをコントロールする力を維持していることを，必ずしも意味しない。大事なのは現時点の残高から日銀がマネタリーベースを 1 単位増やしたときに，マネーストックが何単位増加するかである。「平均」概念と「限界」概念を区別しなさいということは経済学を学ぶ際によく言われることである。その言い方を用

図7-3 マネタリーベースとマネーストック：増加率（対前年同月比，対数差分として定義）の推移

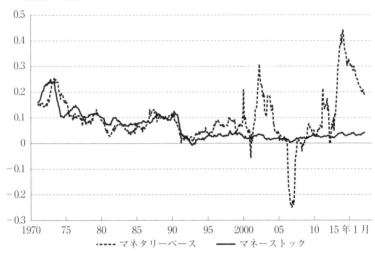

(注), (出所) ともに図7-2に同じ。

いるならば，図7-2に表れているのは単に現時点で存在する残高同士の比率を測った「平均」概念であり，政策決定のために本当に大事な「限界」概念ではない。ここで「限界的な」貨幣乗数を次のように定義しておこう。

$$（「限界的な」貨幣乗数）= \frac{（マネーストックの増分）}{（マネタリーベースの増分）}$$

つまり現状からマネタリーベースが1単位増加したときに，それによってマネーストックが何単位増加したかを指している。平均的な乗数と違って，この「限界」の意味での乗数をデータから計測することは簡単ではない。しかし両者の変化率を計算し，二つの間にどの程度の相関が見られるか，またその相関関係は時間とともにどの程度変化してきたかを見ることによって，ある程度の見当をつけることはできる。これを行っているのが図7-3である。

図7-3において点線はマネタリーベース，実線はマネーストック（M2）の対前年同期比増加率（対数差分）の推移をそれぞれ示している。1990年代末までは両者は似通った動きをしている。2000年頃からマネタリーベースの変動が大きくなっているのに対し，M2は安定しており，ほぼ相関は見ら

れなくなっている。このことから，2000年頃から両者の関係に変化が生じ，「限界的な」貨幣乗数はゼロか，少なくとも非常に小さくなっているのではないかと思われる。このようなことが生じた背景を理解するため，次小節ではマネタリーベースの急激な変動をもたらした2000年代以降の日本の金融政策の変遷を概観しておこう。

2.4 日本の金融政策の変容

日本の代表的な短期金利であるコールレートはいわゆるバブル崩壊後の1991年から下がり始め，95年には0.5%になった。1999年2月にはゼロ金利政策が開始されている。これは2000年8月にいったん解除されたが，2001年3月に事実上復活され，量的緩和政策が開始されている。この政策は2006年3月まで続けられ，2006年7月にはゼロ金利解除に至っている。

この量的緩和政策とその解除が図7-3に見られる，2000年代前半のマネタリーベース増加率の急上昇と2006年における急低下の背景である。図7-3から，このときM2増加率はほとんど変化がなかったことが確認できる。その結果として図7-2に見られるような「平均的な」貨幣乗数の急低下と急上昇が起きている。

その後，世界金融危機の深刻化に伴い，2008年12月にはコールレートは導入されて間もない準備預金付利と同水準の0.1%まで引き下げられた。コールレートは理論的には準備預金に付される利子率より下がることはないはずである[2]。よって，短期金利が下限に張り付いたという意味で，これは事実上のゼロ金利復活と見なして良い。2010年10月には包括緩和政策が採用された。これを受けて，図7-3に見られるように，マネタリーベースの増加率が高まっている。このときもM2増加率は目立って高まってはいない。

第二次安倍政権が2012年12月に成立したことは金融政策にとって大きな転機となった。政府・日銀が2013年1月に出した共同声明をもとに日銀は物価安定目標を2%に設定し，「期限を定めない買い入れ方式」を導入した。2013年3月には黒田東彦総裁が就任し，量的・質的緩和政策を導入した。

---

2 準備預金制度に参加し，追加的コストや制約なしで準備預金の出し入れができる民間銀行を想定してみよう。この銀行は準備預金から得られるよりも低い利子率でほかの銀行に資金を貸し出そうとはしないはずである。

182　第Ⅲ部　長期停滞下での日本の金融システム

これはマネタリーベースを 2 年で 2 倍に増額するという，類を見ない量的な
金融緩和政策を 1 つの柱とするものであった。2014 年 10 月にはマネタリー
ベース増加額の拡大が決定された。こうした政策のもと，図 7-3 に見られる
ようにマネタリーベース増加率は急上昇し，その後も高い水準を保ってき
た。対して，やはり M2 増加率には目に見える反応が見られない。これによ
り，図 7-2 に見られるように，「平均的な」貨幣乗数は急低下している。

　その後の大きな政策変更としては 2016 年 1 月のマイナス金利政策が挙げ
られる。これは民間銀行が保有する準備預金の一部にマイナスの金利を課す
ものである。銀行にとっての資金保有の限界費用を押し上げることで資金供
給を促し，市場金利の低下を狙ったものと考えられる。2016 年 9 月には，
引き続き短期金利を押し下げつつも長期金利については別途操作目標を設け
た「長短金利操作（イールドカーブコントロール）」が導入され，本稿執筆時点
に至っている。

2.5　ゼロ金利のもとでの信用創造

　以上より，事実上のゼロ金利のもとでは，マネタリーベースとマネースト
ックの相関関係は消滅するように見える。この現象は次のように説明するこ
とができる。すでに **2.2** 項で見たように，教科書的な信用創造の理論は市中
金利が正であることを前提としていた。すなわち民間銀行の手元にある銀行
準備が増加すると，これを寝かせたままにしておくのは不利であるため，で
きるだけ早くに市中で運用して金利を稼ごうとするのだとされた。しかし市
中金利がゼロ，ないしは銀行準備に付く金利と同じ水準ならば話は別であ
る。超過準備がたまっても銀行にはこれを市中で運用する理由がなくなって
しまう。このため銀行準備はそのまま銀行に滞留することになる。

　なお，日本ではゼロ金利下でも貸出金利そのものがゼロだったわけではな
いのではないかと指摘する向きもあるであろう。しかし金融市場間で裁定が
働くことを前提とすると，銀行にとって短期金融市場で資金運用するのと無
差別になるところまで貸出金利は下がっていたと考えられる。貸出金利と短
期金利の差は銀行貸出の期間の長さやリスク，流動性の低さなどへの対価と
してのプレミアムだったと解釈することができる。

　しかし，以上の議論を大筋で受け入れるとしても，信用創造が完全にゼロ

になってしまったのかという疑問は解き明かされる必要がある。塩路（2016）は時系列データを用いて，2000年代以降もマネタリーベースとマネーストックの間には非常に弱いながらも相関関係が残っていたと述べている。もし信用創造過程が生き残っているならば，日銀が前者を大幅に増加させることで後者の増加を目標通りに実現できる可能性がある。次節以降は個別銀行のパネルデータを用いて，この可能性を検証していく。

3　銀行パネルデータの検証(1)：単体ベース，年次データ

3.1　使用するデータについて

　本節以降では「ある時点で多額の準備を抱えた銀行は，その後に貸出を増加させる傾向があるか」という疑問をグラフを用いて視覚的に検証していく。発想の基本は単純であって，横軸に前期末の銀行準備，縦軸に前期末から今期末にかけての貸出の増分をとり，両者の間に正の相関が見られるかどうかを調べようというものである。ただし後に見るように，分析に際して個別銀行固有の要因や各年に固有の要因の影響を除去する作業は行う。

　以下では2種類の銀行の財務データを用いた分析を展開する。第一が単体ベースの年次（3月決算）データ，第二が連結ベースの半期（9月・3月）データであり，分析対象としてはそれぞれ一長一短ある。本節では第一のものを取り上げる。次節で第二のものを用いた分析を行う。

　本節で用いる単体データセットの利点は1975年3月以降という長い期間の情報が利用可能な点である。下で見るように，分析に際して変数の1期ラグを計算する必要があるので，実際のサンプル期間は1976年3月からである。一方，このデータを使ううえで問題なのは，2014年4月以降，ほとんどすべての銀行が，以下の分析で最重要の変数の1つである銀行準備に関する情報を報告しなくなったことである。そのため，本節のサンプル期間は量的・質的緩和政策開始直前の2013年3月までとせざるをえない。

　分析対象は都市銀行，長期信用銀行，地方銀行，第二地銀である。信託銀行と新たな形態の銀行（インターネット専業銀行や商業施設との連携を主体にする銀行），ゆうちょ銀行は除かれる。サンプル期間中に銀行合併があった場合，それまでの銀行は消滅して新たな銀行が誕生したものとして取り扱う。サン

184　第Ⅲ部　長期停滞下での日本の金融システム

プルに含まれる銀行の個体数は年によって違うが，たとえば1980年3月時点では149行，2000年3月では125行，13年3月では107行であった。

　用いるデータは基本的には貸借対照表（銀行勘定，信託勘定を合算する）の資産側にある「預け金（日銀への預け金）」（以後はこれを「準備」と表記することにする）および「貸出」の二つである。準備については1期ラグ，つまり前年3月の値をとる。貸出については1期前（前年3月）から今期（当年3月）にかけての増分を計算する。ただし，準備・貸出とも，大きな銀行ほどその金額が大きくなる傾向がある。したがって金額のデータをそのまま使うと，見せかけの相関が発生してしまう。よって分析に当たっては両変数とも，銀行の規模を表す何らかの変数で基準化するのが適切である。本章ではともに資産総額で割って基準化することとした[3]。

　正確には，図7-4から図7-8において横軸と縦軸をなすのは以下の2変数である。

$$\text{横軸：「準備（1年前）」} = \frac{\text{準備（前年3月）}}{\text{資産（前年3月）}}$$

$$\text{縦軸：「貸出増（1年前からの）」} = \frac{(\text{貸出（当年3月）} - \text{貸出（前年3月）})}{\text{資産（前年3月）}}$$

とくに後者はいわゆる「増加率」とは分母が異なるので注意されたい。

3.2　変数変換について

　グラフによる相関関係の分析というとき，一番単純なのは，サンプル期間内のすべてのデータをプールして散布図を描くことである。しかしそのような方法には次の二つの問題がある。

　第一に，データに銀行固定効果が存在する可能性がある。例として，ここに成長性は高いが収益の浮き沈みが大きい業界の企業を主な顧客とする銀行があったとしよう。そのような銀行は平均的に見て貸出の伸びが著しい一方，準備も日常的に多めに積んでおこうと考えるかもしれない。そのような銀行がサンプル中に多く存在すると，2変数の間に見せかけの正の相関が発

3　貸出増（1年前からの）が絶対値で0.15を上回る観測値は異常値と見なしてサンプルから外した。また，当該銀行が行政処分を受けた結果として貸出が急減したと見られるケースも分析から消去した。

生してしまう。

　第二に，期間固定効果が存在する可能性がある。たとえばある年は景気が
よく，すべての銀行で貸出が伸びたとしよう。一方，たまたまその前年に量
的緩和が拡大され，すべての銀行は多額の準備を抱えていたとしよう。その
場合，偶然によるタイミングの一致のせいで，あたかも多額の準備が貸出増
を生み出したかのように見えることになってしまう。

　以上の問題の解決策は，データから銀行固定効果と期間固定効果の影響を
取り除いてしまうことである。そのため原系列の各期間内の銀行間平均から
の乖離をとり，さらに各銀行について期間を通じた平均からの乖離を計算す
るという作業を行う。式で言えば以下の通りである。第 i 銀行の第 t 年にお
けるある変数の値を X_{it} と書くことにしよう。ただし $i = 1, 2, ..., N$, また
$t = 1, 2, \cdots T$ である。すると，

ステップ1　銀行間平均からの乖離の計算（期間固定効果の除去）

$$\hat{X}_{it} = X_{it} - \bar{X}_t, \quad ただし \quad \bar{X}_t = \frac{1}{N} \sum_{i=1}^{N} X_{it}$$

ステップ2　銀行内平均からの乖離の計算（銀行固定効果の除去）

$$\tilde{X}_{it} = \hat{X}_{it} - \bar{\bar{X}}_i, \quad ただし \quad \bar{\bar{X}}_i = \frac{1}{T} \sum_{t=1}^{T} \hat{X}_{it}$$

　なお，上式はすべての期間・銀行についてデータがそろっていることを前
提としているが，欠損値がある場合にはそれを除いた平均を計算する必要が
ある。以上の変換を横軸，縦軸の両変数に施したうえで，両者の相関関係を
分析する。

3.3　量的緩和以前

　図7-4は以上のような考え方に基づいた散布図を1976年3月から99年3
月までの量的緩和以前の期間のデータをもとに描いたものである。両変数が
ほぼ無相関という事実以上に目を引くのは，ほとんどの点が横軸の値＝0の
線に沿って垂直に並んでいることである。つまりこの時期を通じて準備は，
対資産比率で見て，ほとんど変動していなかった。

　このことは次のように説明できる。正の金利のもとでの信用創造の理論
（**2.2**参照）に基づけば，この時期，銀行には超過準備を抱える誘因はなかっ

図7-4 量的緩和以前の期間：年次データ，1976年3月〜99年3月

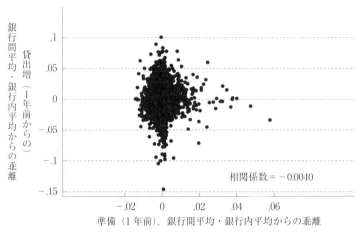

(注) 縦軸，横軸とも1年前の資産で基準化。相関係数は*が10%，**が5%，***が1%水準で有意を表す。
(出所) 日経 NEEDS Financial Quest をもとに筆者作成。

たはずである。事実，当時の基本的な理解は「銀行は法定以上の準備を持たないものだ」というものだった。よって準備の預金に対する比率は銀行に寄らずほぼ同一だったと考えられる。もし各銀行の預金と資産がほぼ比例するのであれば，準備と資産の比率もほぼ同じになるはずである。このように，図7-4は準備が貸出に回らなかったことを示しているのではない。むしろ，超過準備は銀行にとどまるひまさえほとんどなく，市中に貸し出されたことを反映しているのである。

塩路 (2016) は固定効果モデルと GMM を用い，ほかの要因の影響をコントロールしながら，準備が貸出増に与える効果を検証している。準備以外の説明変数としては過去の貸出，同時点および過去の預金，資本・資産比率，貸出金利（推計値）などが用いられている。ただし準備変数については，銀行ごとに法定準備の水準を推計し，実際の準備と法定準備の比率をとっている。分析の結果，準備変数は貸出増に対し有意な効果を持たないことが報告されている。

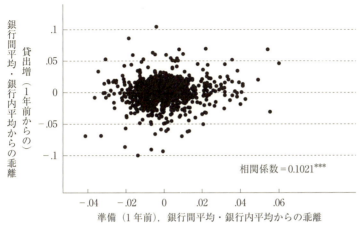

図7-5 量的緩和期：年次データ，2000年3月〜07年3月

（注），（出所）ともに図7-4に同じ．

3.4 量的緩和期

　前出の塩路（2016）では引き続き，2000年3月から13年3月までを単一のサンプル期間として扱い，同様の手法による分析を展開している．その結果，同期間には準備変数が貸出増に対し有意に正の効果を持っていたことを報告している．この結果は説明変数に各銀行の不良債権比率を追加しても不変である．本章では，同期間を量的緩和期間とそれ以降に分割して，塩路（2016）の結果を再検討する．

　図7-5は量的緩和期間を分析している．ここでは同期間は同政策開始前の2000年3月から同政策が解除され，超過準備のほとんどが日銀に吸い上げられた後の07年3月までと定義している．ただしこれを，たとえば2001年3月から06年3月に狭めても結論は変わらない．準備と貸出増の間には正の相関が見られ，相関係数は1%水準で有意である．よってこの時期には塩路（2016）が指摘する通り（そして時系列プロットからの印象とは異なり），多額の準備に直面した銀行がその一部を貸出に回すという，伝統的な信用創造の理論が想定していたような傾向が細々とながら生き残っていたことが確認できる．

図7-6 量的緩和解除以降，量的・質的緩和開始まで：年次データ，2008年3月～13年3月

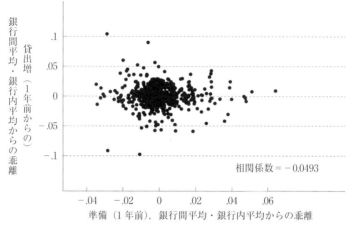

(注)．(出所) ともに図7-4に同じ。

3.5 量的緩和解除以降，量的・質的緩和開始まで

図7-6は2008年3月から13年3月までを対象期間とする散布図である。ここでは量的緩和期に見られた正の相関は消滅してしまっている。このことから，塩路 (2016) で報告された両変数間の正の関係は，主に量的緩和期の両者の関係を反映したものだったと結論づけられる。

4 銀行パネルデータの検証(2)：連結ベース，半期データ

4.1 使用するデータについて

すでに述べたように第3節で用いた単体ベース，3月決算期のデータでは量的・質的緩和期以降，「日銀預け金」の情報が公表されなくなってしまった。したがってこのデータを使って量的・質的緩和期の分析をすることはできない。そこで本節では連結ベースの半期 (3月・9月) データを用いる。連結ベースにすることの利点はキャッシュフロー計算書に報告されている「現金および現金同等物」が直近まで利用できることである。これは銀行の保有する現金と日銀当座預金を合算したものであり，今後はこれを「現金＋準備」と表記することにする。残念ながらその内訳を知ることができないの

で，前節のように銀行準備だけを対象とした分析はできない。ただ，銀行が保有する現金も銀行準備と似た側面を持つと議論することもできる。よって，ほかの選択肢がないもとでは，両者の合計を分析対象とする価値は十分にあるだろう。なお，同データは1999年9月から利用可能である。下で見るように本節の分析では2期ラグ（ただし1期は半年）を用いることから，分析開始期間は2000年9月からとなる。本章執筆時には2016年9月までのデータが利用可能だった。

半期データの利点としてはこのほかにも，観測値間の時間的間隔が年次よりは短いので，より短期的な銀行行動を捉えられる可能性があることが挙げられる。一方で問題点は，三大メガのように傘下に多くの金融機関や関連企業を擁する機関を分析に含めると，必ずしも純粋な「銀行」行動を検証していることにならない可能性があることである。この問題をできるだけ小さくするため，本節では分析対象を地方銀行・第二地銀に限ることとした。また持ち株会社や複数の地銀が合同でグループを形成したようなケースは分析から外した。この結果，サンプルに含まれる銀行の個体数は期によって違うが，たとえば2002年3月時点では112行，10年3月では93行，16年9月では82行であった。

さて，このようにデータは半年ごとに利用可能なのだが，各変数には季節性が存在する可能性がある。それでももし季節性が銀行間で共通ならば，銀行間固定効果を取り除くときに同時にその影響を消去できる。しかしそうでない可能性も考慮して，ここでは「貸出増」については1年前（つまり2期前）からの増分を用いることにした。これは「前年同期比」の考え方に近い。それに合わせて「現金＋準備」も1年前のもの（2期ラグ）を用いる。よって，以下の図において横軸と縦軸をなすのは以下の2変数である。

横軸：「準備（1年前）」$= \dfrac{準備（前年同月）}{資産（前年同月）}$

縦軸：「貸出増（1年前からの）」$= \dfrac{（貸出（当該年・月）-貸出（前年同月））}{資産（前年同月）}$

したがって，ある期の「貸出増」と次の期の同変数の間には，半年の重複期間が存在していることに注意されたい。

190　第Ⅲ部　長期停滞下での日本の金融システム

図7-7　量的・質的緩和期の分析：半期データ，2013年9月〜16年9月

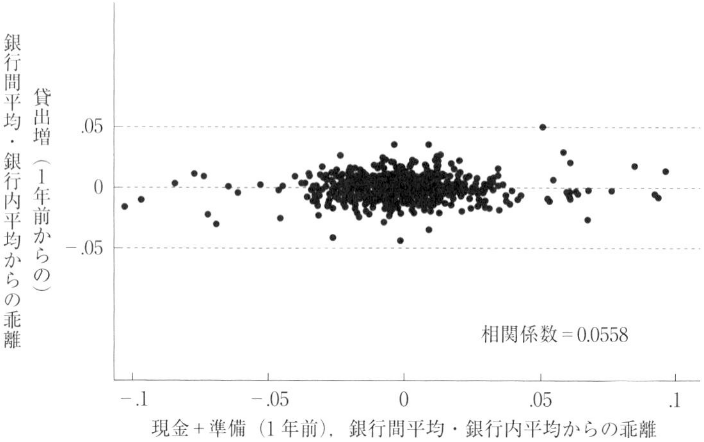

銀行間平均・銀行内平均からの乖離

貸出増（1年前からの）

.05

0

-.05

相関係数＝0.0558

-.1　　　　-.05　　　　0　　　　.05　　　　.1

現金＋準備（1年前），銀行間平均・銀行内平均からの乖離

（注），（出所）ともに図7-4に同じ。

4.2　分析結果

　紙幅の関係で2013年3月以前の分析結果については図の掲載を省略する。定性的な結論は前節と同じである。すなわち，量的緩和期を2001年3月から2006年9月までと設定して，この期間について分析してみたところ，1年前の準備とその後の貸出増の間には有意に正の相関が観察された。一方，その後の2007年3月から13年3月の期間について同様の分析を行って見たところ，相関は有意にゼロと異ならなかった。

　図7-7は量的・質的緩和導入以降の2013年9月から16年9月をサンプル期間とした場合の結果である。横軸の準備についてはサンプル内のばらつきが非常に大きかった一方で，縦軸の貸出増は変動が小さく，両者の相関は認められない。この傾向は，サンプル期間をマイナス金利導入前の2015年9月までに限っても同じである。このように，量的・質的緩和期においては，伝統的な信用創造のメカニズムは働いていなかったものと結論付けられる。

　塩路（2017）では固定効果モデルを用い，ほかの説明変数の影響をコントロールしつつ，現金＋準備が貸出増に与える影響を推定している。ほかの説明変数には過去の貸出，過去の預金等が含まれる。その結果，現金＋準備は平均的な銀行の貸出に対しては有意な正の効果を持たないことが報告されて

いる。

5 銀行パネルデータの検証(3)：銀行の財務状況と信用創造

5.1 不良債権に注目する理由

　以上より，2000年以降において伝統的な信用創造の理論が多少なりとも当てはまるのは，量的緩和政策下の2000年代前半だけだったことがわかる。この時期の何が特別だったのだろうか。塩路（2016）の固定効果モデルおよびGMMによる分析では，2000年以降の時期において，不良債権比率と準備変数の交差項の係数が有意に正になることが報告されている。これは不良債権比率の高い銀行ほど，多額の準備残高に反応して貸出を増やす傾向が強かったことを意味している。本節ではグラフによる分析により，この点を確認してみたい。

5.2 不良債権比率によるグループ分けに基づく結果

　不良債権残高の指標としては，銀行間で最も広く利用可能なリスク管理債権を用いる。その金額を総資産で割ったものがここでの不良債権比率である。この比率を用いてサンプルを高不良債権行グループと低不良債権行グループに2分割することを考える。単体ベース，年次データの2000年3月から2007年3月の期間（量的緩和期）を再び取り上げよう。第3節の図7-5で，この期間においては準備と貸出増の間に正の相関が存在していたことを見た。サンプルを分割した場合には，それぞれのグループについて，この結果はどう変わるだろうか。

　サンプル分割の具体的手続きは次の通りである。まず各行について，分析対象期間中の不良債権比率の平均値を求める。これをもとに銀行間の不良債権比率ランキングを求める。上位25%に入った銀行を高不良債権グループと見なす。残りを低不良債権グループと見なす。

　図7-8において(a)のパネルが高不良債権グループ，(b)のパネルが低不良債権グループを分析した結果である。前者においては明らかな正の相関が見られるのに対し，後者はほぼ無相関である。よって，この時期に伝統的な信用創造の機能が働いていたのは，多額の不良債権を抱えていたグループに限定

図 7-8　不良債権比率に基づいてグループ分けした結果
(a) 高不良債権行，年次データ，2000 年 3 月～07 年 3 月

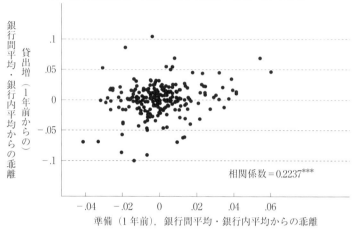

(b) 低不良債権行，年次データ，2000 年 3 月～07 年 3 月

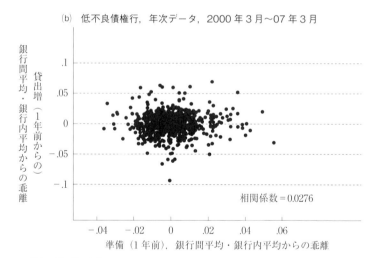

(注)，(出所) ともに図 7-4 に同じ。

されていたと結論付けることができる。

　なお，以上の結果はサンプルを不良債権比率ランキングの上位 10% でグループ分けをした場合，50% で区切った場合にも定性的には同じだった。また，半期データを用いて，2000 年 1 月から 2006 年 9 月までをサンプル期

間とした場合にも結論は定性的に同じであった。一方，上記分析の対象となった期間以降のサンプルで同様の分析を試みたところ，高不良債権グループ，低不良債権グループとも相関は有意にならなかった。もっとも，この時期には不良債権比率自体がおしなべて下がってきており，この指標によって銀行を分けることに意味があるかどうか自体も疑問である。

塩路（2016）は以上の結果を，銀行間金融取引における市場分断と割当ての存在という仮説によって説明できるとしている。2000 年代前半は銀行の不良債権問題が深刻に捉えられていた時期だった。1997 年から銀行の破綻が相次ぎ，2003 年にはりそな銀行の経営問題が多くの関心を呼び，同銀行は最終的には実質的に一時国有化された。当時，財務状態に不安を持たれていた銀行は短期金融市場で自由に資金調達できず，割当てを受けていた可能性は十分にある。このような銀行は日銀から低コストの資金供給が増額されると資金制約が緩まり，貸出を増加させることができたのではないかと考えられる。

6　おわりに

本章では実質ゼロ金利下における銀行行動を，準備と貸出増の関係に焦点を絞って分析した。その結果，教科書的な信用創造の過程はこの時期，ほぼ失われていたことが確認できた。例外は 2000 年代前半の量的緩和政策下の，それも高い不良債権比率に悩まされていた銀行に限って見出すことができた。これらの銀行は短期金融市場で低コストで自由に資金調達することができなかったために，日銀からのコストの低い資金供給に反応したのではないかと思われる。言い換えれば，この時期の日銀の政策は通常，教科書で想定されているような標準的な金融政策として効果を持ったと言うよりも，経営状態の悪化した銀行に対する資金供給策として効果を持ったのではないかと思われる。

このように解釈すると，その後の包括緩和や量的・質的金融緩和が民間銀行による信用創造を活性化しなかったという本章の分析結果も説明可能である。すなわち，2000 年代半ばに不良債権問題がほぼ終息を見ると，銀行間取引における信用割当ても重要ではなくなったと見られる。短期金融市場で

裁定取引が十分に行きわたるようになったことで，銀行に対する信用緩和政策としての金融政策は効力を失ったと考えられるのである。

ただ，以上の考察が正しいとすると，本章で包括緩和や量的・質的緩和の効果が検出されなかったのは，分析対象を狭義の「銀行」に限ったためなのかもしれない。これらの政策がとられた時期でも，銀行以外の金融機関，たとえば信用金庫や外国銀行などの中に信用力の問題を抱えていたものがあった可能性はある。その場合，金融緩和政策はそのような機関への信用緩和政策として機能していた可能性は否定できない。

したがって今後の重要な研究テーマは分析の対象範囲を銀行以外に拡大していくことである。ただデータ利用可能性の問題により，本章と同じ分析手法をそのまま適用することはできない。この問題をどう乗り越えるかが，現在喫緊の課題と考えている[4]。

また，本章では銀行の貸出行動に分析対象を限定した。しかし政策が銀行部門を通じて実体経済に影響を与える経路は貸出だけとは限らない。塩路（2017）の分析によれば，量的・質的緩和期には準備が銀行の国債需要に影響していた可能性がある。このことは政策が国債需給，さらには国債金利を通じて実体経済に影響を与えていた可能性を示唆する。このように，分析の対象となる銀行行動を貸出の外に広げていくことも今後の重要な課題である。

> ＊　本章は，野村財団金融・証券のフロンティアを拓く研究助成「資産価格情報による財政政策に関する将来予想指標の構築」，科学研究費補助金基盤研究(S)「長期デフレの解明」（研究課題番号：24223003），同(C)「量的緩和政策下の銀行行動と実体経済」（15K03418），同(A)「新たなマクロ計量モデルの構築と大規模データを用いた経済予測への応用」（17H00985），社会科学高等研究院重点領域研究プロジェクト「マクロ計量モデルの開発とマクロ経済の諸問題への応用」の資金援助を受けて行われたものである。

4　齋藤・法眼（2014）および齋藤・法眼・西口（2014）は日銀の国債購入が金融機関の行動に与える影響を分析している。観測単位が機関別でなく部門ごとに集計されたものになっている一方，外銀，生損保，公的年金など幅広い市場参加者を分析の射程に含んでいる点で優れている。また三谷（2016）は個別信用金庫のパネルデータを分析している点で注目される。同論文では信用金庫には（銀行と違って）流動性資産の増加に応じて貸出を増やす傾向が認められないと報告されている。

参考文献

井上仁（2013）「量的緩和政策期間における銀行貸出経路」『札幌学院大学経済論集』第6号，41-58頁。

齋藤雅士・法眼吉彦（2014）「日本銀行の国債買入れに伴うポートフォリオ・リバランス——銀行貸出と証券投資フローのデータを用いた実証分析」BOJ Reports & Research Papers。

齋藤雅士・法眼吉彦・西口周作（2014）「日本銀行の国債買入れに伴うポートフォリオ・リバランス——資金循環統計を用いた事実整理」『日銀レビュー』2014-J-4, 1-15頁。

塩路悦朗（2016）「ゼロ金利下における日本の信用創造」照山博司・細野薫・松島斉・松村敏弘編『現代経済学の潮流2016』東洋経済新報社，第2章，37-73頁。

塩路悦朗（2017）「量的・質的金融緩和期における日本の信用創造」日本経済学会2017年度秋季大会（青山学院大学）報告論文。

立花実・井上仁・本多佑三（2017）「量的緩和策の銀行貸出への効果」『経済分析』第193号，161-195頁。

三谷信彦（2016）「非伝統金融政策と銀行貸出」OSIPP Discussion Paper, DP-2016-J-001。

Hosono, K.（2006）"The Transmission Mechanism of Monetary Policy in Japan: Evidence from Banks' Balance Sheets," *Journal of the Japanese and International Economies*, Vol. 20, No. 3, pp. 380-405.

第Ⅳ部　現代の国際金融システム

第 **8** 章

アジア債券市場と日本の役割

小川英治・清水順子・武藤誠

本章の要旨

　グローバル化した経済において，わが国の金融システムは，今日，アジア諸国との関係をこれまで以上に深めている。アジアの金融市場では，1997年に発生したアジア通貨危機以降，その発生要因の一つである資産負債における「期間と通貨のダブルミスマッチ」問題の解決策として，東アジアに地域債券市場を設立することが提案され，現在までにアジア債券市場育成イニシアティブを中心として，さまざまな取組みが行われている。本章では，アジア債券の表示通貨としてアジア通貨単位（Asian Monetary Unit, AMU）のような東アジア諸国通貨から構成される通貨バスケットを取り上げ，東アジア各国の現地通貨建て債券と AMU 建て債券のリスク特性に関する比較分析を行った。その結果，AMU 建て債券は，多くのアジア新興国において対外借入費用とその為替リスクを軽減するとともに，海外投資家にとっても現地通貨建て債券と比較して為替リスクの軽減に寄与することが確認された。この効果を投資家が認識すれば，AMU 建て債券を導入することによって，ある現地通貨の突然の減価によって生じる，ほかの現地通貨建て債券の売却の伝染を防止することも可能となり，アジア全体の金融システムの安定にも資する。日本は，官民一体となってアジアの金融市場の整備を推進してきたが，今後は金融市場機能の向上に貢献するとともに，投資家としてアジア域内の債券市場に円滑な流動性をもたらすことが期待される。

1 はじめに

　1997 年に発生したアジア通貨危機以降，東アジア諸国の通貨当局は，金融システムが銀行部門に過度に依存していることと為替相場制度が米ドルに過度に依存していることがアジア通貨危機をもたらした原因であると認識するようになった。すなわち，東アジアの企業や金融機関が長期間の資金調達を行う際に海外の金融機関による短期の外貨建て融資に依存していたというバランスシート上の「期間と通貨のダブルミスマッチ」と言われる問題である。東アジアの債務者や債権者が国際的に資金調達や資金運用を行うときに，主に米ドル建て表示の負債あるいは資産に頼らざるをえないために，多大な為替リスクに直面せざるをえず，アジア通貨危機後もこの状態は続いていた。これらの問題に対する一つの解決策として東アジアに地域債券市場を設立することが提案され，さまざまな取組みがなされてきた (Ito 2004; Ito and Park 2004)。2000 年代初頭に行われた二つのイニシアティブとしては，中央銀行主導の EMEAP のアジア債券ファンド（Asian Bond Fund, ABF)[1] と ASAEN＋3 財務大臣会議のアジア債券市場育成イニシアティブ（ABMI)[2] がある。とくに，アジア債券市場育成イニシアティブは，アジアにおいて効率的で流動性の高い債券市場を育成することにより，アジアにおける貯蓄をア

---

[1] EMEAP (Executives' Meeting of East-Asia and Pacific Central Banks) は東アジア太平洋地域における中央銀行の協調のための組織である。EMEAP は，オーストリア連邦準備銀行，中国人民銀行，香港通貨庁，インドネシア銀行，日本銀行，韓国銀行，マレーシア中央銀行，ニュージーランド準備銀行，フィリピン中央銀行，シンガポール通課長，タイ中央銀行から構成されている。

[2] ASEAN 加盟国は，ブルネイ，カンボジア，インドネシア，ラオス，マレーシア，ミャンマー，フィリピン，シンガポール，タイ，ベトナムである。ASEAN＋3 は，ASEAN 加盟国プラス日本，中国，および韓国である。アジア債券育成イニシアティブは，六つの作業部会を設立した。それらの作業部会は，新しい証券化商品，信用保証メカニズム，外国為替取引と決済の問題，現地通貨建て債券の発行，現地・地域の格付け機関，技術援助協力を取り扱ってきた。これらの作業部会の一つは，アジア債券市場における表示通貨に焦点を当てている。2005 年 5 月 4 日のイスタンブールでの ASEAN＋3 財務大臣会議の大臣声明は，「アジア通貨バスケット建て債券の発行の可能性がロードマップの下で探求することができる」と述べている。

ジアに対する投資へと活用できるようにすることを目的とするものである。2003 年にマニラで開催された第 6 回 ASEAN＋3 財務大臣会議における合意のもと，これまでに数多くの検討課題に精力的に取り組んできた。2010 年 9 月には，ASEAN＋3 域内のクロスボーダー債券取引を促進することを目的として，クロスボーダー債券取引に係る市場慣行の標準化や，規制の調和化を図るため，官民一体のフォーラムとして ASEAN＋3 債券市場フォーラムが設置され，アジア債券市場の市場規模拡大など大きな成果をもたらしている。

　アジア債券市場育成イニシアティブに関する議論においては，信用保証や地域格付け機関の調和などに加えて，債券の表示通貨の選択にも焦点が当てられている。アジア債券の表示通貨の選択肢の一つは，米ドル建てで表示することであり，2003 年 6 月に EMEAP 諸国・地域（オーストリアと日本とニュージーランドを除く）の政府および準政府機関によって発行された ABF1 は，ドル建て債券のバスケットとなっている。Ito（2003）は，もう一つの選択肢として東アジア諸国の政府によって発行された現地通貨建て債券のファンドを提案していたが，EMEAP は，その後 ABF をアジア各国の現地通貨建て債券のファンドに発展させ，2005 年 6 月に ABF2 として開始した。

　一方，地域金融協力の強化のための政策提言について，Kuroda and Kawai（2003）は，より実効的なサーベイランス・プロセスを提案した。危機とその伝染が発生したときに，モラルハザードの問題を軽減することにもなる弾力的な金融支援を可能とするために，外貨準備の共同プールの創設を考察した。実際に，2000 年 5 月にタイのチェンマイで ASEAN 10 カ国に日本，中国，韓国の 3 カ国を含めた 13 カ国（以下，ASEAN＋3）の財務大臣クラスの会合が開かれ，「2 カ国間での金融取極をそれぞれが相互に結ぶことを通じて支援体制を構築すること」を目的として合意されたのがチェンマイ・イニシアティブ（CMI）である。この枠組みは，集団的な金融支援体制として，為替・金融市場の安定を図るとともに，IMF 支援を含む既存の国際的な資金支援制度の補完を目的としてきたが，近年さらに着実に強化しつつある[3]。また，ASEAN＋3 財務大臣会議のもとに設立された研究グループ

---

3 2000 年 5 月の設立当初はおよそ 400 億ドルの二国間スワップ取極であったが，15 年

200　第Ⅳ部　現代の国際金融システム

において共通通貨バスケット単位を東アジアに導入することの可能性についても研究されてきた[4]。

　バスケット通貨とアジア債券に関する先行研究としては，債券発行者と外国投資家の両方の視点から東アジア諸国における通貨バスケット建て債券の実効性を評価した Ogawa and Shimizu（2004）がある。彼らは，主要3通貨（米ドル・ユーロ・日本円）で構成された G3 通貨バスケット建てのアジア債券と単独の通貨建てのアジア債券との間でリスク特性と流動性を比較分析した。その結果，香港および中国とマレーシア（2005年7月まで）のドル・ペッグ国を例外として，バスケット通貨建ての債券ファンドが単独の現地通貨建て債券よりも為替リスクの削減効果があることを確認した。

　Kawai, Ogawa and Ito（2004）が指摘したように，もし東アジア諸国すべてが為替相場政策において主要3通貨をターゲットとしたならば，東アジア通貨から構成される通貨バスケットは G3 通貨バスケットに相当することになる。しかし，2005年7月の中国政府による人民元の為替制度改革以降，アジア各国はドル・ペッグから徐々に各々の貿易ウェイトで調整された通貨バスケット制に移行しつつある。そこで，Ogawa and Shimizu（2005）が提案するように，アジア域内通貨で構成された AMU（Asian Monetary Unit）を用いて域内の為替協調政策を行うようになれば，AMU を債券の建値通貨として利用することも考えられる[5]。Shimizu and Ogawa（2005）は，東アジア諸国で発行された各国通貨建て債券と AMU 建て債券を比較しており，建値通貨を AMU にすることにより，アジアの現地通貨建て債券の為替リスクが低減することを示した。

　国際的な金融危機発生以降，先進主要国の異次元緩和下で低金利運用に苦

には資金規模の増額（1200億ドル→2400億ドル），ASEAN 新規加盟5カ国の参加，意思決定と支出プロセスのマルチ化（CMIM），モニタリング機関の設置，新しい予防的ラインの導入が進んでいる。

4　アジアにおける共通通貨バスケットに関する研究は，Ito, Ogawa and Sasaki（1998）；Bénassy-Quéré（1999）；Williamson（2000）；Ogawa and Ito（2002）；Ogawa, Ito and Sasaki（2004）を参照せよ。

5　Ogawa and Shimizu（2005）が提案している AMU は，ASEAN＋3 財務大臣代理会合におけるサーベイランス・プロセスにおける参加国を所与として，ASEAN＋3 の13通貨から構成されたアジアの共通通貨バスケットである。

しむ機関投資家にとって，安定的な成長を続けるアジア新興国の債券市場は将来有望な投資案件であり，アジアの現地通貨建て債券や AMU 建て債券のリスク特性を分析することの重要性は高い。本章では，前述の Ogawa and Shimizu（2004）と Shimizu and Ogawa（2005）で取り上げてきたバスケット通貨建てアジア債券のリスク特性について，2000 年代以降直近までの金利と為替相場のデータを用いて分析し，アジア債券の表示通貨について再考するとともに，アジア域内の債券市場育成にかかわる日本の役割について論じることを目的とする。

　本章の構成は，以下の通りである。第 2 節では債券発行者にとってのアジア債券のリスク特性を，第 3 節では外国の投資家にとってのアジア債券のリスク特性をそれぞれ分析する。第 4 節では，AMU 建て債券の為替リスク軽減のポートフォリオ効果を検証する。最終節では前節までの実証分析結果をまとめ，日本の役割について考察する。

2　債券発行者にとってのリスク

2.1　分析手法とデータ

　本節では，対外借入費用のリスクに焦点を当てて，さまざまな通貨で表示された債券を発行するときに直面する債券発行者にとっての為替リスクの大きさを分析する[6]。東アジア 9 カ国（シンガポール，タイ，マレーシア，フィリピン，インドネシア，台湾，韓国，香港そして中国）の通貨で表示された債券のリスクを三つの主要通貨（米ドル，ユーロ，日本円）で表示された債券，そして，三つの主要通貨から構成される通貨バスケット建てのいくつかのタイプの債券と比較する。

　通貨バスケットについては，東アジア各国のアメリカと日本とユーロ圏諸国との貿易シェアに基づいていくつかの異なる通貨シェアを考える。

6　通常，現実の世界における事前的借入費用は，支配的なベンチマーク金利，リスク・プレミアム，為替相場変動から計算されるべきである。しかしながら，ここでの分析の目的はある国についてさまざまな通貨タイプの借入費用のリスクを比較することであるので，ある国のリスク・プレミアムは共通と見なして，為替リスクに焦点を当てる。

202　第Ⅳ部　現代の国際金融システム

　二つのタイプの通貨バスケットを考える。第一のタイプの通貨バスケット
は，東アジア地域全体としての共通通貨バスケットである。この通貨バスケ
ットは，いわゆるアジア通貨単位（AMU）の提案（Kawai, Ogawa and Ito 2004;
Ogawa and Shimizu 2005）に基礎を置いている。1979 年から 98 年までの欧州
通貨制度のもとにおける欧州通貨単位（ECU）のように，東アジア諸国の通
貨当局が，貿易契約や債券発行や東アジア諸国の為替相場政策の参照として
の共通の地域計算単位を創造することを考える。

　この共通通貨バスケットについて，Ogawa and Kawasaki（2003）の計算
方法に基づく 2 種類の貿易ウェイト（貿易ウェイトⅠと貿易ウェイトⅡと名付け
る）を考える。これらの貿易ウェイトは，ASEAN 5 + 4 と米国と日本とユー
ロ圏諸国との間の貿易総額のシェアを反映する。貿易ウェイトⅠは，東アジ
ア 9 カ国と米国と日本とユーロ圏諸国のみとの間の貿易総額に基づいてい
る。一方，貿易ウェイトⅡは，それら以外の国々を考慮に入れている。この
場合には，それら以外の国々との貿易は，その契約通貨がすべて米ドルであ
ると仮定することによって米国のシェアに加えている。2000 年から 15 年ま
での期間について年次データの平均的シェアを計算している。貿易ウェイト
Ⅰは米ドル：日本円：ユーロ＝39.7%：31.4%：28.9% である。一方，貿易
ウェイトⅡは，米ドル：日本円：ユーロ＝37.6%：14.5%：47.9% である。

　第二のタイプの通貨バスケットは，東アジア諸国の各国についての個別の
通貨バスケットである。三つの主要通貨の国々との各国の貿易の関係の特徴
を反映させるために，Petri（1993）に従って，貿易集中度に基づいたバスケ
ット・シェアを計算した[7]。貿易集中度指数は，国と国との間の二国間貿易
の関係の尺度であり，次式で定義される。

$$I_{j,k} = \frac{T_{j,k}/T_j}{T_k/T_w} \tag{1}$$

ただし，$I_{j,k}$：j 国と k 国との貿易集中度指数，$T_{j,k}$：j 国と k 国との間の貿易
量，T_j：j 国の貿易総量，T_k：k 国の貿易総量，T_w：世界の貿易総量

　貿易集中度指数は，世界のほかの国々との貿易量と比較することによって

7　Kawai and Takagi（2000）は，東アジアと西ヨーロッパにおける貿易集中度を計算
　　し比較した結果，東アジアにおいては集中度が極端に高いケースも多く，いくつかの
　　ケースでヨーロッパの貿易集中度より高いことを確認した。

j 国と k 国との間の二国間貿易関係の密接度を表す。貿易集中度指数が1に近い場合には，それは中立的な二国間貿易関係を意味する。貿易集中度指数が1より大きいならば，それは世界のほかの国々との貿易と比較して強い相互依存関係にあることを意味する。一方，貿易集中度指数が1より小さいならば，それは世界のほかの国々との貿易と比較して弱い相互依存関係にあることを意味する。

　ここでは，2010 年の貿易データに基づいて貿易集中度指数が作られている[8]。シンガポールと香港以外の東アジア諸国と日本との間の貿易集中度は1より大きい。フィリピンと日本との間の貿易集中度指数が最も高い。一方，東アジア諸国の中では，シンガポールと日本との貿易集中度指数が最も低い。東アジア諸国と米国，および東アジア諸国とユーロ圏諸国との間の貿易集中度指数はすべて1より小さく，また，東アジア諸国と日本との間の貿易集中度指数より小さい結果となっている。

　このように，各東アジア通貨について異なるウェイトの三つの通貨バスケットが提示された。ここでは，通貨バスケット建て債券が為替リスクの軽減にどれほど寄与するかを実証的に示す。為替相場と利子率のヒストリカル・データを利用して，対外借入費用のシミュレーションを行う。これらの異なるタイプの通貨バスケット・シェアを適用することによって，仮想的な通貨バスケット建て債券がより実効的に対外借入費用のリスクの縮小に寄与するかのみならず，どのタイプの通貨バスケットが東アジア各国の債券発行者にとって，そのリスクを縮小することにより実効的であるかを分析することができる。

　3カ月物短期金融市場金利と為替相場終値を利用して，3カ月間（90日間）の対外借入費用を計算する。そして，全標本期間についてこれらの系列の平均と標準偏差を計算する。標準偏差は，対外借入費用のリスクとして見なされる。カバーなし金利平価条件のもとで，債券発行者の自国通貨建てで3カ月対外借入費用が計算される。

　A 国の債券発行者にとって米国からの3カ月間の借入費用は，次式に従って計算される。

8　すべての貿易データは，Direction of Trade Statistics（IMF）からとられている。

$$\left\{ \frac{\left\{ 1US\$ + \left(1 \times r_{3month,us} \right) \times \dfrac{90}{360} \right\} \times \left(\dfrac{A}{US\$} \right)_{t+90days}}{1US\$ \times \left(\dfrac{A}{US\$} \right)_{t}} - 1 \right\} \times 100\,(\%) \quad (2)$$

ただし，$\left(\dfrac{A}{US\$} \right)_t$：$t$ 期における米ドルと通貨 A との間の為替相場

　分析期間は，2000 年 1 月 3 日から 16 年 9 月 30 日としている。その分析期間について，毎日の 3 カ月対外借入費用を計算した。その結果，各タイプの借入パターンについて 4370 個の観察値が得られた[9]。

　第一に，東アジア 9 カ国（シンガポール，タイ，マレーシア，フィリピン，インドネシア，台湾，韓国，香港，および中国）について 3 カ月対外借入費用を分析する。各国について，自国通貨建て債券，米ドル建て債券，ユーロ建て債券，日本円建て債券，三つの通貨バスケット建て債券を含む七つのタイプの対外借入費用を計算する。通貨バスケット建て債券は，米ドル建て債券とユーロ建て債券と日本円建て債券の一種のポートフォリオである。

2.2　分析結果

　表 8-1 は，東アジア 9 カ国の各国の借り手が自国通貨建て債券と米ドル建て債券とユーロ建て債券と日本円建て債券と三つのタイプの通貨バスケット建て債券を発行するときに要する 3 カ月対外借入費用をまとめたものである。米ドル建ての対外借入費用をベンチマークと見なして，米ドル建て債券と通貨バスケット建て債券との間の平均値と標準偏差（リスク）を比較する[10,11]。

　分析から二つの重要な結果が得られた。第一に，東アジア 9 カ国について，自国通貨建て債券発行に要する対外債務費用の標準偏差は，外国通貨建

9　すべてのデータは *Datastream* から採取した。為替相場は日次の終値であり，金利は 3 カ月物短期金融市場金利の中間値である。データの詳細は以下の通りである。米国：TB 3 カ月物，日本：銀行間 3 カ月物，ユーロ：銀行間 3 カ月物，シンガポール：銀行間 3 カ月物，タイ：銀行間 3 カ月物，マレーシア：銀行間 3 カ月物，インドネシア：預金 3 カ月物，フィリピン：財務省証券 91 日物，台湾：短期金融市場 90 日物，韓国：CP91 日物，香港：銀行間 3 カ月物，中国：定期預金 3 カ月物。

第8章　アジア債券市場と日本の役割　　205

表8-1　東アジア諸国における3カ月間の債権借入コスト（%）：
2000年1月3日〜16年9月30日

	単一通貨建て				通貨バスケット建て		
	自国通貨	米ドル	ユーロ	日本円	貿易ウェイトI (1)	貿易ウェイトII (2)	貿易集中度 (3)
シンガポール							
平均値	0.322	0.179	0.454	-0.107	0.169	0.269	0.059
標準偏差	0.240	2.716	3.865	4.825	2.143	2.069	2.871
タ　イ							
平均値	0.679	0.377	0.671	0.122	0.382	0.481	0.207
標準偏差	0.274	3.313	4.690	5.549	3.101	3.115	4.410
マレーシア							
平均値	0.790	0.659	0.969	0.394	0.665	0.769	0.519
標準偏差	0.110	3.314	5.039	5.702	3.436	3.445	4.253
フィリピン							
平均値	1.085	0.750	1.072	0.496	0.763	0.867	0.597
標準偏差	0.738	3.488	5.398	5.928	3.762	3.801	4.693
インドネシア							
平均値	2.301	1.477	1.722	1.222	1.468	1.557	1.304
標準偏差	0.902	6.368	6.432	7.948	6.106	5.892	7.140
台　湾							
平均値	0.451	0.499	0.811	0.220	0.502	0.608	0.330
標準偏差	0.297	2.750	4.722	5.142	2.791	2.887	3.812
韓　国							
平均値	1.007	0.601	0.849	0.348	0.593	0.683	0.462
標準偏差	0.377	5.622	5.712	7.786	5.454	5.129	6.433
香　港							
平均値	0.451	0.407	0.779	0.171	0.441	0.551	0.283
標準偏差	0.471	0.537	5.208	5.065	2.489	2.815	3.630
中　国							
平均値	0.521	0.136	0.495	-0.103	0.165	0.274	0.059
標準偏差	0.142	1.159	5.067	5.194	2.569	2.795	2.989

（注）　1）　貿易ウェイトIのバスケット・シェアは米ドル：日本円：ユーロ＝39.7%：31.4%：
28.9%である。
2）　貿易ウェイトIIのバスケット・シェアは米ドル：日本円：ユーロ＝37.6%：14.5%：
47.9%である。
3）　貿易集中度のバスケット・シェア（米ドル：日本円：ユーロ）は，シンガポールでは
34.0%：53.6%：12.4%，タイでは19.7%：73.9%：6.4%，マレーシアでは28.6%：62.9%：
8.5%，フィリピンでは25.4%：68.2%：6.4%，インドネシアでは18.5%：74.6%：6.9%，
台湾では25.7%：67.9%：6.4%，韓国では28.1%：63.3%：8.7%，香港では21.8%：
68.3%：9.9%，中国では36.2%：51.3%：12.5%である。
（出所）　筆者の計算による。サンプル期間は2000年1月3日〜16年12月29日である。すべて
の為替と金利のデータはDatastreamから採取した。

て債券発行に要する対外債務費用の標準偏差よりもずっと低い。このこと
は，外国通貨建て債券を発行するときの対外借入費用に為替リスクが大きく
かかることを意味する。第二に，通貨バスケット建て債券を発行することに
よる対外借入は，リスクとともに借入費用の軽減に寄与する。貿易集中度を
除く通貨バスケット建て債券発行による対外借入費用のリスクは，シンガポ
ールとタイについて米ドル建て債券発行よりも低い。その理由は，3主要通
貨の為替リスクが互いに部分的な相殺を生じさせるためである。貿易集中度
に基づくウェイトの通貨バスケット建て債券発行による対外借入費用は，シ
ンガポールとタイについての米ドル建て債券発行による対外借入費用よりも
低かった。加えて，ほとんどの分析対象国において自国通貨建て債券発行に
よる対外借入費用よりも通貨バスケット建て債券発行による対外借入費用の
方が低い。したがって，通貨バスケット建て債券を発行することによって，
自国通貨建てや米ドル建てで債券を発行するよりもリスクや借入費用が低く
なる可能性がある。明らかに，債券が自国通貨建てで発行されるときには，
東アジア9カ国においてその標準偏差は最小である。貿易集中度を除く通貨
バスケット建て債券は，シンガポール，タイ，インドネシア，韓国において
債券発行者の標準偏差が2番目に低い。一方，対外借入費用については，通
貨バスケット建て債券は，ほとんどの東アジア諸国において債券発行者の対
外借入費用を軽減する。

　貿易集中度に基づく個別のシェアの通貨バスケット建て債券の対外借入費
用は，ほとんどの分析対象国において最低である。貿易ウェイトⅡに基づい
た地域共通のシェアの通貨バスケット建て債券発行による対外借入費用のリ
スクは，シンガポールが最低である。貿易ウェイトⅡに基づく通貨バスケッ
ト・シェアは，シンガポールとインドネシアと韓国の債券発行者にとってリ
スクを軽減することに最も実効的に寄与する。タイの債券発行者にとって

10　オーバーラップしているデータを利用して計算しているために，標準偏差は過小評
　　価される可能性があるが，ここでは絶対値を評価するよりもむしろ相対的にこれらの
　　値を比較する。

11　統計的に差が有意かどうかについては，平均値については Student's t と Tukey-
　　Kramer HSD 統計量を用いて，分散については O'Brien 検定，Brown-Forsythe 検定，
　　Levene 検定を用いて，それぞれ差が等しいかどうかの検定を行った。その結果，分
　　散（標準偏差）について概ね差が有意であることが示された。

は，貿易ウェイト I に基づく通貨バスケット・シェアがリスク軽減に最も実効的に寄与する。これらの結果は，通貨バスケットの最適なシェアが東アジア各国とその貿易相手国との間の貿易関係に基づくことを示唆している。しかし，アジア債券市場を設立するに際して東アジア諸国間で共通シェアの通貨バスケットを決めることが難しいかもしれない。

3 外国投資家にとってのリスク

外国投資家にとっての現地通貨建て債務の収益率を計算し，リスク特性を考察する。その際に，ASEAN 5 カ国，日本，中国，韓国，香港の東アジア 9 カ国で発行されたベンチマークとされる現地債券のデータを利用する。利子率と為替相場が所与（したがって，収益率とリスクが所与）として取り扱われる仮定のもとで部分均衡アプローチが投資家モデルを分析するために適用される。

ここでは，債券をすべてのほかの資産から隔離された資産クラスとして取り扱い，AMU 建て債券と米ドル建て債券と現地通貨建て債券を外国投資家にとっての投資対象として考察する。債券収益率の標準偏差に加えて，シャープ比をリスクの指標として利用する。シャープ比はさまざまな種類の債券の間のリスク調整済みパフォーマンスを計測するのに有用である。シャープ比は基本的にポートフォリオ収益率の尺度であり，AMU 建て債券それ自体一種のポートフォリオ・ファンドであると考えられる[12]。

収益率の源泉を明確にするために，債券収益率を金利収益率と外国為替収益率とに分ける。金利収益率と外国為替収益率のそれぞれについて AMU 建て債券の収益率と各現地通貨建て債券の収益率を比較する。

3.1 東アジアにおける現地通貨建て債券のリスク特性

第一に，主要通貨で収益率を評価する国際投資家にとっての収益率を計算する。二つのタイプの国際投資家を想定する。一つのタイプは，米国の投資

---

[12] 実際に，ファンド・オブ・ファンドは，いくつかのファンド（あるいは投資信託）のポートフォリオに投資するものであり，近年とくに民間投資家にとって人気が高まっている。

208　第Ⅳ部　現代の国際金融システム

家で，米ドルで収益率を評価する。もう一つのタイプは日本の投資家で，日本円で収益率を評価する。各債券の平均収益率と収益率の標準偏差と標準偏差に対する収益率の比（シャープ比）を計算する。

　米ドルで収益率を評価する投資家にとって，債券投資の収益率は次のように計算される。投資家は米ドルの最初の資金を現地通貨に当該の為替相場で交換し，現地通貨建て債券を現地通貨建て価格で購入する。その後，現地通貨建て債券を 1 カ月間保有し，1 カ月後に現地通貨建て価格で売却する。最後に，収益を現地通貨から米ドルに交換する[13][14]。収益率は，金利収益率（債券利回り）と外国為替収益率に分けられる。日本円で収益率を評価する投資家にも同様の計算が行われる。

　現地通貨建て債券の 1 カ月間の米ドル建て価値の計算式は以下の通りである。

$$BondValue_t(USdollarEquivalent) = 100 \times E_t \times \frac{(1+Y_t)}{E_{t+1}}$$

$$= 100 + \left(100 \times E_t \times \frac{Y_t}{E_{t+1}}\right)$$

$$+ \left(100 \times \frac{E_t}{E_{t+1}} - 100\right) \qquad (3)$$

$$= (元本 + 金利収益率 + 外国為替収益率)$$

ただし，E_t：t 月における米ドルに対する現地通貨の為替相場（終値），Y_t：t 月における 1 カ月ベースの債券利回り（終値）

　各債券の金利収益率は現地債券の利回りデータから計算される。外国為替収益率は実際の事後的なカバーなし収益率から計算される。

　表 8-2 は東アジアの現地通貨建て債券の 1 カ月の債券収益価値をまとめたものである。表 8-2 のドル評価では，2000 年 1 月から 16 年 9 月までの期間について米ドルで評価した 1 カ月間の投資の現地通貨建て債券の債券価値と収益率を示している。標本期間のデータは，ドル・ペッグ（自国通貨を米ドル

13　投資家が為替リスクをカバーするための先物スワップ取引を利用しないケースを想定する。

14　各現地債券はゼロ・クーポン債であると想定する。さらに，利回りデータは年ベースの利率であるので，計算のために月ベースに変換する。

表8-2 東アジアの現地通貨建て債券の1カ月の債券収益価値：2000年1月〜16年9月

ドル評価	シンガポール	タ イ	韓 国	フィリピン	インドネシア	マレーシア	香 港	中 国	日 本
債券価値									
平均値(μ)	100.21	100.26	100.37	100.49	100.41	100.22	100.14	100.34	100.05
リターン (%,(μ-100)/100)	0.21	0.26	0.37	0.49	0.41	0.22	0.14	0.34	0.05
標準偏差(σ)	1.64	1.75	3.26	1.72	2.78	1.99	0.20	0.60	2.74
μ/σ	0.13	0.15	0.11	0.28	0.15	0.11	0.70	0.56	0.02
金利リターン									
平均値(μ)	0.10	0.21	0.33	0.46	0.65	0.25	0.14	0.22	0.01
標準偏差(σ)	0.07	0.08	0.13	0.26	0.19	0.03	0.15	0.06	0.02
μ/σ	1.32	2.58	2.54	1.74	3.52	7.34	0.90	3.45	0.71
為替リターン									
平均値(μ)	0.11	0.05	0.04	-0.07	-0.22	-0.03	0.00	0.10	0.04
標準偏差(σ)	1.64	1.74	3.25	1.84	3.41	1.88	0.13	0.54	2.74
μ/σ	0.07	0.03	0.01	-0.04	-0.07	-0.02	0.01	0.19	0.01

円評価	シンガポール	タ イ	韓 国	フィリピン	インドネシア	マレーシア	香 港	中 国	日 本
債券価値									
平均値(μ)	100.22	100.29	100.37	100.43	100.36	100.17	100.17	100.30	100.01
リターン (%,(μ-100)/100)	0.22	0.29	0.37	0.43	0.36	0.17	0.17	0.30	0.01
標準偏差(σ)	2.65	3.09	3.56	3.03	3.66	3.21	2.79	2.76	0.02
μ/σ	0.08	0.09	0.10	0.14	0.10	0.05	0.06	0.11	0.72
金利リターン									
平均値(μ)	0.10	0.21	0.33	0.46	0.65	0.25	0.14	0.22	0.01
標準偏差(σ)	0.07	0.08	0.13	0.27	0.19	0.04	0.15	0.06	0.02
μ/σ	1.31	2.57	2.54	1.73	3.51	7.26	0.90	3.44	0.72
為替リターン									
平均値(μ)	0.13	0.07	0.04	-0.05	-0.21	-0.01	0.03	0.13	0.00
標準偏差(σ)	2.65	3.07	3.56	3.07	3.97	3.17	2.77	2.83	0.00
μ/σ	0.05	0.02	0.01	-0.02	-0.05	-0.00	0.01	0.05	0.00

（注）データの制約から，フィリピンは2001年3月，インドネシアは03年5月，マレーシアは01年10月，中国は02年6月からのデータを用いて計算した。金利リターンは各債券のイールドより計算されたリターンである。為替リターンは債券価格をドル評価（円評価）する際に用いられる対ドル（対円）為替レートによって実現したリターンである。

（出所）筆者の計算による。サンプル期間は2000年1月〜16年10月である。すべての為替と金利のデータはDatastreamから採取した。

210　第Ⅳ部　現代の国際金融システム

に固定する）国（たとえば，香港）および米ドルとの連動性が高い中国におい
て発行された現地通貨建て債券価値の標準偏差が他の国において発行された
ものよりもずっと低いことが示されている。香港ドル建て債券の収益率の標
準偏差は，9カ国中で最も低い。

　非ドル・ペッグ国通貨建て債券の価値の標準偏差は，ドル・ペッグ国通貨
建て債券に比較すると相対的に高く，それは為替リスクが主因となっている
と考えられる。非ドル・ペッグ国の間では，シンガポール・ドル建て債券が
最も低い債券価値の標準偏差（1.64）であり，韓国ウォン建て債券が最も高
い債券価値の標準偏差（3.26）である。また，日本円建て債券が2番目に高
い債券価値の標準偏差（2.74）である[15]。ドル・ペッグ国通貨建て債券のシ
ャープ比は，非ドル・ペッグ国通貨建て債券のシャープ比よりもずっと大き
い。中国を除く非ドル・ペッグ国通貨建て債券の中では，日本円建て債券の
シャープ比（0.02）が最も低く，フィリピン・ペソ建て債券のシャープ比
（0.28）が最も高い。

　表8-2の円評価では，同じ標本期間について日本円で評価した現地通貨建
て債券投資の収益率を示している。米ドル建てで評価した投資と対照的に，
債券価値の標準偏差はドル・ペッグ国通貨建て債券とそれ以外との間でそれ
ほどの違いは見られない。しかし，それらの水準は米ドルで評価した債券価
値収益率よりもずっと高い。日本円建て債券を除くと，シンガポール・ドル
建て債券の標準偏差が最も低く（2.65），韓国ウォン建て債券の標準偏差が最
も高い（3.56）。シャープ比については，フィリピン・ペソ建て債券が最も高
く（0.14），マレーシア・リンギット建て債券が最も低い（0.05）。

3.2 AMU建て債券のリスク特性

　東アジア9カ国の国債から構成されるAMU建て債券の収益率とそのリス
ク特性のシミュレーションを行うに際して，各国の国債のウェイトを選択す
る必要がある。

　東アジア各国の国債に等しいシェアを付したAMU建て債券をベンチマー

15　標本数が限定されているため，フィリピン，インドネシア，マレーシア，中国の債
　　　券の標準偏差は比較しない。

クとして利用する。これは，実際の世界の国際債券ファンドのケースを抽象
している。投資家がしばしばこれを国際ポートフォリオ投資の指数として利
用する。ファンドの構成比率は実際には市場規模や債券残高に基づいてい
る[16]。日本国債残高の総価値はほかの東アジア諸国よりもずっと高く，もし
構成比が現在の国債の市場規模に基づいて決定されるならば，日本の債券が
AMU 建て債券の極端に大きなシェアを占めるであろう。

　均等ウェイトの AMU のほかに，異なる国のウェイトを持つ2種類以上の
AMU を計算する。これらのために，国によって分類される対外債務に関す
る2種類の四半期データを BIS のウェブサイトから利用する。一つは，
Debt securities issues and amounts outstanding, by residence and national-
ity of issuer（Table C3）の National issuers の項目にある International debt
securities である。これを BIS1 と名付ける。もう一つは，同じ Table の
Resident issuers の項目にある International debt securities であり，これを
BIS2 と名付ける。

　次に，これらの三つのタイプの AMU 建て債券を利用して，前節と同じ計
算方法でアメリカと日本の投資家にとっての収益率を計算する。1カ月間投
資における AMU 建て債券の米ドル建て価値の計算式は，以下の通りであ
る[17]。

$$BondValue_t(USdollarEquivalent) = \sum_{i=1}^{9} w_i \left(100 \times E_{t,i} \times \frac{1+Y_{t,i}}{E_{t+1,i}} \right)$$

$$= 100 + \sum_{i=1}^{9} w_i \left(100 \times E_{t,i} \times \frac{Y_{t,i}}{E_{t+1,i}} \right)$$

$$+ \sum_{i=1}^{9} w_i \left(100 \times \frac{E_{t,i}}{E_{t+1,i}} - 100 \right) \quad (4)$$

（＝元本＋金利収益率＋外国為替収益率）

ただし，$E_{t,i}$：t 月における米ドルに対する i 国の通貨の為替相場（終値），
$Y_{t,i}$：t 月における月次ベースの i 国の債券利回り（終値）

16　たとえば，HSBC の Asian Dollar Bond Index（ADBI）は東アジア諸国の総市場資
　　本のシェアに基づいて計算されている。
17　ここでは，AMU 建てアジア債券は，東アジア9カ国の国債のポートフォリオ投資
　　であると想定する。

212 第Ⅳ部 現代の国際金融システム

表8-3 AMU建てアジアボンドによるシミュレーション結果（1カ月の収益）：
2000年1月〜16年9月

ドル評価	AMU 建てアジアボンド（等分ウェイト）	AMU 建てアジアボンド（BIS1 ウェイト）	AMU 建てアジアボンド（BIS2 ウェイト）
債券価値			
平均値(μ)	100.25	100.18	100.21
リターン (%,($\mu-100$)/100)	0.25	0.18	0.21
標準偏差(σ)	1.31	1.68	1.60
μ/σ	0.19	0.10	0.13
金利リターン			
平均値(μ)	0.26	0.15	0.18
標準偏差(σ)	0.07	0.03	0.05
μ/σ	3.54	4.59	3.43
為替リターン			
平均値(μ)	0.00	0.03	0.03
標準偏差(σ)	1.31	1.67	1.60
μ/σ	0.00	0.02	0.02

円評価	AMU 建てアジアボンド（等分ウェイト）	AMU 建てアジアボンド（BIS1 ウェイト）	AMU 建てアジアボンド（BIS2 ウェイト）
債券価値			
平均値(μ)	100.26	100.17	100.20
リターン (%,($\mu-100$)/100)	0.26	0.17	0.20
標準偏差(σ)	2.32	1.48	1.79
μ/σ	0.11	0.11	0.11
金利リターン			
平均値(μ)	0.26	0.15	0.18
標準偏差(σ)	0.07	0.03	0.05
μ/σ	3.54	4.61	3.44
為替リターン			
平均値(μ)	0.01	0.02	0.03
標準偏差(σ)	2.36	1.48	1.79
μ/σ	0.01	0.01	0.01

（注） それぞれの AMU 建てアジアボンドの通貨バスケットの構成比率は，等分ウェイトは各国の債券を同じ比率で構成されたもの，BIS1 ウェイトは BIS の National issuers の International Debt Securities 残高によるウェイト，BIS2 ウェイトは BIS の Resident issuers の International Debt Securities 残高によるウェイトで構成されたものである。

（出所） 筆者の計算による。サンプル期間は 2000 年 1 月〜16 年 10 月である。すべての為替と金利のデータは Datastream から採取した。

第8章　アジア債券市場と日本の役割　　213

　表8-3は，AMU建てアジアボンドによるシミュレーション結果（1カ月の収益）をまとめたものである。AMU建て債券の1カ月投資の日本円建て価値は，米ドル建て価値と同様に計算される。まず，AMU建て債券と単一の現地通貨建て債券をリスクとシャープ比について比較する。表8-3の米ドル評価には，2000年1月から16年9月までの標本期間について米ドル建てで評価した債券価値と収益率とリスクが示されている。均等ウェイトAMU建て債券の標準偏差は，中国を除く非ドル・ペッグ東アジア7カ国の国債よりも低い。

　均等ウェイトAMU建て債券のリスクが低い理由には二つある。第一に，全9カ国の国債の均等ウェイト化によって，ポートフォリオ効果を通じて為替リスクを大きく縮小することができる。第二に，シンガポール，タイ，マレーシア，中国，日本の国債を含めることによってこれらの金利がきわめて安定的であるために金利リスクが軽減される。シャープ比（0.19）は，フィリピンと中国を除く非ドル・ペッグ国の国債のシャープ比を上回っている。この結果は，米ドル建て収益率を評価する投資家にとっては現地通貨建て債券よりもAMU建て債券に投資することによって為替リスクと金利リスクの両方が軽減される可能性を示唆している。

　また，三つのAMU建て債券の間で債券収益率の標準偏差に相違が見られる。BIS1タイプのAMU建て債券の標準偏差が最も高い（1.68）。この理由は，日本国債のシェアが25％から75％に達するためである。BIS2タイプのAMU建て債券の標準偏差（1.60）は中国を除く非ドル・ペッグ国の単一現地通貨建て債券への投資の収益率よりも低い。BIS2タイプのAMU建て債券における日本国債のシェアが25％から55％に達し，均等ウェイトAMU建て債券よりも高い。これらの結果より，日本国債の収益率は変動が高い割に収益率が低いため，日本国債のシェアが小さい方が，米ドル建て収益率を評価する投資家にとって好ましいことになる[18]。

　表8-3の円評価は，日本円建てで収益率を評価する投資家にとってのAMU建て債券の標準偏差が日本国債を除いて単一の現地通貨建て債券より

18　本節では，債券のリスクと収益率に焦点を当てる。しかしながら，もし取引費用や格付けや市場の流動性のようなほかの要素を考慮に入れるならば，日本の債券のシェアが高い方がより望ましい。

214　第IV部　現代の国際金融システム

も小さいことを示している。また，日本とフィリピンの国債を除くと，
AMU建て債券のシャープ比は単一通貨建て債券よりも高い。このことは，
日本円建てで収益率を評価する投資家はAMU建て債券に投資することによ
って標準偏差1単位当たりの収益率を改善することができる。三つのタイプ
のAMU建て債券の中で，BIS1タイプのAMU建て債券が最も標準偏差
(1.48) が低い。その理由は，BIS1タイプのAMU建て債券は日本国債のシェ
アが最も高いからである。これらの結果より，日本円で収益率を評価する投
資家にとって，日本国債のシェアが高くなると，リスク軽減効果をもたらす
ことが示唆される。AMU建て債券が収益とリスクの高い日本以外の東アジ
ア国債と，収益とリスクの低い日本国債の両方を含んでいるために，これら
の投資家は，AMU建て債券に投資することによって，比較的低リスクで，
日本国債よりも収益性の高い結果が得られるであろう。

4　AMU建て債券の為替リスク軽減効果

　前節でシミュレーション分析を行い，投資家がAMU建て債券に投資する
ことによってリスクを軽減することができることを示した。この節では，為
替リスクに焦点を当てて，AMU建て債券への投資によってどれほど為替リ
スク軽減に貢献するかを理論的に説明する。

　国際分散投資は，投資リスクを軽減しようとする投資家によって一般的に
実践されている。最近，国際投資家は，外国市場に目を向けて，国内市場で
可能な分散化以上に幅広い分散化を実現している。しかしながら，外国通貨
建て債券への投資が行われる時に，金利収益率とそのリスクに対するポート
フォリオ効果のみならず，外国為替収益率とそのリスクに対してもポートフ
ォリオ効果を考えることが重要である。

　まず，基本的なポートフォリオ理論を利用して，投資リスク軽減に対する
ポートフォリオ効果を説明する。i国の債券（その収益率 R_i）へのポートフォ
リオ投資（t時点の分散投資シェア $\tilde{w}$）の収益率（R_p）は次式によって示され
る。

$$R_{p,\,t} = \sum_{i=1}^{n} \tilde{w} \cdot R_{i,\,t} \tag{5}$$

ただし，$\tilde{w} = (w_1, w_2, \cdots, w_n)$，$w_i : i$ 国の分散投資シェア

このポートフォリオの期待収益率と分散は以下の通りである。

$$\mu_p = n \sum_{i=1} w_i \mu_i$$

$$
\begin{aligned}
\sigma_p^2 &= \sum_{i,j} \sigma_{ij} \\
&= (w_1, \cdots, w_n)
\begin{pmatrix}
\sigma_{11}, \sigma_{12}, \cdots, \sigma_{1n} \\
\vdots \quad \vdots \qquad \vdots \\
\sigma_{n1}, \sigma_{n2}, \cdots, \sigma_{nn}
\end{pmatrix}
\begin{pmatrix}
w_1 \\
\vdots \\
w_n
\end{pmatrix} \\
&= \tilde{w}^T \Omega \tilde{w}
\end{aligned}
\tag{6}
$$

ただし，$\mu_i : R_i$ の期待値，$\sigma_i^2 : R_i$ の分散，$\sigma_{ij} : R_i$ と R_j の共分散，$\rho_{ij} : R_i$ と R_j の相関係数，$\Omega : \sigma_{ij}$ の分散共分散行列

ポートフォリオ収益率の分散（V_p^2）を分散の和と共分散の和に分けると，以下のように書ける。

$$V_p^2 = \sum_{i=1}^{n} w_i^2 \sigma_i^2 + 2 \sum_{i<j} \sum w_i w_j \sigma_{ij} \tag{7}$$

ポートフォリオ効果とは，債券収益率の個々の変動が相互に部分的に相殺するために，投資家が債券投資を分散させるとポートフォリオ収益率の分散が小さくなる。均等ウェイト AMU 建て債券の収益率の分散は次式の通りに表される。

$$
\begin{aligned}
\sigma_p^2 &= \frac{1}{n} \left(\frac{1}{n} \sum_{i=1}^{n} \sigma_i^2 \right) + \frac{2}{n^2} \sum_{i<j} \sum \sigma_{ij} \\
&= \frac{1}{n} (\sigma_i^2 \text{ の平均}) + \frac{n(n-1)}{n^2} (\sigma_{ij} \text{ の平均})
\end{aligned}
\tag{8}
$$

式(8)において，第一項は各国債券のそれぞれについての平均為替リスクである。AMU 建て債券は比較的米ドルに連動している為替相場政策をとっている国の債券と日本のように変動相場制の国の債券から構成される。変動相場制採用国の債券は，米ドルに対して高い為替リスクを有する一方，米ドルへの連動性が高い国（たとえば，中国）の債券は，米ドルに対する為替リスクが低い。したがって，AMU 建て債券への投資の為替リスクは，変動相場制採用国の債券投資に比較すると低くなる。第二項は，各国国債間の為替相場

216　第Ⅳ部　現代の国際金融システム

表 8-4　アジアの国債の 1 カ月間の投資リターンの相関マトリックス：
2011 年 9 月～15 年 12 月

	シンガポール	タ　イ	マレーシア	フィリピン	インドネシア	韓　国	香　港	中　国	日　本
シンガポール	1.0000	0.5723	0.8195	0.6774	0.3771	0.7987	0.4420	0.2672	0.2499
タ　イ	0.5723	1.0000	0.5407	0.6436	0.3950	0.4920	0.1017	0.0972	0.0305
マレーシア	0.8195	0.5407	1.0000	0.5479	0.5441	0.5610	0.2121	0.3063	0.1195
フィリピン	0.6774	0.6436	0.5479	1.0000	0.2892	0.6329	0.4627	0.0978	0.1523
インドネシア	0.3771	0.3950	0.5441	0.2892	1.0000	0.1824	0.1398	0.0477	0.0963
韓　国	0.7987	0.4920	0.5610	0.6329	0.1824	1.0000	0.5330	0.2498	0.2905
香　港	0.4420	0.1017	0.2121	0.4627	0.1398	0.5330	1.0000	0.2405	0.2256
中　国	0.2672	0.0972	0.3063	0.0978	0.0477	0.2498	0.2405	1.0000	-0.2493
日　本	0.2499	0.0305	0.1195	0.1523	0.0963	0.2905	0.2256	-0.2493	1.0000

（出所）　筆者の計算による。

収益率の平均共分散にほぼ等しい。

　共分散（σ_{ij}）は次のように計算される。

$$\sigma_{ij} = \rho_{ij} \cdot \sigma_i \cdot \sigma_j \qquad\qquad (9)$$

　もし相関係数 ρ_{ij} がマイナスであれば，共分散 σ_{ij} も同様になることから，ポートフォリオ投資によって為替リスクは軽減される。AMU 建て債券は，日本円を含む東アジア諸国通貨で構成されるが，昨今は市場のリスク回避度が高くなると円高になる一方で，新興国通貨であるアジア通貨は売られる傾向があることから，東アジア諸国通貨間の相関係数，とくに新興アジア諸国通貨と日本円の相関係数は外国為替収益率についてゼロに近いか，あるいはマイナスとなる傾向が高い。

　表 8-4 は，米ドル建てで評価した国債への 1 カ月間の投資についての各国間の相関係数マトリックスをまとめたものである。サンプル期間は，ギリシャ政府が債務返済は困難と発表し，欧州債務危機が深刻化した 2011 年 9 月から米国の利上げが鮮明となった 2015 年 12 月までという市場のリスク回避度が比較的高かった期間である。表 8-4 によれば，米ドル建てで換算した日本と中国の債券価値の相関はマイナス 0.25，また日本とタイやインドネシアの債券価値との相関もゼロに近いことがわかる。したがって，米ドルで収益率を評価する投資家にとって AMU 建て債券は為替リスクを軽減することが可能となる。

第8章　アジア債券市場と日本の役割　**217**

表8-5　東アジア各国の債券の平均売買スプレッド

（単位：ベーシス・ポイント）

	2000年	2009年	2013年	2014年	2015年	2016年
シンガポール	1.6	2.9	2.6	2.3	2.0	3.0
タ　イ	2.8	3.4	2.4	1.9	1.5	2.3
マレーシア	4.9	2.3	3.8	1.7	2.4	2.1
フィリピン	47.5	6.6	5.4	3.3	3.4	4.6
インドネシア	100.0	26.6	8.6	6.0	9.2	5.2
ベトナム	–	25.6	21.7	11.7	15.0	7.2
韓　国	1.8	1.1	0.7	0.7	0.5	0.5
香　港	3.5	4.3	7.3	4.6	9.5	8.3
中　国	15.0	5.1	4.1	3.4	5.3	1.0

（出所）　Asian Bonds Online. ABO が毎年実施している Local Currency Bond Market Survey の結果による。

　日本円建てで収益率を評価する投資家にとって，AMU 建て債券の中に日本国債を含めることによって式(8)の第一項の平均為替リスクは軽減される。日本国債のシェアが高ければ高いほど，AMU 建て債券の為替リスクが低くなる。したがって，AMU 建て債券は，日本円で評価する投資家にとって，為替リスクを抑え，収益率を高めるポートフォリオ効果をもたらすことになる。

5　おわりに

　本章は，債券の表示通貨として AMU のような共通の通貨バスケットを選択することについて，主要国際通貨と比較して，為替リスクと流動性に関して債券発行者と外国投資家にとっての長所と短所を考察した。その結果，以下が確認された。

　第一に，東アジア 9 カ国においては，自国通貨建てで債券を発行する方が外国通貨建てで債券を発行するよりもリスクを大幅に削減することができる。また，通貨バスケット建てで債券を発行することにより，リスクとともに借入費用を軽減することができ，ほとんどの分析対象国において自国通貨建て債券発行による対外借入費用よりも通貨バスケット建て債券発行による対外借入費用の方が低い。したがって，通貨バスケット建て債券を発行する

218　第Ⅳ部　現代の国際金融システム

ことによって東アジア諸国の債券発行者にとって対外借入費用とその為替リスクを軽減させることに貢献することが確認された。通貨バスケットのシェアについては，アジア域内の共通バスケット・ウェイトを持つ通貨バスケット建て債券のリスクは，シンガポールとインドネシアと韓国で最も低かったが，各国が固有の貿易量に基づくバスケット・ウェイトをもって発行されると，その対外借入費用の平均が最も低くなるという結果も得られた。さらに，ドル・ペッグ国にとっては，米ドル建て債券は依然として最適な選択となる。これらの結果は，東アジア9ヵ国で共通のシェアの通貨バスケットを設定することは難しいことを示唆するものである。

　第二に，米ドル建てで収益率を評価する投資家と日本円建てで収益率を評価する投資家の両方にとって，AMU 建て債券への投資のリスクは，中国を除く非ドル・ペッグ国における現地通貨建て債券よりも低い傾向にある。とくに米ドル建てで収益率を評価する投資家にとって，均等ウェイトの AMU 建て債券への投資は，東アジア諸国の国債に対する単独の投資と比較して，フィリピン，中国，香港の債券を例外とし，リスクの軽減とシャープ比の改善をもたらす。リスク全体の軽減は，ポートフォリオ効果による為替リスクの軽減による。しかしながら，これらの結果は，東アジア通貨が米ドルとどの程度連動しているのかに依存するため，結果の解釈には注意が必要である。他方，AMU 建て債券における日本円建て債券の構成比は，日本円建てで収益率を評価する投資家にとっては重要である。BIS1 タイプの AMU 建て債券に占める日本国債の構成比が高まると，日本円建てで収益率を評価する投資家にとってリスクが最も小さく，シャープ比が最も高くなる。これは，米ドル建て収益率を評価する投資家とは対照的である。さらに，米ドル建てで収益率を評価する投資家と日本円建てで収益率を評価する投資家の両方にとって，AMU 建て債券に収益率の高い債券を含めることによる金利収益率に対する効果は，投資期間が長期化するほど大きくなる。この効果を投資家が認識すれば，AMU 建て債券を導入することによって，ある現地通貨の突然の減価によって生じる現地通貨建て債券の売却の伝染を防止することも可能となり，アジア全体の金融システムの安定にも資する。

　最後に，アジア債券市場の発展にかかわる日本の役割について考察したい。2010 年 9 月に設置された ASEAN＋3 債券市場フォーラムのもと，域内

のプロ投資家向け債券市場への上場プロセスの共通化を目的に，ASEAN＋3債券共通発行フレームワークが進められている。2010 年 11 月には，域内の企業が発行する社債に保証を供与することで，現地通貨建て債券の発行を支援するため，信用保証・投資ファシリティ（Credit Guarantee and Investment Facility, CGIF）を設立した。CGIF の保証付き債券は 2013 年 4 月に一号案件を実施して以降，順調に保証残高を増やしており，日本の大手機関投資家も成長分野への投融資による収益力向上とアジア債券市場育成への貢献という観点から債券を購入している。2016 年 5 月には，今後新たに取り組む重点分野と，実施のためのアプローチを明確化するために，中期ロードマップが策定され，課題の優先度合いを見直し，新たな課題を追加するため，定期的に見直しが行われる予定である。さらに，日本は韓国政府の協力のもとでの国際的な債券担保証券（CBO）の発行，タイ，マレーシア，インドネシアにおける国際協力銀行（JBIC）や日本貿易保険（NEXI）による信用補完を通じた日系現地合弁企業による起債，マレーシア・タイ・中国・フィリピンにおける JBIC，世界銀行，アジア開発銀行（ADB），国際金融公社（IFC）による現地通貨建て債券を発行するなど，アジア債券市場のさらなる育成に積極的にかかわっている。

　こうした政府主導の取組みと並行して，民間金融機関によるアジア進出も近年目覚ましいものがある。邦銀は 2008 年の世界金融危機以降，国内の低金利と運用難を背景に海外での事業拡大に乗り出した。従来のアジア進出は，日系海外現地法人のサポートや新興国商業銀行への出資や買収が中心だったが，近年は現地での金融インフラ整備を行い，金融サービスの向上という側面での存在感も増しつつある。メガバンクでは三菱東京 UFJ 銀行が 2013 年にタイのアユタヤ銀行を買収し，三井住友銀行は同 13 年 5 月にインドネシアの年金貯蓄銀行に出資，また大和証券は 16 年のミャンマーの証券市場設立に携わってきた。日本は官民一体となって，アジアの金融市場の整備を推進してきたが，今後は金融市場機能の向上に貢献するとともに，投資家としてアジア域内の債券市場に円滑な流動性をもたらすことが期待される。

参考文献

Bénassy-Quéré, A. (1999) "Optimal Pegs for East Asian Currencies," *Journal of the Japanese and International Economies*, Vol. 13, No. 1, pp. 44-60.

Hartmann, Philipp (1998) *Currency Competition and Foreign Exchange Markets: The Dollar, the Yen and the Euro*, Cambridge University Press.

Ito, T. (2003) "Construction of Infrastructures for the Development of Regional Bonds Market," in Ch. Y. Ahn, T. Ito, M. Kawai and Y. Ch. Park eds., *Financial Development and Integration in East Asia*, Korea Institute for International Economic Policy, pp. 206-221.

Ito, T. (2004) "Promoting Asian Basket Currency Bonds," in T. Ito and Y. Ch. Park eds., *Developing Asian Bond Markets*, Asia Pacific Press at the Australian National University, pp. 67-89.

Ito, T., E. Ogawa and Y. N. Sasaki (1998) "How Did the Dollar Peg Fail in Asia?" *Journal of the Japanese and International Economies*, Vol. 12, No. 4, pp. 256-304.

Ito, T. and Y. Ch. Park (2004) "Overview: Challenges and Strategies," in T. Ito and Y. Ch. Park eds., *Developing Asian Bond Markets*, Asia Pacific Press at the Australian National University, pp. 1-15.

Kawai, M., E. Ogawa and T. Ito (2004) "Developing New Regional Financial Architecture: A Proposal," mimeo.

Kawai, M. and S. Takagi (2000) "Proposed Strategy for a Regional Exchange Rate Arrangement in Emerging East Asia," Policy Research Working Paper, No. 2502, Washington, D. C.: World Bank

Kuroda, H. and M. Kawai (2003) "Strengthening Regional Financial Cooperation in East Asia," PRI Discussion Paper Series, No. 03A-10.

Ogawa, E. and T. Ito (2002) "On the Desirability of a Regional Basket Currency Arrangement," *Journal of the Japanese and International Economies*, Vol. 16, No. 3, pp. 317-334.

Ogawa, E., T. Ito and Y. N. Sasaki (2004) "Costs, Benefits, and Constraints of the Currency Basket Regime for East Asia," in Asian Development Bank ed., *Monetary and Financial Integration in East Asia: The Way Ahead*, Vol. 2, Palgrave, pp. 209-239.

Ogawa, E. and K. Kawasaki (2003) "What should be Weights on the Three Major Currencies for a Common Currency Basket in East Asia?" presented in the Regimes and Surveillance in East Asia Conference which is held in Kuala Lumpur on 27-28 March.

Ogawa, E. and J. Shimizu (2002) "Roles of Regional Currency in Bond Markets in East Asia", Graduate School of Commerse and Management, Hitotsubashi University, Working Paper, No. 81.

Ogawa, E. and J. Shimizu (2004) "Bond Issuers' Trade-off for Common Currency

Basket Denominated Bonds in East Asia," *Journal of Asian Economics*, Vol. 15, No. 4, pp. 719-738.

Ogawa, E. and J. Shimizu (2005) "A Deviation Measurement for Coordinated Exchange Rate Policies in East Asia," RIETI Discussion Paper, 05-E-017.

Petri, P. A. (1993) "The East Asian Trading Bloc: An Analytical History," in J. A. Frankel and M. Kahler eds., *Regionalism and Rivalry: Japan and the United States in Pacific Asia*, University of Chicago Press, pp. 21-52.

Shimizu, J. and E. Ogawa (2005) "Risk Properties of AMU denominated Asian Bonds," *Journal of Asian Economics*, Vol. 16, No. 4, pp. 590-611.

Williamson, J. (2000) *Exchange Rate Regimes of Emerging Markets: Reviving the Intermediate Option*, Washington, D. C.: Institute for International Economics.

第**9**章

世界金融危機後における国際通貨の流動性
金利裁定式からの含意

田中茉莉子・福田慎一

本章の要旨

　今日，グローバル化した経済において，各国の短期金融市場は緊密な関係を深めている。そうした中で，国際的な流動性の確保は，金融システムを安定させるうえで不可欠となっている。世界金融危機後，国際的な流動性不足から国際通貨ドルへの需要が増加し，先物レートでカバーしたほとんどの主要国通貨の金利が米ドル金利を上回った。しかし，オーストラリアドルとニュージーランドドルに関しては，ほかの主要国通貨と逆に，世界金融危機後の先物レートでカバーした金利が米ドル金利を下回った。本章では，カバー付き金利平価（CIP）条件を用いて，このような現象が生じた理由を考察した。分析では，ほとんどの主要国で政策金利が事実上ゼロになる中で，オーストラリアとニュージーランドの政策金利が有意にプラスであったという特異性に着目した。推計の結果，政策金利が，短期金融市場のリスク指標とともに CIP 条件からの乖離に対して有意な影響を与えることが明らかにされた。この結果は，オーストラリアとニュージーランドの金融政策の特異性が，それら通貨のCIP 条件から顕著な乖離を発生させたことを示唆している。

1 はじめに

　世界金融危機とその後の短期金融市場の不安定性は，国際金融市場に甚大な影響を及ぼした。多くの先行研究は，危機下での中央銀行による大規模な資産買取りが，金融市場の安定化に大きく寄与したと論じている（たとえば，Gertler and Kiyotaki 2010 を参照）。しかしながら，世界金融危機後，各国が直面したマクロ経済環境は異なっていたため，金融緩和の度合いには各国間でばらつきがあった。本章の目的は，各国間で異なった金融政策のスタンスが世界金融危機後の短期金融市場の不安定性に対してどのような差異をもたらしたのかを明らかにすることである。とくに，本章では，カバー付き金利平価（CIP）条件からの乖離を計算し，特異な金融政策が，先物レートでカバーした金利をほかの主要通貨の金利とまったく異なるものとしたことを明らかにする。

　金利平価の条件は，二つの異なる通貨の収益率を均等化させるという裁定条件から導かれる。とくに，将来の為替リスクを先物レートでカバーした金利平価（CIP）条件は，国際資本移動に規制がない場合，平時には常に成立することが知られている。しかし，世界的な金融危機が発生し，国際的な流動性不足が顕在化すると，CIP 条件からの乖離が発生する。

　本章では，国際的な流動性リスクが CIP 条件からの乖離を増幅することを明らかにすると同時に，金融緩和が CIP 条件からの乖離をいかに抑制するのかを考察する。具体的には，世界金融危機後の主要通貨の CIP 条件からの乖離を生み出す要因を実証的に分析し，各種リスク指標（とくに，通貨別の短期金融市場のリスク）に加えて，各国中央銀行の設定する政策金利が，世界金融危機後の CIP 条件からの乖離の重要な決定要因であったことを明らかにする。とくに，世界金融危機後，オーストラリアとニュージーランドの金融政策の特異性が，これらの国の通貨に特異な CIP 条件からの乖離を発生させたことを示す。

　先行研究には，世界金融危機の際に CIP 条件が成立しない理由を分析したものがいくつか存在する。Baba and Packer（2009）は，CIP 条件からの乖離が欧米金融機関の信用力との間に負の相関が存在することを示してい

る。Fong, Valente and Fung（2010）や Coffey, Hrung and Sarkar（2009）は，信用リスクに加えて，流動性リスクと市場リスクが，CIP条件からの乖離を説明するうえで重要な役割を果たすことを示している。Griffoli and Ranaldo（2010）は，OIS（翌日物金利スワップ）のような無リスク金利を採用しても実質的に同様の結果が得られることを示している。Fukuda（2016a）は，世界金融危機後に英ポンドがユーロよりも小幅の乖離を示した理由を分析した一方，Fukuda（2016b）は，世界金融危機時には，日本の銀行が欧米の銀行よりも健全であったにもかかわらず，東京市場ではロンドン市場とニューヨーク市場より大きな乖離が発生したことを示している。

　以下の分析では，先行研究，とくに無リスク金利を用いた先行研究で示されたいくつかの成果が本章においても成立することを明らかにする。しかしながら，先行研究とは異なり，本章では先行研究で明示的に議論されてこなかった各国金融政策の違いがもたらす影響に注目する[1]。本章の重要なインプリケーションは，各通貨のCIP条件からの乖離が国際的な短期金融市場における流動性リスクのみならず，世界金融危機後の異なる金融政策レジームに大きく影響を受けたことである。中央銀行がゼロ金利を採用した国では，その国の短期金融市場が流動性リスクに直面しにくくなるため，自国通貨に対する予備的動機に基づく需要は小さくなる。これに対して，中央銀行が政策金利をプラスに設定した国では，自国通貨に対する予備的動機に基づく需要は有意にプラスとなる。このため，「非伝統的」（すなわち，政策金利がゼロ）と「伝統的」（すなわち，政策金利がプラス）という金融政策の違いが世界金融危機後のCIP条件からの乖離に対して異なる影響をもたらしたと考えられる。

1　先行研究には，オーストラリアおよびニュージーランドにおける金利平価の条件を分析したものがいくつか存在する（たとえば，Felmingham and Leong（2005）を参照）。しかし，ほとんどの先行研究では，世界金融危機以前のCIP条件について分析している。Guender（2014）は世界金融危機後の金利平価の条件について分析しているが，カバーなし金利平価の条件を用いて分析している。

226 第Ⅳ部 現代の国際金融システム

2 カバー付き金利平価 (CIP)

t 期の自国通貨の金利を i_t, 米ドルの金利を i_t^{us}, 対米ドル直物為替レートを S_t, 対米ドル先物為替レートを F_{t+1} とすると, カバー付き金利平価 (CIP) の条件は,

$$1 + i_t = (1 + i_t^{us}) \left(\frac{F_{t+1}}{S_t} \right) \tag{1}$$

となる。この条件は, 外国通貨の金利が, 為替リスクを先物レートでカバーした時に, 自国通貨の金利と等しくなることを示しており, 国際資本移動に規制がない場合, 平時には常に成立することが知られている。

これに対して, 世界的な金融危機が発生した場合, 国際的な短期金融市場の流動性リスクを反映して, CIP 条件からの乖離が発生する。とくに, 2008年9月15日のリーマン・ショックの際には, ほとんどの主要通貨で CIP 条件からの乖離がきわめて大きなものとなった。世界金融危機時には質への逃避が深刻で, 国際的流動性としての米ドルへの需要が大きく増加したため, 将来の為替リスクを先物レートでカバーした場合でも, 米ドルの金利がほかの主要国通貨の金利より大きく低下した (すなわち, 米ドルの価格が相対的に大きく上昇した)。

しかしながら, 世界金融市場が深刻な危機から安定を取り戻す中で, オーストラリアドル (豪ドル) とニュージーランドドル (NZ ドル) は, ほかの主要通貨とは異なる CIP 条件からの乖離を示すようになった。たとえば, 図9-1 は, 無リスクの短期金利である OIS レートを用いて, 米ドルとそれ以外の主要6通貨 (ユーロ, 英ポンド, 日本円, カナダドル, 豪ドル, NZ ドル) との間の月次の CIP 条件からの乖離を計算し, 世界金融危機後にどのように変化したのかを示したものである (サンプル期間は, 2009年1月から15年12月まで)。CIP 条件からの乖離は, 米ドル以外の主要6通貨に対して,

$$(1 + i_t^n) - (1 + i_t^{us}) \left(\frac{F_{t+1}^n}{S_t^n} \right)$$

の年率換算値として計算した。ここで i_t^n は通貨 n の3カ月物 OIS レート, i_t^{us} は米ドルの3カ月物 OIS レート, S_t^n は通貨間の直物為替レート, F_{t+1}^n は

第9章 世界金融危機後における国際通貨の流動性　227

図9-1　米ドルと6通貨との間のCIP条件からの乖離

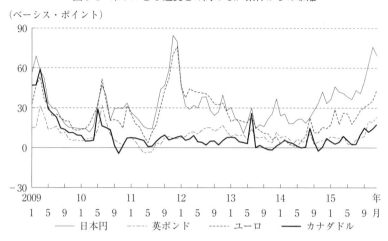

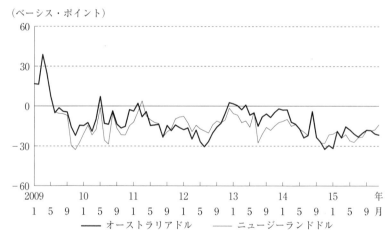

（出所）Datastreamに基づき，筆者作成。

通貨間の3カ月物先物為替レートである。全データの出所は Datastream であり，単位はベーシス・ポイントである。

図9-1は，世界金融危機が終わった後でさえ，ユーロ，英ポンド，日本円，カナダドルについて有意な上方への乖離が生じていたことを示している。とくに，ユーロ危機を反映して，2010年から12年にかけての時期と15年に上方への乖離が生じていた。このことは，これら主要通貨に関しては，

228 第Ⅳ部 現代の国際金融システム

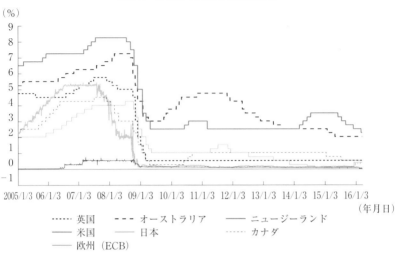

図9-2 各国の中央銀行の政策金利

(出所) 各国中央銀行ウェブサイト。

先物レートでカバーした場合でも，米ドルの金利が依然として低かった（すなわち，米ドルの価格が相対的に高かった）ことを示している。

しかし，これら主要通貨と異なり，豪ドルとNZドルに関しては，世界金融危機が終わった後のほとんどの期間において下方への有意な乖離が観察された。このことは，世界金融危機後には，先物レートでカバーした場合，豪ドルとNZドルの通貨の金利が，ほかの主要通貨とは異なり，米ドル金利よりも低くなった（すなわち，米ドルより豪ドルとNZドルの価格が相対的に高くなった）ことを示唆している。

以下では，世界金融危機後に豪ドルとNZドルのCIP条件からの乖離がなぜほかの主要通貨と大きく異なるようになったのかを明らかにする。分析では，とくに世界金融危機後でさえ政策金利が有意にプラスであったというオーストラリアとニュージーランドの特異性に着目する。図9-2は，各国中央銀行の日次の政策金利を示している。リーマン・ショック直後，米国，英国，ユーロ圏，日本の各中央銀行は，それぞれデフレ経済からの回復を後押しするために，政策金利を事実上ゼロとする非伝統的金融政策を採用した。対照的に，インフレ率がターゲットレンジ内に収まっていたオーストラリア

第9章　世界金融危機後における国際通貨の流動性　229

とニュージーランドでは，リーマン・ショック後も政策金利が有意にプラスに推移した。結果的に，世界金融市場の混乱が継続していたにもかかわらず，オーストラリアとニュージーランドは，世界金融危機後にもゼロ金利に陥らなかった例外的な先進国となった。

　世界金融危機では，国際的な流動性不足により，多くの国において，米ドルを保有することの限界的な便益が高まった。米ドルの不足によりその流動性不足が高まる限りにおいて，先物レートで評価した米ドルの金利は低下（すなわち，米ドルの価格は上昇）した。しかし，拡張的な金融政策には信用緩和を通じて自国通貨の流動性不足を軽減させる効果があるため，各国中央銀行は政策金利を低下させることにより自国通貨の流動性リスクを低下させることができた。

　このため，世界的な金融危機の後，多くの主要国では，自国通貨の流動性リスクは，大幅に低下していたと言える。これに対して，オーストラリアやニュージーランドでは，中央銀行が世界金融危機後でさえ名目金利をプラスに設定した。このことは，世界金融危機後にオーストラリアおよびニュージーランドにおける自国通貨の流動性不足は，ユーロ圏や日本のそれよりも大きかったことを示唆している。以下の節では，豪ドルおよびNZドルにおけるCIP条件をほかの主要国通貨のそれと比較することにより，この仮説の有効性について分析することにする。

3　実証分析の特定化

　以下の分析の目的は，世界金融危機時には類似の乖離を示した主要国におけるCIP条件が，なぜ危機後には一部の国のそれが非対称的な乖離を示すようになったのかを分析することにある。以下の分析では，米ドルをベンチマークとして，なぜ米ドルとほかの6通貨（ユーロ，英ポンド，日本円，カナダドル，豪ドル，NZドル）との間のCIP条件の乖離が発生したのかを分析する。これらの通貨は，資本移動規制は行われていない通貨という点では共通している。しかし，世界金融危機後には，異なる金融政策が採用されたという特徴を持つ。全サンプル期間は，2009年3月1日から16年2月29日までである。世界金融危機（とくに，リーマン・ショック）による先例のない市

230 第Ⅳ部 現代の国際金融システム

場の混乱は，多くの先進国では 2009 年初頭にはほぼ安定化したため，以下
の推計は，このような危機が安定化した後の期間を対象とした。

　以下では，日次データを用いて，世界金融危機後に米ドルと各国通貨との
間の CIP 条件からの乖離に影響を与えた要因を分析する。分析では，t 期に
おける米ドルと各国通貨との間の CIP 条件からの乖離 $Dev_t(j)$ を

$$Dev_t(j) \equiv (1 + i_t^j) - (1 + i_t^{us})\left(\frac{F_{t+1}^j}{S_t^j}\right)$$

として計算する。ここで，i_t^j は通貨 j の 3 カ月物 OIS レート，i_t^{us} は米ドル
の 3 カ月物 OIS レート，S_t^j は米ドルの通貨 j に対する直物為替レート，
F_{t+1}^j は米ドルの通貨 j に対する 3 カ月物先物為替レートを表す。単位はベー
シス・ポイントとする。分析で用いられる直物レートと 3 カ月物先物レート
はロンドンの午後 4 時時点におけるインターバンク市場の中心レートを用い
る。データは *Datastream* からダウンロードした。

　推定した式は，以下の通りである。

$$Dev_t(j) = const. + \sum_{h=1}^{H} a_h\, Dev_{t-h}(j) + b\, Risk_t(j) + c\, Risk_t(US)$$
$$+ d\, Rate_t(j) + e\, Rate_t(US) + \sum_{k=1}^{K} f_k\, X_t^k \tag{2}$$

ここで，j はユーロ，英ポンド，日本円，カナダドル，豪ドル，NZ ドルで
ある。$Risk_t(j)$ および $Risk_t(US)$ はそれぞれ通貨 j と米ドルの短期金融市
場のリスク指標であるのに対して，$Rate_t(j)$ および $Rate_t(US)$ は通貨 j と
米ドルの政策金利を表す。X_t^k は k に関するコントロール変数である。

　式(2)の右辺は，説明変数として，定数項，ラグ付き被説明変数，短期金融
市場のリスク指標，政策金利，コントロール変数を用いている。短期金融市
場のリスク指標を説明変数として用いることは，先行研究では一般的であ
る。金融危機の際には，投資に必要な短期資金が十分ではなく，これが流動
性不足として認識されていた。このような状況下では，多くのトレーダーは
保有する短期資金をリスクにさらすことには消極的だった。結果的に，金融
危機下では，短期金融市場のリスク指標は各国通貨の金融市場における逼迫
度を捉えたものとなったと言える。

　加えて，政策金利は，流動性リスクを軽減するうえでの金融政策の効果を
捉える変数として望ましい変数である。先行研究では，政策金利を説明変数

として用いることは必ずしも多くなかった。しかし，前述のように世界金融危機後，多くの主要国では非伝統的金融政策が採用され，政策金利が事実上ゼロとなった。その一方で，オーストラリアとニュージーランドでは，危機後も伝統的金融政策が採用され，政策金利はプラスで推移した。このため，各国の政策金利を用いることで，異なる金融政策が CIP 条件の乖離に対して異なる影響をもたらすか否かを検証することができる。政策金利の低下が短期金融市場における流動性リスクを低下させる限りにおいて，通貨 j の政策金利 $Rate_t(j)$ が $Dev_t(j)$ に対して負の影響を与える一方，米ドルの政策金利 $Rate_t(us)$ が $Dev_t(j)$ に対して正の影響を与えることが予想される。

　金融政策の効果を捉えるために，政策金利よりもベース・マネーや貨幣量の方が適切であるという議論もあるかもしれない。しかし，それらの日次データを利用することはできないため，式(2)をベース・マネーや貨幣量を用いて日次ベースで推計することができない。より重要なことは，いったん政策金利がゼロ制約に直面すると，経済は「流動性の罠」に陥り，ベース・マネーや貨幣量を増加させても流動性リスクを減少させる効果がほとんどなくなってしまうことである。このため，政策金利がプラスのときにのみ金融緩和が流動性リスクを低下させる限りにおいて，政策金利がゼロ制約に直面したときにはベース・マネーや貨幣量は必ずしも適切な指標とは言えない。

　以下では，これらの主要な変数に加えて，2 種類のコントロール変数も追加する。一つめは，t 期における各国の信用リスクの指標である。国別の信用リスクを測定するために，以下の分析では各国 q に関する CDS の価格を用いる（q は米国，英国，ドイツ，日本，カナダ，オーストラリア，ニュージーランド）。分析では，国債の 5 年物 CDS の日次データを用いる。データはトムソン・ロイター CDS に基づく *Datastream* からダウンロードした。世界金融危機後，EU 危機により多くのユーロ加盟国のソブリン・リスクが上昇した。このことは，信用リスクが，世界金融危機後に各国特有の要因を反映して上昇したことを意味する。以下では，異なる国別リスクがもたらす各 CIP 条件への異なる影響を CDS を説明変数に加えることでコントロールする。

　もう一つのコントロール変数は，t 期におけるグローバル・リスクの指標である。グローバルな金融市場のリスクを測定するために，本章では，S&P 500 インデックス・オプションの予想変動率の指標としてよく用いられる

232 第Ⅳ部 現代の国際金融システム

VIX（シカゴ・オプション取引所，ボラティリティ・インデックス）を採用する。VIX の高値はより変動が大きいことを意味しており，それゆえよりコストのかかるオプションであることを意味する。VIX はしばしば恐怖指数とも言われ，翌 30 日の市場における予想変動率の指標を表している。データは *Datastream* からダウンロードした。

4 主要な説明変数と基本統計量

4.1 各国の短期金融市場リスク

各国の短期金融市場のリスクを測定するために，以下の分析では，ある通貨 h（h は米ドル，ユーロ，英ポンド，日本円，カナダドル，豪ドル，NZ ドル）の LIBOR（London Interbank Offered Rate）と OIS レートのスプレッド（差）を用いる。LIBOR は，ロンドン・インターバンク市場における信用リスク（カウンター・パーティー・リスク）を含む通貨別基準金利である。これに対して，OIS レートは，信用リスクを除去した無リスク金利である。このため，各スプレッドは，通貨 h のカウンター・パーティー信用リスクを反映していると考えられる。スプレッドを計算する際には，3 カ月物 LIBOR と 3 カ月物 OIS レートの日次データを用いた[2]。

LIBOR は，英国銀行協会（2014 年 2 月以降は ICE ベンチマーク・アドミニストレーション）により毎日午前 11 時（グリニッジ標準時）に発表され，銀行がほかの銀行から無担保の資金を借りる際の通貨別の金利に基づいて作成されている。ただし，NZ ドルの LIBOR に関しては 2013 年 3 月 1 日以降，豪ドルとカナダドルの LIBOR に関しては 13 年 6 月 1 日以降作成されていないため，13 年以降のスプレッドを計算する際には代わりに各国のインターバンク金利を採用することにする。豪ドルに関しては 3 カ月物 Bank Bill，カ

---

2 Taylor and Williams（2009）は，短期金融市場のリスクを測定する際に同じスプレッドを採用している。Fukuda（2012）は，世界金融危機におけるロンドン市場と東京市場での短期金融市場のリスクの役割を分析している。世界金融危機の際にいくつかのパネル行が LIBOR の調査に対して戦略的に申告していたため，スプレッドには計測誤差が存在するかもしれない（たとえば，Mollenkamp and Whitehouse（2008）を参照）。しかし，本章のサンプル期間は世界金融危機の時期を含んでいないため，測定誤差によるバイアスは小さい。

ナダドルに関しては 3 カ月物 Interbank Rate（CIDOR），NZ ドルに関しては
90 日物 Bank Bill を採用する。

　すべてのデータは，*Datastream* からダウンロードした。表 9-1 は，これ
ら日次の短期金融市場のリスク指標に関して，2008 年 1 月 2 日から 16 年 2
月 29 日までの年次の基本統計量をまとめたものである。2008 年から 2009
年にかけて，すべてのスプレッドの平均，中央値，標準偏差，歪度はほかの
サンプル期間よりも大きくなっている。通貨の種類によらず，世界金融危機
直後の短期金融市場での混乱が深刻であったことを示唆している。

　世界金融危機はアメリカを震源としてロンドン市場に波及したため，米ド
ルと英ポンドは，2008 年から 2009 年にかけての時期とそれ以外のサンプル
期間で対照的な動きを示していた。米ドルのスプレッドの平均は，2008 年
に約 100 ベーシス・ポイント，2009 年に約 50 ベーシス・ポイントであった
が，翌 10 年には 20 ベーシス・ポイントを下回り，その後は低位で推移し
た。英ポンドのスプレッドの平均も，2008 年には 100 ベーシス・ポイント
を上回り，2009 年には約 75 ベーシス・ポイントであったが，翌 10 年には
約 20 ベーシス・ポイントにまで低下し，その後は低位を維持した。また，
金融危機時に 90 ベーシス・ポイント近くまで上昇したユーロ建てスプレッ
ドの平均は，同じく 2010 年には一時的に大きく低下した。しかしながら，
ユーロ危機により，ユーロのスプレッドは，2011 年には 40 ベーシス・ポイ
ントまで増加した。

　対照的に，豪ドルと NZ ドルは，世界金融危機時には国際短期金融市場に
おいて相対的に安全通貨であった。豪ドルのスプレッドは，2008 年には約
50 ベーシス・ポイント，2009 年には約 30 ベーシス・ポイントにとどまり，
NZ ドルのスプレッドも 2009 年には約 30 ベーシス・ポイントであった。そ
れ以降も，両国のスプレッドは，20 ベーシス・ポイントを下回る水準で推
移した。このことは，オーストラリアとニュージーランドが，短期金融市場
においてほかの先進国と同程度あるいはそれ以下のリスクにしか直面してい
なかったことを示している。ただし，これら 2 カ国の標準偏差はほかの先進
国よりも高水準となっており，世界金融危機後の豪ドルと NZ ドルには，潜
在的に短期金融市場のボラティリティが存在していたと言える。

234 第Ⅳ部 現代の国際金融システム

表 9-1 短期金融市場のリス

(a) オーストラリア

基本統計＼年	2008	09	10	11	12	13	14	15	16
平　均	50.71	30.27	23.50	28.01	25.37	12.46	18.80	23.08	34.95
中央値	46.20	27.30	22.45	23.79	24.80	12.25	17.80	21.70	35.00
最大値	142.75	79.80	51.58	62.50	48.95	23.25	32.70	40.50	40.20
最小値	18.75	5.25	5.00	7.78	1.00	0.95	9.50	5.50	31.50
標準偏差	18.79	13.82	8.58	13.90	9.18	3.87	4.97	6.22	1.57
歪　度	1.21	0.95	0.53	0.67	0.22	− 0.11	0.79	0.86	0.58
尖　度	4.83	3.47	3.29	2.32	2.89	3.25	2.98	3.44	4.34
観測数	262	261	261	260	261	261	261	261	47

(b) カ ナ ダ

基本統計＼年	2008	09	10	11	12	13	14	15	16
平　均	67.80	22.27	22.40	29.02	29.21	27.39	27.39	30.98	43.50
中央値	66.65	18.45	22.07	27.87	29.16	27.50	27.30	31.05	41.30
最大値	121.44	70.05	34.61	35.13	33.33	29.13	29.43	40.70	50.10
最小値	33.08	16.84	15.84	24.35	24.56	24.90	26.80	25.60	39.00
標準偏差	22.17	8.54	3.34	2.55	1.70	0.95	0.46	3.77	3.92
歪　度	0.84	3.41	0.22	0.54	− 0.18	− 0.71	1.77	0.47	0.30
尖　度	3.17	16.81	2.36	2.20	3.27	3.02	6.50	2.39	1.32
観測数	85	261	261	260	261	261	261	261	47

(c) ユ ー ロ

基本統計＼年	2008	09	10	11	12	13	14	15	16
平　均	87.53	54.34	24.55	43.32	28.67	5.23	10.73	10.47	12.74
中央値	72.12	47.15	24.35	25.23	30.21	5.00	10.79	10.59	12.53
最大値	195.33	116.18	36.83	93.19	89.26	11.44	19.97	16.71	18.47
最小値	28.58	21.19	13.41	9.21	4.03	1.13	3.44	6.13	10.53
標準偏差	43.67	27.23	5.01	28.11	23.15	1.51	3.04	1.64	1.49
歪　度	1.03	0.62	0.29	0.51	0.96	1.66	0.56	0.63	1.50
尖　度	2.77	2.08	2.74	1.56	3.07	8.13	3.28	5.57	6.37
観測数	262	261	261	260	261	261	261	261	46

(d) 日 　本

基本統計＼年	2008	09	10	11	12	13	14	15	16
平　均	47.35	36.70	14.10	12.03	11.91	8.21	6.47	2.71	3.83
中央値	41.00	34.50	15.00	12.42	12.07	7.93	6.87	2.89	4.75
最大値	80.50	73.25	18.25	13.95	13.32	10.36	7.79	8.93	7.51
最小値	36.75	17.94	8.63	8.88	9.96	7.21	4.46	0.50	− 1.61
標準偏差	11.38	14.09	2.22	1.25	0.75	0.75	0.83	1.31	2.49
歪　度	1.30	0.40	− 1.17	− 1.03	− 0.33	1.16	− 0.81	0.38	− 0.14
尖　度	3.44	2.17	3.26	2.82	2.27	3.28	2.31	3.78	1.52
観測数	262	261	261	260	261	261	261	261	46

第 9 章　世界金融危機後における国際通貨の流動性　235

ク指標に関する基本統計量

(e)　ニュージーランド

基本統計 ＼ 年	2008	09	10	11	12	13	14	15	16
平　均	NA	28.35	22.40	19.50	19.65	14.43	16.79	17.17	22.34
中央値	NA	27.75	19.00	18.69	19.50	14.25	16.75	16.00	20.50
最大値	NA	39.50	64.50	49.00	29.12	19.50	24.00	32.50	32.25
最小値	NA	21.50	7.00	−37.00	10.00	11.25	8.60	7.75	14.50
標準偏差	NA	3.81	12.62	11.66	4.21	1.62	2.23	4.54	5.45
歪　度	NA	0.66	2.22	−1.93	−0.10	0.70	−0.09	0.88	0.20
尖　度	NA	3.20	6.79	12.59	2.29	3.29	3.63	3.16	1.43
観測数	NA	162	261	260	261	261	261	261	47

(f)　英　　国

基本統計 ＼ 年	2008	09	10	11	12	13	14	15	16
平　均	106.87	73.78	21.21	33.50	38.66	9.93	10.68	11.69	12.92
中央値	80.29	75.45	22.87	29.56	45.65	9.83	10.44	11.65	13.01
最大値	300.33	165.90	25.55	58.56	60.23	13.74	12.60	13.09	14.35
最小値	26.15	15.11	15.38	16.68	10.95	8.81	8.31	9.91	12.06
標準偏差	61.67	50.11	2.95	11.37	18.23	0.76	1.04	0.62	0.45
歪　度	0.98	0.31	−0.54	0.60	−0.37	2.04	0.06	0.09	0.15
尖　度	2.68	1.63	1.56	2.24	1.49	9.07	2.05	2.52	3.95
観測数	262	261	261	260	261	261	261	261	46

(g)　米　　国

基本統計 ＼ 年	2008	09	10	11	12	13	14	15	16
平　均	108.30	49.45	15.53	22.98	29.20	15.47	14.00	14.00	23.35
中央値	75.94	36.45	11.14	17.13	29.91	15.41	14.06	13.66	23.20
最大値	364.38	124.13	34.06	50.23	50.90	17.10	16.39	23.41	24.65
最小値	30.88	7.44	5.56	12.08	15.55	12.66	11.91	9.46	21.76
標準偏差	72.19	37.69	8.90	10.81	9.10	0.85	1.01	2.34	0.65
歪　度	1.71	0.44	1.12	1.18	0.29	−0.19	0.13	2.21	0.13
尖　度	5.25	1.53	2.60	3.11	2.76	2.41	2.35	9.22	2.63
観測数	262	261	261	260	261	261	261	261	46

（注）　単位＝ベーシス・ポイント。
（出所）　*Datastream* に基づき，筆者作成。

4.2　政策金利

　本章の推計では，中央銀行が設定する政策金利が最も核となる説明変数である。政策金利として，以下の分析では，オーストラリアについては RBA オフィシャル・キャッシュレート，カナダについては翌日物金利，日本につ

いては無担保オーバーナイト物コールレート，ニュージーランドについては
RBNZ オフィシャル・キャッシュレート，イギリスについては Clearing
Banks の基準金利，アメリカについては実効フェデラル・ファンド・レー
ト，ユーロ圏については主要リファイナンシング・オペ金利を採用した。

　第2節の図9-2でも示したように，2008年までは，日本円を除くすべて
の主要国通貨に関して，政策金利はゼロをはるかに上回っていた。しかし，
2009年以降，豪ドルおよびNZドルを除くすべての通貨に関して，政策金
利がゼロ近傍となった。豪ドルとNZドルに関しても，政策金利は2009年
に低下した。しかし，それでも豪ドルとNZドルでは，依然として2009年
および同年以降の政策金利は有意にプラスであった。

5　推計結果

　本節では，式(2)の推計結果を報告する。各回帰分析では，二つの代替的な
サンプル期間（2009年3月1日から13年5月30日までの期間および09年3月
1日から16年2月29日までの期間）に分けて日次データを用いて分析する。そ
れぞれの金利の単位は，ベーシス・ポイントである。推計の際には，式(2)に
対して6期のラグ付き被説明変数を説明変数に加えたGARCH（2.2）の回帰
分析を行う。被説明変数はロンドン時間の午後4時の値であるため，説明変
数に関してはロンドン時間の午後4時以前の最新の値を採用した。

　推計結果は，表9-2にまとめられている。この表は，短期金融市場のリス
ク指標および政策金利がCIP条件からの乖離に有意な影響を及ぼしている
ことを示している。とりわけ，ほとんどの通貨に対して理論仮説と整合的な
結果が多く得られている。このことは，CIP条件からの乖離の決定要因が主
要通貨に共通であることを示唆している。サンプル期間を通じて，豪ドルお
よびNZドルでCIP条件から上方の乖離が，またそれ以外の主要国通貨で
CIP条件から下方の乖離がそれぞれ発生したにもかかわらず，乖離の決定要
因が共通していたという結果は注目すべきものと言える。

5.1　通貨別短期金融市場のリスク

　通貨別の短期金融市場のリスクは，ユーロについては統計的に有意な結果

第9章　世界金融危機後における国際通貨の流動性　　237

表 9-2　推計結果

		ユーロ		英ポンド		日本円	
		2009-13	2009-16	2009-13	2009-16	2009-13	2009-16
	定数項	0.178	-2.513	-0.250	2.359	5.948	3.210
		(0.12)	(-2.94)***	(-0.17)	(1.89)*	(1.94)*	(2.11)**
各国通貨別短期金融市場のリスク指標	現地通貨建てLIBOR スプレッド	-0.019	-0.021	-0.040	-0.053	-0.357	-0.365
		(-0.91)	(-1.00)	(-1.87)*	(-2.53)**	(-4.73)***	(-6.45)***
	米ドル建てLIBOR スプレッド	-0.024	0.002	0.110	0.147	0.125	0.125
		(-1.00)	(0.08)	(3.40)***	(4.80)***	(3.34)***	(4.03)***
政策金利	各国政策金利	-0.016	0.001	-0.104	-0.131	-0.318	-0.265
		(-0.88)	(0.08)	(-4.35)***	(-5.03)***	(-0.99)	(-1.24)
	米国の政策金利	0.145	0.193	0.299	0.301	0.037	0.086
		(2.71)***	(3.71)***	(5.91)***	(6.86)***	(0.49)	(1.82)*
各国通貨別国債信用リスク	各国 CDS	0.080	0.089	0.080	0.057	-0.056	-0.038
		(4.51)***	(5.22)***	(5.08)***	(4.91)***	(-2.56)**	(-3.02)***
	米国 CDS	-0.095	-0.092	-0.184	-0.205	-0.012	0.001
		(-2.69)***	(-2.81)***	(-8.47)***	(-10.33)***	(-0.41)	(0.03)
国際金融市場リスク	VIX	0.133	0.129	0.074	0.122	0.360	0.393
		(2.33)**	(2.41)**	(1.83)*	(3.19)***	(6.12)***	(8.44)***
自由度調整済 R^2		0.74	0.59	0.47	0.25	0.62	0.55

		カナダドル		オーストラリアドル		ニュージーランドドル	
		2009-13	2009-16	2009-13	2009-16	2009-13	2009-16
	定数項	-0.618	-0.036	2.866	-1.339	4.108	0.619
		(-1.68)*	(-0.118)	(2.21)**	(-3.15)***	(2.01)*	(0.57)
各国通貨別短期金融市場のリスク指標	現地通貨建てLIBOR スプレッド	-0.007	0.027	-0.110	-0.066	-0.090	-0.150
		(-0.77)	(3.29)***	(-7.10)***	(-4.80)***	(-6.53)***	(-11.06)***
	米ドル建てLIBOR スプレッド	0.010	0.015	0.072	0.014	0.104	0.082
		(1.10)	(2.07)**	(3.47)***	(0.95)	(4.38)***	(4.79)***
政策金利	各国政策金利	-0.004	-0.010	-0.017	-0.005	-0.024	-0.011
		(-2.23)**	(-4.83)***	(-5.39)***	(-3.49)***	(-3.02)***	(-3.32)***
	米国の政策金利	0.045	0.007	0.112	0.044	0.158	0.029
		(3.95)***	(1.10)	(3.08)***	(2.82)***	(4.29)***	(1.70)*
各国通貨別国債信用リスク	各国 CDS	0.005	-0.001	0.074	0.012	-0.051	-0.032
		(1.14)	(-0.56)	(3.50)***	(1.01)	(-3.70)***	(-2.99)***
	米国 CDS	0.000	0.001	0.022	0.067	0.060	0.056
		(0.02)	(0.23)	(0.77)	(3.69)***	(2.55)**	(3.26)***
国際金融市場リスク	VIX	0.020	0.008	-0.087	0.003	0.046	0.074
		(2.07)**	(0.97)	(-3.69)***	(0.15)	(1.74)*	(3.56)***
自由度調整済 R^2		0.96	0.96	0.86	0.87	0.68	0.72

（注）　1)　t 値は（　）内。***＝1% 有意水準，**＝5% 有意水準，*＝10% 有意水準。

　　　2)　スペース節約のため，ラグ付き内生変数の推計値と，GARCH の分散方程式の推計値は省略している。

238　第Ⅳ部　現代の国際金融システム

を得ていない。このことは，ユーロ危機が南欧諸国を中心に国債市場で深刻なリスクを発生させたものの，ユーロ圏における短期金融市場のリスクは高めなかったことを示唆している。しかし，ユーロを除くと，各通貨j建てのスプレッドは CIP 条件からの乖離に対して有意に負の影響を与えている一方，米ドル建てのスプレッドは CIP 条件からの乖離に対して有意に正の影響を与えている。

　この対照的な結果は，先物外国為替市場が各国通貨の流動性不足に過敏になっており，市場リスクの増加が流動性を逼迫させ，先物レートで評価した金利を各国で低下させたことを示唆している。とくに，世界金融危機後の期間でさえ，米ドルは短期金融市場における国際流動性としての役割を維持していたと言える。それゆえ，短期金融市場における米ドルのリスクが増加すると，世界的な米ドル流動性の枯渇によって，先物レートで評価した米ドルの金利が低下する（すなわち，米ドルの価格が上昇する）こととなった。

　各国通貨のスプレッドに関しては，6通貨の中で日本円が短期金融市場の円建てリスクに対して最も敏感に反応した。このことは，円建てスプレッドが世界金融危機後に低水準に推移したという円の特殊性を反映しているかもしれない。しかし，豪ドルと NZ ドルも，現地通貨建ての短期金融市場のリスクに非常に敏感に反応していた。ほかの主要通貨と異なり，世界金融危機後の現地通貨建てスプレッドは，オーストラリアとニュージーランドにおいて非常に大きく変動した。このような通貨別の短期金融市場のリスクが大きく変動したことで，豪ドルと NZ ドルに対する需要が先物市場で高まり，CIP 条件からの乖離が特徴的なものとなったと言える。

5.2　政策金利

　現地の政策金利はユーロと日本円に関しては，統計的に有意な結果が得られなかった。このことは，「流動性の罠」のもと，サンプル期間中，ユーロ圏と日本において政策金利がほとんど変化しなかったことを反映している。しかし，その他の通貨に関しては，通貨j建ての政策金利は CIP 条件の乖離に対して有意に負の影響を与えたのに対して，米国の政策金利は CIP 条件の乖離に対して有意に正の影響を与えた。この対照的な結果は，拡張的な金融緩和政策の程度が小さいと，その通貨の流動性が逼迫し，先物レートで評

価した無リスク金利が下落する（すなわち，価格が上昇する）ことを示している。

　この結果は，豪ドルとNZドルのCIP条件からの乖離に対してとりわけ重要なインプリケーションを示している。リーマン・ショック直後，米国，英国，ユーロ圏，日本の中央銀行は，非伝統的な金融政策を採用し，政策金利が事実上ゼロ制約に直面した。対照的に，オーストラリアとニュージーランドでは，政策金利が有意にプラスで推移した。このため，世界的金融危機後も，現地通貨に対する流動性需要が十分に低下せず，豪ドルとNZドルに関してはCIP条件からの乖離が特徴的なものとなった。

5.3　その他の変数

　国債のCDSは，国によってかなり異なる影響を及ぼしている。日本円とNZドルに対しては，有意な負の影響が観察された。これらの通貨については，国債のリスクが高まると，現地通貨に対する需要の増加によって先物レートで評価した現地通貨建ての金利が低下する（すなわち，価格が上昇する）ことを示唆している。それに対して，ユーロと英ポンドについては，各国国債のCDSによる有意で大きな正の影響が観察された。このことは，ほかの主要通貨と異なり，ヨーロッパで国債のリスクが上昇した際に，先物市場で米ドルに対する需要が高まったことを示唆している。2009年後半から，ヨーロッパのいくつかの国で国債の格下げが行われたことを契機として，投資家の間でヨーロッパ財政危機への懸念が高まった。2010年初頭，とくにギリシャ国債の格付けが投資不適格となった4月には金融市場で警戒感が生じた。現地通貨建ての国債のCDSの係数が大きな正の値をとっているのは，このような環境を反映しているのかもしれない。

　米国国債のCDSは，豪ドル建ておよびNZドル建てで有意に正の影響を及ぼしていた。これらの通貨は米国におけるソブリン・ショックに対して脆弱であり，米国国債のリスクの高まりによって質への逃避が発生したかもしれない。しかし，米国国債のCDSは，ユーロ建ておよび英ポンド建てでは有意に負の影響を及ぼした。国際的な短期金融市場において，ユーロは米ドルの潜在的な代替通貨となっている。したがって，米国国債のリスクが高まると，ヨーロッパ通貨に対する需要は増加する傾向にあったと言える。

240 第Ⅳ部 現代の国際金融システム

VIX は豪ドル建て以外では有意にプラスの影響を及ぼした。米ドルの国際流動性としての役割により，世界的なマーケット・リスクは米ドルへの需要を高め，米ドル金利を低下させる傾向にある。しかし，豪ドル建ての VIX の影響についてはプラスともマイナスとも言えない。オーストラリアのような資源国では，世界金融危機後に異なる世界的リスクに直面していた可能性があるのかもしれない。

6 なぜ豪ドルと NZ ドルは CIP 条件から乖離したか

前節までは，主要 6 通貨の CIP 条件からの乖離を決定する要因について分析し，それらの要因が主要通貨に共通であることを明らかにした。とりわけ，短期金融市場のリスク指標および政策金利がともに CIP 条件からの乖離に対して非常に類似した影響をもたらしたことが示された。本節では，このような類似の有意な結果が，主要 6 通貨建ての CIP 条件からの乖離の非常に異なった動きをどの程度よく説明できるのかを検証する。とりわけ，表 9-2 の推計された係数および説明変数の実現値を用いて，CIP 条件からの乖離の理論値を以下のように計算する。

$$
\begin{aligned}
\widehat{Dev}_t(j) = &\frac{\hat{b}}{1-\sum\limits_{h=1}^{H}\widehat{a_h}} Risk_t(j) + \frac{\hat{c}}{1-\sum\limits_{h=1}^{H}\widehat{a_h}} Risk_t(US) + \\
&\frac{\hat{d}}{1-\sum\limits_{h=1}^{H}\widehat{a_h}} Rate_t(j) + \frac{\hat{e}}{1-\sum\limits_{h=1}^{H}\widehat{a_h}} Rate_t(US) + \\
&\frac{\hat{f}_1}{1-\sum\limits_{h=1}^{H}\widehat{a_h}} CDS_t(j) + \frac{\hat{f}_2}{1-\sum\limits_{h=1}^{H}\widehat{a_h}} CDS_t(US) + \\
&\frac{\hat{f}_3}{1-\sum\limits_{h=1}^{H}\widehat{a_h}} VIX_t,
\end{aligned}
\tag{3}
$$

ここで，$\widehat{a_h}$, $\hat{b}$, $\hat{c}$, $\hat{d}$, $\hat{e}$, $\hat{f}_1$, $\hat{f}_2$, $\hat{f}_3$ は表 9-2 の推計された係数である。ここでの主要な関心は，CIP 条件からの乖離の定常状態における値を計算することであるため，式(3)はラグ付きの効果を調整した後の $\widehat{Dev}_t(j)$ 長期的な値が得られるように定式化する。

各国通貨 j について，七つの各説明変数の各年の $\widehat{Dev}_t(j)$ に対する貢献度

を分析する。表9-3は2009年から15年までの各年の説明変数の貢献度をまとめたものである。この表では，各年の$Dev_t(j)$の理論値および実現値についてもまとめている。貢献度$\widehat{Dev_t}(j)$の合計を実現値$Dev_t(j)$と比較すると，$\widehat{Dev_t}(j)$がほとんどの通貨について$Dev_t(j)$の本質的な特徴を捉えていることがわかる。$\widehat{Dev_t}(j)$と$Dev_t(j)$はユーロ建てとNZドル建てでは7年すべて，豪ドル，カナダドルについては6年，英ポンドでは5年，毎年同じ符号を示している。とくに，それらは毎年類似の変動を示している。日本円の場合には，$\widehat{Dev_t}(j)$と$Dev_t(j)$はほとんどの年で反対の符号を示している。しかし，日本円でさえ，毎年の変動は類似の動きを示している。

表9-3において七つの説明変数の貢献度を比較すると，2009年には米ドルのスプレッドは豪ドル，日本円，NZドル，英ポンドよりも大きいことがわかる。世界金融危機の直後には，米ドル建ての短期金融市場のリスクの高まりによって米ドルに対する需要が増加し，先物レートでの米ドル金利が低下した。しかし，米ドルのスプレッドは2010年以後有意に低下した。対照的に，ユーロ危機により，サンプル期間中の各国のソブリン・リスク，米ドルのソブリン・リスク，そしてVIXがユーロに対して大きな影響を与えた。

最も重要な特徴は，各国の政策金利が，豪ドルおよびNZドルに対して大きな影響を与えていたことである。世界金融危機後の時期は，豪ドルおよびNZドルについて，CIP条件から下方に乖離していたことを示している。このことは，主要6通貨の間でCIP条件からの乖離が異なる理由を，主に政策金利の違いによって説明できることを示している。

図9-3は，2009年から15年までの各年における豪ドルおよびNZドルに関する$\widehat{Dev_t}(j)$に対する七つの説明変数の貢献度を描いたものである。この図では，上方の乖離が米ドル金利の低下に寄与していた一方，下方の乖離が先物契約での各国通貨の金利の低下に寄与していたことを示している。両通貨に関しては，サンプル期間を通して，政策金利が下方の乖離の主要な決定要因であった。対照的に，オーストラリアとニュージーランドでは，比較的良好な経済環境を反映して，現地通貨建てスプレッドの下方の乖離に対する影響は限定的なものとなった。このため，図9-3に示された仮想シミュレーションによると，豪ドルとNZドルについても，もし世界金融危機後に両国の政策金利がゼロ制約に直面するほど低下していたとしたら，ほかの主要通

242　第Ⅳ部　現代の国際金融システム

表 9-3　各説明

(a)　オーストラリア

説明変数 ＼ 年		2009	10	11	12	13	14	15
各説明変数の貢献度	現地通貨建てスプレッド	-21.6	-16.8	-20.0	-18.1	-8.9	-13.4	-16.5
	ドル建てスプレッド	23.1	7.3	10.7	13.6	7.2	6.5	6.5
	各国金利	-37.1	-49.3	-53.1	-41.8	-31.0	-28.3	-23.9
	米ドル金利	11.6	12.8	7.4	10.3	7.8	6.5	9.8
	各国 CDS	34.7	22.6	30.9	31.4	21.1	17.7	17.2
	米国 CDS	5.4	3.8	4.9	4.1	3.1	2.2	2.0
	VIX	-17.8	-12.8	-13.6	-10.1	-8.1	-8.0	-9.5
合計（理論値）		-1.8	-32.3	-32.8	-10.6	-8.6	-16.8	-14.3
実現値		3.0	-13.0	-12.1	-17.8	-5.6	-19.0	-21.0

(b)　カ ナ ダ

説明変数 ＼ 年		2009	10	11	12	13	14	15
各説明変数の貢献度	現地通貨建てスプレッド	-2.3	-2.4	-3.1	-3.1	-2.9	-2.9	-3.3
	ドル建てスプレッド	7.5	2.3	3.5	4.4	2.3	2.1	2.1
	各国金利	-2.8	-3.9	-6.6	-6.6	-6.6	-6.6	-4.2
	米ドル金利	10.6	11.7	6.7	9.4	7.1	5.9	8.9
	各国 CDS	10.0	4.0	5.2	6.4	4.1	2.4	2.4
	米国 CDS	0.1	0.0	0.1	0.1	0.0	0.0	0.0
	VIX	9.4	6.7	7.2	5.3	4.2	4.2	5.0
合計（理論値）		32.3	18.6	13.0	16.0	8.4	5.2	11.0
実現値		27.8	6.9	5.9	5.4	2.3	2.6	8.3

(c)　ユ ー ロ

説明変数 ＼ 年		2009	10	11	12	13	14	15
各説明変数の貢献度	現地通貨建てスプレッド	-7.6	-3.4	-6.1	-4.0	-0.7	-1.5	-1.5
	ドル建てスプレッド	-8.5	-2.7	-3.9	-5.0	-2.6	-2.4	-2.4
	各国金利	-15.2	-11.9	-14.9	-10.5	-6.6	-1.9	-0.6
	米ドル金利	16.7	18.5	10.6	14.8	11.3	9.3	14.1
	各国 CDS	21.8	23.1	38.1	39.8	17.8	12.1	8.2
	米国 CDS	-26.3	-18.6	-23.9	-19.7	-15.2	-10.8	-9.8
	VIX	30.4	21.7	23.2	17.2	13.7	13.6	16.1
合計（理論値）		11.2	26.6	23.1	32.6	17.6	18.4	24.1
実現値		28.1	26.3	31.4	38.2	14.4	7.5	25.1

（出所）　筆者作成。

第9章　世界金融危機後における国際通貨の流動性　　243

変数の貢献度

(d) 日 本

説明変数	年	2009	10	11	12	13	14	15
各説明変数の貢献度	現地通貨建てスプレッド	-91.7	-35.3	-30.1	-29.8	-20.5	-16.2	-6.8
	ドル建てスプレッド	43.4	13.6	20.2	25.6	13.6	12.3	12.3
	各国金利	-23.4	-20.8	-17.3	-18.4	-16.7	-15.1	-16.2
	米ドル金利	4.1	4.5	2.6	3.6	2.8	2.3	3.5
	各国CDS	-23.3	-28.3	-39.3	-37.7	-26.0	-18.1	-16.6
	米国CDS	-3.2	-2.3	-2.9	-2.4	-1.9	-1.3	-1.2
	VIX	79.4	56.8	60.8	44.9	35.9	35.6	42.1
合計（理論値）		-14.9	-11.7	-6.2	-14.1	-12.9	-0.5	17.1
実現値		35.0	27.6	38.0	32.7	21.5	25.7	48.4

(e) ニュージーランド

説明変数	年	2009	10	11	12	13	14	15
各説明変数の貢献度	現地通貨建てスプレッド	-21.8	-17.2	-15.0	-15.1	-11.1	-12.9	-13.2
	ドル建てスプレッド	43.8	13.7	20.3	25.8	13.7	12.4	12.4
	各国金利	-58.7	-56.2	-52.9	-51.1	-51.1	-63.8	-64.4
	米ドル金利	21.5	23.8	13.7	19.1	14.5	12.0	18.2
	各国CDS	-38.0	-25.5	-33.1	-33.3	-19.8	-16.0	-15.2
	米国CDS	19.7	13.9	17.9	14.7	11.3	8.1	7.3
	VIX	12.5	8.9	9.6	7.1	5.6	5.6	6.6
合計（理論値）		-21.0	-38.5	-39.5	-32.7	-36.8	-54.7	-48.3
実現値		-15.4	-20.9	-11.2	-13.4	-15.4	-19.4	-21.3

(f) 英 国

説明変数	年	2009	10	11	12	13	14	15
各説明変数の貢献度	現地通貨建てスプレッド	-11.5	-3.3	-5.2	-6.0	-1.5	-1.7	-1.8
	ドル建てスプレッド	21.1	6.6	9.8	12.4	6.6	6.0	6.0
	各国金利	-25.8	-20.1	-20.1	-20.1	-20.1	-20.1	-20.1
	米ドル金利	18.5	20.4	11.8	16.4	12.5	10.3	15.6
	各国CDS	12.0	26.2	22.5	22.3	18.2	12.4	6.8
	米国CDS	-11.3	-27.2	-19.3	-24.7	-20.4	-15.7	-11.2
	VIX	9.3	9.0	6.4	6.9	5.1	4.1	4.0
合計（理論値）		12.2	11.7	6.0	7.2	0.4	-4.7	-0.7
実現値		13.5	10.9	2.5	12.4	6.1	4.3	9.9

図9-3 七つの説明変数の貢献度

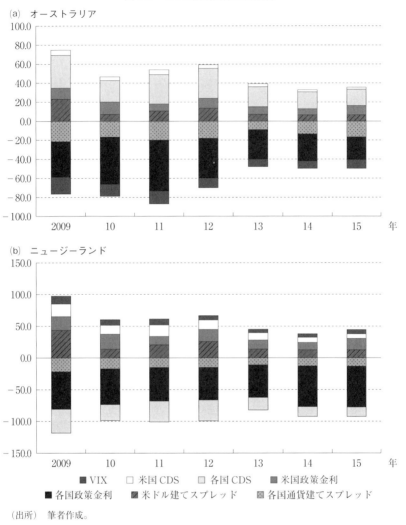

(出所) 筆者作成。

貨と同様に，CIP条件は有意に上方へ乖離していたと言える。

7 おわりに

本章の目的は，豪ドルとNZドルに関するCIP条件からの乖離がなぜほ

かの主要通貨と異なっていたのかを明らかにすることであった。分析では，オーストラリアとニュージーランドが世界的金融危機の後でさえ，政策金利の水準が有意にプラスであったという特質に着目した。分析では，短期金融市場のリスク指標と主要6通貨の政策金利を用いることで，流動性リスクだけではなく，異なる金融政策のスタンスがCIP条件の乖離を引き起こすかどうかを検証した。分析の結果，短期金融市場のリスク指標と政策金利がCIP条件の乖離に与える影響は，主要6通貨に共通であることが示された。この結果は，オーストラリアとニュージーランドの特異な金融政策が先物契約におけるCIP条件の乖離を特殊なものにしたという仮説を裏付けるものであった。

　一般に，金融政策には，物価の安定と金融システムの安定という二つの目標がある。デフレ経済下で金融市場が不安定になると，政策金利を低下させる金融緩和政策はこれら二つの目標を同時に達成するうえで有効となる。しかしながら，インフレ下で金融市場が不安定になると，中央銀行は二つの目標を同時に達成できないジレンマに直面することとなる。世界金融危機後，オーストラリアとニュージーランドの中央銀行はそのようなジレンマに直面していた。ほかの先進国とは異なり，オーストラリアとニュージーランドではインフレ率がターゲットの範囲内に収まっていた。結果として，世界の金融市場が依然として不安定であったにもかかわらず，オーストラリアとニュージーランドでは政策金利は有意にプラスとなっていた。本章の実証結果は，このことが先物契約において，豪ドルとNZドルの特異性を生み出したことを示している。

　　＊　本章は，Fukuda and Tanaka（2017）を日本の読者用に平易に書き改めたものである。この研究は，二十一世紀文化学術財団および東京大学・金融教育研究センター（CARF）からの助成を受けた。

参考文献

Baba, N. and F. Packer（2009）"From Turmoil to Crisis: Dislocations in the FX Swap Market Before and After the Failure of Lehman Brothers," *Journal of International Money and Finance*, Vol. 28, No. 8, pp. 1350-1374.

Coffey, N., W. B. Hrung and A. Sarkar（2009）"Capital Constraints, Counterparty

Risk, and Deviations from Covered Interest Rate Parity," *Federal Reserve Bank of New York Staff Report*, No. 393.

Felmingham, B. and S. Leong (2005) "Parity Conditions and the Efficiency of the Australian 90- and 180-Day Forward Markets," *Review of Financial Economics*, Vol. 14, No. 2, pp. 127–145.

Fong, W. M., G. Valente and J. K. W. Fung (2010) "Covered Interest Arbitrage Profits: The Role of Liquidity and Credit Risk," *Journal of Banking and Finance*, Vol. 34, No. 5, pp. 1098–1107.

Fukuda, S. (2012) "Market-specific and Currency-specific Risk during the Global Financial Crisis: Evidence from the Interbank Markets in Tokyo and London," *Journal of Banking and Finance*, Vol. 36, No. 12, pp. 3185–3196.

Fukuda, S. (2016a) "Strong Sterling Pound and Weak European Currencies in the Crises: Evidence from Covered Interest Parity of Secured Rates," *Journal of the Japanese and International Economies,* Vol. 42, pp. 109–122.

Fukuda, S. (2016b) "Regional Liquidity Risk and Covered Interest Parity during the Global Financial Crisis: Evidence from Tokyo, London, and New York," *International Economic Journal*, Vol. 30, No. 3, pp. 339–359.

Fukuda, S. and M. Tanaka (2017) "Monetary Policy and Covered Interest Parity in the Post GFC Period: Evidence from the Australian Dollar and the NZ Dollar," *Journal of International Money and Finance*, Vol. 74, pp. 301–317.

Gertler, M. and N. Kiyotaki (2010) "Financial Intermediation and Credit Policy in Business Cycle Analysis," in B. M. Friedman and M. Woodford (eds.), *Handbook of Monetary Economics*, Vol. 3, Chap. 11, pp. 547–599.

Griffoli, T. M. and A. Ranaldo (2010) *Limits to Arbitrage during the Crisis: Funding Liquidity Constraints and Covered Interest Parity*, Swiss National Bank Working Papers, 2010–14.

Guender, A.V. (2014) "Monetary Policy and the Uncovered Interest Rate Parity Puzzle: Theory and Empirical Results for Oceania," *Economic Record*, Vol. 90, No. 289, pp. 207–219.

Kleymenova, A., A. K. Rose and T. Wieladek (2016) "Does Government Intervention Affect Banking Globalization?" *Journal of the Japanese and International Economies,* Vol. 40, pp. 43–58.

Moessner, R. and W. A. Allen (2013) "Central Bank Swap Line Effectiveness during the Euro Area Sovereign Debt Crisis," *Journal of International Money and Finance*, Vol. 35, pp. 167–178.

Mollenkamp, C. and M. Whitehouse (2008) "Study Casts Doubt on Key Rate — WSJ Analysis Suggests Banks May Have Reported Flawed Interest Data for Libor," *Wall Street Journal*, May 29, p. A1.

Taylor, J. B. and J. C. Williams (2009) "A Black Swan in the Money Market," *Amer-*

ican Economic Journal: Macroeconomics, Vol. 1, No. 1, pp. 58-83.

索　引

【人名索引】

アルファベット

Abel, A. B.　151
Allen, F.　7
Arellano, M.　41
Becker, G. S.　129
Bohn, H.　148
Bond, S.　41
Calomiris, C. W.　73
Cox, D.　128
Diamond, D. W.　7, 47, 73
Dybvig, P. H.　73
Gale, D.　7
Gerschenkron, A.　6, 22
Gertler, M.　224
Gorton, G.　74
Kang, J.-K.　89
Kaplan, S. N.　89
Kashyap, A. K.　5
Keynes, J. M.　165
La Porta, R.　110
Lichtenberg, F. R.　85, 88
Lopez-De-Silanes, F.　110
Minton, B. A.　89
Morck, R.　85, 89
Ofek, E.　89
Packer, F.　224
Pushner, G. M.　85, 88
Rajan, R. G.　5, 34
Schumpeter, J. A.　15
Shivdasani, A.　85, 89
Shleifer, A.　110
Sims, C. A.　169
Tirole, J.　149, 153
Zingales, L.　5, 34

あ　行

青木昌彦（Aoki, M.）　87
石井寛治　23, 43

伊藤隆敏（Ito, T.）　198
井上　篤（Inoue, A.）　73
井上　仁　176
井堀利宏（Ihori, T.）　73
岡崎哲二　4, 23, 43
小佐野広　85

か・さ行

片岡直温　71
河合正弘（Kawai, M.）　199
木村福成　90
清田耕造　90
清滝信宏（Kiyotaki, N.）　224
黒田東彦（Kuroda, H.）　199
小池和男　3
小宮隆太郎　91
作道真理（Sakudo, M.）　131, 137

た・な行

高橋亀吉　73
高橋是清　54
立花　実　176
寺西重郎　4, 23, 35, 37, 67, 85
土居丈朗　148
中村政男（Nakamura, M.）　85, 89
野口悠紀雄　5

は　行

花崎正晴　85
浜尾　泰　4, 23, 43
林　文夫　4
馬場直人（Baba, N.）　224
藤野正三郎　37
星　岳雄（Hoshi, T.）　4, 5, 23, 43
細野　薫（Hosono, K.）　176
本多佑三　176

ま・や行

宮島英昭　85
安田善次郎　59
保田隆明　85

結城豊太郎　56
藪下史郎（Yabushita, S.）　73
吉川　洋　12

【事項索引】

アルファベット

Abel–Blanchard 法　94
AMU（Asian Monetary Unit）　200
AMU 建て債券　207, 210, 213, 214
BIS　211
CDS　231, 239
Cox モデル　128
EMEAP（Executives' Meeting of East-Asia
　　and Pacific Central Banks）　198
GARCH　236
LIBOR（London Interbank Offered Rate）
　　232
OIS レート　226
VIX（シカゴ・オプション取引所，ボラティリ
　　ティ・インデックス）　232

あ　行

アジア債券市場育成イニシアティブ（ABMI）
　　198
アジア債券ファンド（Asian Bond Fund,
　　ABF）　198
アジア通貨危機　198
アジア通貨単位（AMU）　202
預け金　184
アベノミクス　19, 136
アングロ・アメリカン型の資本市場　35
失われた 10 年　9
　　もう一つの──　12
営業利潤率　105, 106
エージェンシー・コスト　85
追い貸し　70
黄金率経路（golden rule）　151
大口預金者　68
親会社　87
親子間の支え合い　128
親子間の助け合い　125

親子間の取引（exchange）　129

か　行

外資系企業　89
外資の持ち株比率　103
ガーシェンクロン仮説　22
貸　出　184
　　──増　189
過剰債務問題　92
稼ぐ力　86
家族内の助け合い　124
カバー付き金利平価（CIP）条件　224
ガバナンス構造　84
株式市場　22, 35
株式所有構造　84
株式担保貸出　37
貨幣乗数　177, 179
借入制約（the borrowing constraint）　159
為替リスク　216
間接的な株式所有　110
関東大震災　61
機関銀行　27, 47, 73
期間固定効果　185
期間と通貨のダブルミスマッチ　198
企業家精神（entrepreneurship）　15
基礎的財政収支（プライマリー・バランス）
　　148
銀行危機　61
銀行固定効果　184
銀行準備　175
銀行取付け　→取付け
銀行中心の金融システム　5, 16
銀行に対する規律付け　69
銀行の期間変換機能　77
銀行（の）破綻　59, 63
銀行不安　24

索　引　251

銀行法　24, 30, 44
金銭的移転　130
金融危機　2
金融恐慌　62, 71
金融システムの安定　245
金融的抑圧（financial repression）　6
グローバル化　2
「限界的な」貨幣乗数　180
恒久棚卸法　94, 118
工業化　23, 35, 52
『工業統計表』　39
合計特殊出生率　124, 126
合理的バブル（rational bubbles）　149
国立銀行　52
　　──条例　28
個人株主　88, 101
護送船団方式　8
コーポレート・ガバナンス　84
コミュニティ・バンク　6
コールレート　75, 181

さ　行

債権者（creditors）　160
財政の維持可能性　148
債務者（debtors）　160
債務・総資産比率　105, 108
先物レート　226
支払猶予令（モラトリアム）　73
資本の過小蓄積（capital under-accumulation）　162
シャープ比　208, 210, 214
自由化　2
従業員管理型企業　91
従業員持ち株会　90
従業員持ち株比率　103
準　備　184
少子高齢化　124
『消費生活に関するパネル調査』　131
情報生産機能　7
昭和金融恐慌　33
人口オーナス　124
人口ボーナス　124
震災手形　61, 71
信念（belief）　155

信用創造　178, 182, 193
　　──のメカニズム　190
信用保証・投資ファシリティ　219
鈴木商店　72
政策金利　230, 235
制度設計（アーキテクチャー）　3
世界同時危機　11
世代重複経済（overlapping generations economy）　154
1927年銀行法　33
総バブル（aggregate bubbles）　158
ソブリン・リスク　243
ゾンビ企業　13

た　行

大域的な鞍天（global saddle-point）　162
大転換　5
ダイナミック・パネル法　41, 45
台湾銀行　72
チェンマイ・イニシアティブ（CMI）　199
地価指数　165
地方創生　138
中堅・中小企業　86
長短金利操作（イールドカーブコントロール）　182
貯蓄銀行条例　28
貯蓄銀行法　29
通貨バスケット　201, 203
通貨バスケット建て債券　204, 218
伝染効果（conntageon effect）　73
動学的効率性（dynamically efficiency）　159
動学的非効率性（dynamic inefficiency）　151, 159
東京商工リサーチ　93, 96
東京渡辺銀行　64, 71
トービット　133
　　──推計　131
トービンの q　85, 91, 93, 117
ドーマー条件　149
取付け　25, 53, 73, 74

な　行

日　銀　60
　　──の「最後の貸し手」機能　77

252　索　引

日銀預け金　188
日銀当座預金　177
日銀特融　62
日本資本主義論争　4

は　行

バスケット通貨　200
バーゼル規制　16
バブル　153, 166
　──の総和　164
　──の代替（bubble substitution）　150
　──のない均衡（bubbleless equilibrium）
　　158
　漸近的に──が持続する均衡（asymptoti-
　　cally bubbly equilibrium）　159
　漸近的に──が消滅する均衡（asymptoti-
　　cally bubbleless equilibrium）　159
バブル崩壊　8
反実仮想（counterfactual）シミュレーション
　　137
反動恐慌　60
非上場企業　85
ヒステリシス（履歴効果）　12
非伝統的金融政策　174, 228, 231
ファンダメンタルズ　156
不均一分散　67
福井モデル　126
負債（debt）　14
　──による規律付け　104
物価下落（デフレ）　11
物価水準の財政理論　169
物価の安定　245
不良債権　9, 14, 56
　──比率　191, 192
プリンシプルベースのアプローチ　18

プロビット推計　131
「平均的な」貨幣乗数　177, 178
ベンチャー投資　17
貿易集中度指数　202
法人株主　101
ポートフォリオ理論　214
ホールドアップ問題　88

ま　行

マクロ・プルーデンス　16
マネーストック　174, 177
マネタリーベース　174, 177
マルサスの罠　4
群れ（herd）行為　71
メイン・バンク（制）　5, 85, 89, 104
持ち株比率　97
持分権（equity）　14
モニタリング　7

や・ら行

安田銀行　56
有限責任制（limited liability constraint）
　　155
預金獲得競争　54, 58
預金金利　65
預金金利協定　53
利己的な（取引）動機　128, 133, 140
リスクマネー　52
利他主義（altruism）　128, 133
利他的な動機　139
リーマン・ショック　15, 226, 229
流動性の罠　231, 238
流動性リスク　224
量的（・質的）緩和　174, 190
　──期間　187

♣ 編者紹介

福田 慎一（ふくだ・しんいち）
　　　　東京大学大学院経済学研究科教授

金融システムの制度設計：
停滞を乗り越える，歴史的，現代的，国際的視点からの考察
Architecture of Financial Systems

2017 年 11 月 20 日　初版第 1 刷発行

編　者	福　田　慎　一
発行者	江　草　貞　治
発行所	株式会社 有　斐　閣

郵便番号101-0051
東京都千代田区神田神保町 2-17
電話(03) 3264 - 1315〔編集〕
　　(03) 3265 - 6811〔営業〕
http://www.yuhikaku.co.jp/

印刷・大日本法令印刷株式会社／製本・大口製本印刷株式会社
© 2017, Shin-ichi Fukuda. Printed in Japan
落丁・乱丁本はお取替えいたします。
★定価はカバーに表示してあります。
ISBN 978-4-641-16509-0

JCOPY　本書の無断複写（コピー）は，著作権法上での例外を除き，禁じられています。複写される場合は，そのつど事前に，(社)出版者著作権管理機構（電話03-3513-6969, FAX03-3513-6979, e-mail:info@jcopy.or.jp）の許諾を得てください。